KB219640

시뮬라시옹

SIMULACRES
et SIMULATION

Simulacres et Simulation
by Jean Baudrillard

Copyright © Éditions Galilée, 1981

All rights reserved.

Korean Translation Copyright © 2001 Minumsa

Korean translation edition is published by arrangement with
Éditions Galilée.

이 책의 한국어판 저작권은
Éditions Galilée와 독점 계약한 (주)민음사에 있습니다.

저작권법에 의해 한국 내에서 보호를 받는 저작물이므로
무단 전재와 무단 복제를 금합니다.

시뮬라시옹

장 보드리야르 | 하태환 옮김

민음사

▼

시뮬라크르란 결코 진실을 감추는 것이 아니다.
진실이야말로 아무것도 존재하지 않는다는 사실을 숨긴다. 시뮬라크르는 참된 것이다. — 전도서

아무것도 자기가 있을 자리에 없는 것, 이것은 무질서.
아무것도 자기가 원하는 자리에 없는 것, 이것은 질서. — 브레히트

▲

차 례

시뮬라크르들의 자전 précession des simulacres

시뮬라크르란 결코 진실을 감추는 것이
아니다. 진실이야말로
아무것도 존재하지 않는다는 사실을 숨긴다.
시뮬라크르는 참된 것이다 : 전도서

예전에는 [1]시뮬라시옹의 가장 좋은 비유로서, 제국의 지도

---

1) 시뮬라크르와 시뮬라시옹 : 시뮬라크르는 실제로는 존재하지 않는 대상을 존재하는 것처럼 만들어놓은 인공물을 지칭한다. 우리말로는 〈가장假裝〉으로 번역하는 것이 제일 근사하겠지만 다른 유사어와의 혼동을 피하기 위하여 원어를 그대로 사용하기로 한다. 이와 유사한 어휘로 〈위장〉이 있을 수 있겠으나, 이는 불어의 dissimulation, 즉 실제 있는 것을 없는 것처럼 감추는 행위를 지칭하기에 전혀 반대의 뜻이 된다. 또한 많은 사람들이 시뮬라크르를 imitation, 즉 〈흉내, 모방〉으로 번역하고 있는데 이 또한 전혀 차이를 드러내지 못한 번역이기에 여기서 지적하지 않을 수 없다. 흉내를 내기 위하여는 반드시 흉내낼 원대상이 있고, 이 실제 원대상을 베끼게 되면 그것이 바로 흉내이다. 이러한 흉내나 모방으로의 번역은 보드리야르가 말하는 제1 혹은 제2열에 속하는 시뮬라크르, 전통적인 재현 체계 속의 이미지에나 속하지, 여기, 즉 보드리야르 이론의 핵심을 이루는 현대의 제3열의 시뮬라크르와는 전혀 거리가 멀다. 〈가장〉은 흉내낼 대상이 없는 이미지이며, 이 원본 없는 이미지가 그 자체로서 현실을 대체하고, 현실은 이 이미지에 의해서 지배받게 되므로 오히려 현실보다 더 현실적인 것이다. 가장 쉽게는 우리가 시뮬라크르를 생각할 때, 현대의 전쟁을 생각하면 쉬울 것이다. 미사일 발사는 화면이라는 컴퓨터로 보면서 하지 실제 미사일의 움직임을 육안으로 보면서 하지 않는다. 이때 시뮬라크르인 화면상의 미사일 궤도는 실제 탄의 궤도일 것이며, 더 나아가 실제 탄이 목표에 맞았는지

제작자들이 극도로 정밀한 지도를 만들어서 결국은 지도가 제국의 전영토를 거의 정확히 덮어버리고 만다는 [2]보르헤스의 우화를 들 수 있었다(그러나 제국의 쇠퇴는 차츰차츰 이 지도가 닳아 없어지는 것을 보게 되고, 결국에는 몇몇 조각들만이 아직도 폐허 위에 나뒹굴고 있다. 폐허가 된 이 [3]추상의 형이상학적 미는 제국에 걸맞는 오만함을 증명해 주며 썩은 고기처럼 부패하여, 마치 분신이 세월이 흐르면 결국은 실제와 혼동되고 말듯이, 실제 흙으로 되돌아간다). 이 우화는 이제 우리에게는 효력이 지났으

맞지 않았는지는 이제는 중요치도 않게 되어버렸다. 결국 시뮬라크르는 실제보다 더 실제적인 것이다. 이 시뮬라크르는 아울러 어떤 기왕의 실제 존재하고 있는 것하고는 아무런 관계도 없다. 독자적인 하나의 현실이라 할 것이다. 오히려 우리가 지금까지 실제라고 생각하였던 것들이 바로 이 비현실이라고 하였던 시뮬라크르로부터 나오게 된다. 상황이 완전히 전도되었다. 흉내내거나 모방할 때는 이미지란 실제 대상을 복사하는 것이었지만, 지금은 오히려 실제 대상이 가장된 이미지를 따라야 한다. 시뮬라시옹은 시뮬라크르의 동사적 의미로 〈시뮬라크르를 하기〉이다. [역주]

2) Jorge Luis Borges(1899-1986) : 아르헨티나 작가. 그는 1941년의 『허구들』과 1949년의 『Aleph』에 의하여 세계적 명성을 얻었다. 이것들은 꿈과 현실, 현재와 과거가 서로 섞이는 기묘한 이야기들이다. 그의 장중한 이야기는 그에게 형이상학적인 이야기꾼이라는 명성을 가져다 주었지만, 특히 그의 언어의 바로크적인 넘쳐흐름과 해학은 작품의 시적 풍요로움과 지적인 호기심을 대변한다. [역주]

3) 추상 : 추상은 도출하거나 제거하는 작업으로 구성된다. 도출한다는 것은 본질적인 것을 끄집어내는 것을 말하며, 제거하는 작업은 본질적인 것만을 남겨놓고 군더더기를 제거함을 말한다. 그런데 이 본질적인 것이란 플라톤주의와 기독교적 전통에서는 항상 정신적인 것을 지칭한다. 그에 따라 이원적 대립이 가능하다. 천상과 지상의 대립, 정신적인 것과 물질적인 것의 대립, 상상과 현실의 대립, 추상과 구체의 대립이 여기에 속한다. 이 대립의 축 중 후자는 원칙적으로 본질적인 전자로부터 유래한 변형물이거나 반영물에 불과하다. 그러므로 추상화 작업은 역으로 현실로부터 이미지라는 추상물을 추출해 내는 작업이다. 이 추상화된 이미지는 현실의 이미지가 아니라 추상

며, (4단지 (5제 2 차적 시뮬라크르들의 조촐한 매력만을 가질

적 본질의 이미지라는 말이다. 여기에 이미지의 기묘한 위상이 있다. 원칙적으로 현실은 절대적인 본질의 반영인 이미지에 불과하였다. 그런데 그 반영적인 이미지로부터 추출한 이미지가 자신이 도래한 현실이라는 이미지보다도 더 본질적인 것으로 취급받는다면 심각한 위상의 전도가 있는 것이다. 이미지와 그가 나타내는 대상 사이의 관계에는 본질에 대한 주도권을 놓고 대립관계가 형성된다.

모든 기호와 예술활동은 일종의 추상작업이라고 할 수 있다. 이미지의 추상화 기능은 헤겔미학에서 그 힘을 발휘하여, 헤겔은 2차적인 회화가 3차적인 현실을 하나의 차원이 낮게 단순화시키면서도 그를 나타낼 수 있기 때문에 현실보다 더 우월한 것이라고 주장하며, 3차원을 2차원으로 나타내는 과정 속에 예술가의 정신활동이 들어 있다고 하였다. 따라서 다시 되돌아가면 이미지는 여전히 여기서의 본질인 예술가의 정신적인 활동의 흔적을 나타내는 것이 된다. 이러한 주장은 최근의 현상학적인 제 비평 특히 사르트르와 메를로 퐁티로 이어진다.

추상 작업은 20세기 초엽에 일어난 큐비즘과 큐비즘의 뒤를 이은 추상회화에서 그 절정을 이룬다. 인상주의가 빛의 조명에 의한 물질의 순간순간의 변화를 번역하여 불변의 고정된 이미지, 따라서 본질적인 것을 제시하지 못함에 대해, 세잔느로 대표되는 후기 인상주의자들의 반발로 이들은 다시 고전주의 혹은 신 고전주의의 절대형으로 어느 정도 다시 회귀하고자 한다. 이들이 찾으려 한 불변의 기하학적 형은 세잔느의 후예들인 피카소, 브라크 등의 큐비스트들에 의해 계승되어, 다각도에서 투사된 혹은 타원형적인 거울에 의해 일그러진 기하학적 형으로 변하였다(물론 엄밀히 따지자면 이들이 투사한 형은 동시적인 여러 각도에서라기보다는 형을 해체하여 나열하는 정도에 그치긴 하였지만). 추상 예술은 절대적 본질의 대용으로서, 내면적 필연성(칸딘스키), 종교적 엄숙성(몬드리안), 禪적 절대 경지(말레비치)를 가시화하는 데 주력하였다.

추상과 시뮬라시옹의 차이는 전자가 아직 원본과 그 복사라는 이원론에 기초하고 있음으로 하여 이미지는 어디까지나 실체의 그림자로서 사실성이 결여되어 있는 반면에, 시뮬라시옹에서는 이미지가 원 실체를 가정하지 않고, 스스로 실체인 이미지 혹은 모델을 만드는 것이다. [역주]

뿐이다.

  오늘날의 추상은 더 이상 지도나 복제, 거울 또는 개념으로
서의 추상이 아니다. 시뮬라시옹은 더 이상 영토 그리고 이미
지나 기호가 지시하는 대상 또는 어떤 실체의 시뮬라시옹이
아니다. 오늘날의 시뮬라시옹은 원본도 사실성도 없는 실재,
즉 [6]파생실재를 모델들을 가지고 산출하는 작업이다. 영토는

---

4) J. Baudrillard, 「시뮬라크르들의 질서」, 『상징적 교환과 죽음』,
   Paris : Gallimard, 1975. [원주]
5) 보드리야르는 시뮬라크르를 세 가지로 분류하고 있다. 여기에 대해
   서는 간단하나마 이 책의 「시뮬라크르들과 공상과학」을 참조하기 바
   람. [역주]
6) 실재, 파생실재 : 실재는 우리가 생각하는 전통적 개념으로서 현실
   혹은 사실을 지칭하고, 파생실재란 불어의 hyperréel을 번역한 것
   인데, 여기서 hyper는 물론 〈극도의, 과도의〉라는 의미를 가진 접
   두어이다. 여기서 구태여 〈파생의〉라고 번역한 데는 다소 지나친 감
   이 없지 않지만 다른 번역, 예를 들어 〈극도실재〉 혹은 〈과도실재〉
   라고 하게 되면 여전히 전통적인 실재 개념에 의해 지배를 받고 있
   다는 감이 나기에 피했다. hyperréel은 시뮬라시옹에 의해 새로이
   만들어진 실재로서 전통적인 실재와는 그 성격이 판이하다. 파생실
   재는 가장이기 때문에 전통적인 실재가 가지고 있는 사실성에 의해
   서 규제되지 않는다. 그럼에도 이 파생실재는 예전의 실재 이상으로
   우리의 곁에 있으며 과거 실재가 담당하였던 역할을 갈취하고 있기
   에 실재로서, 실재가 아닌 다른 실재로서 취급하여야 한다. 또한 여
   기서 hyper를 파생으로 번역한 이유는 나름대로 정당성을 가지고
   있다. hyper는 불어의 다른 곳에서는 바로 이 파생이라는 의미와
   동등하게 쓰이기도 한다. 예를 들어 제라르 주네뜨 G. Genette가 제
   임스 조이스의 『율리시즈』를 호머의 작품에서 파생된 것이라 하여,
   『율리시즈』는 호머의 『오딧세이』의 hypertexte라 할 때, hyper는
   파생 외에 적당한 말이 없다. 따라서 파생실재는 어떤 현실을 극도
   의 현실로 만든 것이라기보다는(하나의 현실은 항상 그 현실이지 더
   적거나 많은 현실이란 있을 수 없다. 즉 하나의 현실에 변화가 가해
   지면 이는 즉각 그 현실이 아닐 것이다), 실재하는 현실과 어떤 관
   계를 가지고 있는 전혀 다른 현실이다. 물론 여기서도 경우에 따라

더 이상 지도를 선행하거나, 지도가 소멸된 이후까지 존속하지 않는다. 이제는 지도가 영토에 선행하고——시뮬라크르들의 自轉——심지어 영토를 만들어낸다. 다시 위의 우화를 든다면, 오늘날에는 영토의 조각들이 펼쳐진 지도 위에서 서서히 썩어들고 있다. 지도가 아닌 실재의 잔해들이 여기저기, 제국의 폐허가 아니라 우리의 폐허 여기저기에 흩어져 있다. 실재 그 자체의 폐허에 이른 것이다.

사실 위의 우화는 그 내용을 뒤집어서라도 이제는 쓸모가 없다. 그중 아마도 제국의 비유만이 남아 있게 될 것이다. 왜냐하면 오늘날의 시뮬라크르 제작자들은 일종의 제국주의로서, 한발 더 나아가 모든 실재를 그들이 시뮬라시옹에 의해 만든 모델들과 일치시키려 하기 때문이다. 그렇지만 이젠 더 이상 지도나 영토의 문제가 아니다. 무엇인가가 사라져버렸다 : 추상의 매력을 낳았던, 어떤 것에서 다른 것 사이에 개재되었던 至高의 [7]〈다름〉이 사라져버렸다. 지도의 서정과 영토

서는 hyper를 〈과도〉라는 용어로 번역하기도 하였다. [역주]

7) 다름, 차이 différence의 사라짐. 이는 보드리야르의 글을 읽는 독자는 필히 염두에 두어야 할 부분이다. 보드리야르는 포스트모던 사회현상 중 특히 이 다름, 구별, 차이의 제거에 초점을 맞추고 있기 때문이다. 데카르트적 합리주의 전통에 연결된 모더니즘 사회는 바로 이 다름에, 개별성에, 개인성에 기초를 하고 있다고 할 수 있다. 이성의 두 모순적 축들 중 하나인 공통된 전체성, 단일화에 반대하여 대두된, 새로운 진보의 축은 각자의 개별성을 해방하고(이때 이 개별성은 모든 것의 개별성, 해방에까지 이른다), 그 바탕 위에서 사회는 급격히 팽창하였다. 이 다름의 원칙은 최근에는 구조주의 언어학에 의하여 지탱되고 있음도 아울러 지적하자. 소쉬르에 의하면 기호의 의미는 그 언표가 변별적이어야만, 그에 따라 하나의 기호가 다른 것과 구별지어질 수 있어야만 기호로서의 역할을 담당할 수 있다. 〈아〉와 〈어〉가 차이가 없다면, 이 둘 사이에는 아무런 변별적인 요소가 없다. 즉 〈아〉와 〈어〉는 서로가 대립되지 못함으로 인하여

의 매력, 개념의 마술과 실재의 매력을 낳는 것은 다름이기 때문이다. 지도와 영토를 이상적으로 일치시키려는 지도 제작자들의 광적인 계획 속에서 절정을 이루고 또 수그러든 [(8]재

서로 다른 의미를 생산할 수도 없다. 지금까지의 모든 가치 체계는 대립과 차이에 의해서 의미가 발생할 수 있어야만 가능하다. 포스트모던은 이러한 구조주의적인 대립 체계에 대한 심각한 반성으로부터 나온 것임을 주목하여야 한다. 그러나 다른 학자, 예를 들어 들뢰즈나 리오따르, 데리다 등에게서는 이 다름은 대립 체계에서 벗어난 일종의 절대적인 다름으로 긍정되고 있음에 반하여 보드리야르에게서는·근본적으로 부정되고 그에 따라 연구의 초점도 다름이 제거되는 상황에 맞춰지고 있다. [역주]

8) 재현 représentation : 문자 그대로 재현이란 지금 당장 현실이 아닌 것을 다시 현실로 만든다는 말이다. re-는 다시라는 접두어이며, présentation은 현재 있음 혹은 소개함이라는 뜻이므로 문자 그대로는 다시 현재로 제시함이라는 말이 되겠다. 그러므로 여기에는 기왕에 있는 것 혹은 있었던 것을 다시 보여준다는 의미이므로 언제나 이분법적 분할이 가능하다. 기호에 의한 인간의 모든 활동 즉 예술, 학문, 사회 조직 등은 이분적인 분할을 가정하지 않으면 불가능하다고 할 것이다.

우리가 방금 기술한 추상 작업은 이러한 재현의 하나이다. 추상은 보이지 않게 가려져 있는 본질적인 것을 구체적으로 물질적 도구들인 언어와 여러 요소들을 통해 육화시키는 것이다.

재현에 기반을 두는 체계를 재현체계라고 하는데, 이 체계야말로 옛부터 지금까지 사회 전체를 지탱하고 있는 체계이다. 재현체계를 가장 쉽게 나타내고 있는 것은 정치조직이라 할 것이다. 과거의 절대왕권에서, 왕은 신에게서 권력을 위임받아 그의 권력을 대변 즉 재현하거나, 근대에는 국민투표라는 형식을 통해 위정자는 국민으로부터 권력을 위임받아 그 권력을 재현하고 있다. 계속하여 그 하부 권력은 상부로부터의 권력을 위임받아 그를 대변한다. 이러한 체계는 군대의 조직과 같기에 재현체계를 군사체계라고 부르기도 한다. 이 체계의 기하학적 형태는 지극히 안정된 삼각형이기에 다시 이를 피라미드식 체계라고 부르기도 한다. 이 피라미드식 체계는 15세기 이탈리아 르네상스기의 일군의 화가들(꽈트로첸토)에 의해 회화의

현적 [9]상상 세계는 시뮬라시옹 속에서 사라진다. 이 시뮬라

기법인 원근화법으로 도입된다. 물론 원근화법의 기초는 고대 그리
스의 기하학자 유클리드에 의해 이미 제시되어 있었다. 유클리드 기
하학의 근원은 빛이 직진한다는 것이며, 직진하기 때문에 평행한 두
직선은 서로 교차하지 않는다는 사실에 있다. 재현체계와 원근화법
은 실제 그 자리에 없는 대상을 마치 그곳에 있는 것처럼 보이게 하
는, 일종의 환상을 일으키게 하는 수법이다. 따라서 사실을 있는 그
대로 묘사하겠다는 사실주의적인 기법의 비사실성이 여기에 있다.
가장 사실주의적인 기법은 가장 환상적이다.

원근화법적인 화면 구성이 고대 그리스 혹은 르네상스라는 문명의
합리화 단계에서 발생되는 것에 주목하여야 한다. 또한 정치적으로
도 피라미드식 체계가 다원적인 사회인 중세의 봉건체제가 무너지고
난 이후 절대왕조의 수립과 연결되어 있음도 주목하여야 한다. 합리
적 이성에 기초한 재현체계는 단일성, 통일성, 안정성을 지주로 한
다. 우리가 행하는 언어뿐 아니라 일상의 일거수 일투족도 이 체계
가 행하는 권력 시스템으로부터 벗어날 수가 없다. 따라서 이러한
관점에서 보았을 때, 어떤 이데올로기에 의한 해방 운동은 결국 항
존하는 재현 시스템으로부터 우리를 벗어나게 해주는 것이 아니라
오히려 이 시스템을 더욱 공고히 하는 것에 불과할 것이다. 왜냐하
면 이데올로기란 추상적 관념의 재현에 다름아니기 때문이다. 진정
한 혁명은 차라리 이 시스템을 가속화시켜 포화상태에 이르게 한 다
음 스스로 붕괴되게 하는데 있는바, 이 현상이 오늘날 일어나고 있
는 것이다.

재현체계 속에서의 이미지는 원래의 실체를 반영한다고 간주된다.
그렇다면 가장 충실하게 원래의 실체를 재현하고 있는 이미지가 가
장 완벽한 이미지가 될 것이다. 결국은 원래의 실체가 가장 훌륭한
자기자신의 재현 이미지가 될 것이다. 따라서 실체와 이미지가 동일
한 하나가 되는 단계, 이 단계가 시뮬라시옹의 단계이다. 여기서는
실체와 이미지를 분할하던 이원론이 사라지고 일원론이 대두된다.
[역주]

9) 상상 세계의 종말 : 어떠한 사물을 재현하고 있는 것이 이미지이고,
이러한 이미지를 생산하는 힘이 상상력이며, 이미지에 의해 구성된
세계가 상상세계이다. 이미지가 모방할 혹은 재현할 실체가 없고 이
미지가 실체인 세계에서는 상상세계는 존재를 상실한다. [역주]

시옹의 작용은 (10핵분열적이고 발생론적이지, 전혀 사변적이거나 담론적이지 않다. 사라져버린 것은 모든 형이상학이다. 더 이상 존재와 그 외양을 나누던, 실재와 그 개념을 나누던 거울이 없다. 더 이상 상상적인 공통분모가 없다. 시뮬라시옹은 발생론적인 축소의 차원에서 이루어진다. 실재는 이제 축소된 세포들, 모태들과 기억들, 지휘 모델들로부터 생겨난다. 그리고 이로부터 실재는 무한정 재생산될 수 있다. (11실재는 이제 합리적일 필요가 없는데, 그 이유는 실재란 더 이상 이상적이거나 부정적인 어떤 사례에 빗대어 측정되지 않기 때문이다. 실재는 이제는 조작적일 뿐이다. 사실 이것은 더 이상 실재에 대한 문제가 아니다. 왜냐하면 어떠한 상상 세계도 더 이상 실재를 포괄하지 않기 때문이다. 실재는 대기도 없는 파생공간 속에서 조합적인 모델들로부터 발산되어 나온 합성물인 파생실재이다.

(12그 휘어짐이 실재나 진실이 아닌 다른 공간으로 이동하는

---

10) 핵분열적이고 발생론적인 작업 : 하나의 세포로부터 그와 똑같은 다른 세포가 증식되는 것을 말한다. 그러기 위해서는 증식정보가 각 세포 속에 코드로 입력되어 있어서, 이 코드로부터 동일한 세포가 무한히 복제되어야 한다. [역주]

11) 재현체계에서의 이미지는 형이상학적 실체의 반영이기에 이 실체 혹은 진실에 따라 이미지에 대한 좋고 나쁨의 가치 판단을 할 수 있다. 이 체계 아래에서는 가치판별의 기준, 도덕적 기준, 비평적 기준이 있었으며, 이미지는 합목적성에 이르는 길인 이상성을 따라야 한다. 이상적 기준을 나열하고 기술하는 형이상학은 더 이상 상위 학문으로서의 지위를 상실함과 동시에 그 존립 이유도 없어지게 되었다. [역주]

12) 그 휘어짐이 실재와 진실의 것이 아닌 어떤 공간 : 이 공간은 당연히 유클리드 기하학에 해당되지 않는 공간이다. 유클리드 기하학에서는 형이상학적 진실이나 실체는 도달할 수 없는 이상적인 실체의 직선상에 있고, 그 그림자인 재현적 공간은 그와 평행한 다른 직선상에 있기 때문에 둘은 결코 서로 만나지 않는다. 이 직선적인 기하

동안에, 시뮬라시옹의 시대가 열리고 모든 (13지시대상은 소멸되어버린다. 곧이어 사라진 지시대상들이 기호 체계 속에서

학 대신에 현대는 곡선적인 기하학을 채택한다. 그 기하학은 리이만 Bernhard Riemann (1826-1866. 독일의 수학자. 그는 아주 특이한 기하학, 대수학 이론을 발표하여 고전적 기하학을 재점검하도록 하였다. 그가 제시한 기하학은 비유클리드 기하학으로서 타원형적 기하학이라 하는데, 여기서는 한 직선 밖의 한 점으로부터 평행한 직선을 그을 수가 없으며, 그와 함께 직선의 무한개념도 끝이 났다. 그가 제시한 n차원에서의 차별적 다양성 개념은 공간과 그 속에 잠긴 물체들 사이의 상호영향의 가능성을 밝히고 있는바 바로 아인슈타인의 상대성 이론에 직접적인 영향을 미치고 혹은 후자에 의해 증명되고 있다)의 타원형적 기하학으로서 직선적인 무한개념 대신에 원적인 혹은 타원적인 순환개념이 도입되게 되었다. 이 공간은 딱딱한 직선과 직각의 세계가 아니라, 곡선의 세계, 휘어짐의 공간이다. 리이만과 거의 동시대인인 세잔느가 르네상스 이래로 내려온 육면체 (큐브)로 된 공간을 배제하고 원통, 원뿔, 구에 의해 공간을 구성하려고 한 사실은 결코 우연이 아닐 것이다. 그러나 세잔느 이후에 큐비스트들은 과학적 합리주의 정신에 물들어 있었기 때문에 한편에서는 타원형적인 시각을 채택하면서도 다른 한편에서는 곡선과 원의 세계보다는 직선과 직각적인 큐브로 되돌아간 사실은 모더니즘과 절대적 이상과의 관계를 간접적으로나마 잘 말해 주고 있다. 곡선의 세계에서는 재현된 이미지와 실체가 서로 만나서 하나가 되기 때문에 이미지 곧 실체가 된다.

휘거나 곡선적인 공간은 진실이 채택한 곧바른 공간이 아니다. 이 공간은 진실이라는 지시대상이 없는 공간으로 시뮬라크르의 공간이다. 차후에 자주 나오게 될 함열의 상태에 있는 공간으로 이 공간은 블랙홀에 비유되기도 한다. 현대의 공간과 시간 이론에서는 엄청난 무게의 블랙홀의 중력 범위 내에서는 공간과 시간이 직선적이 아니라 곡선으로 중앙을 향해 휘어 들어가고 있다. 시뮬라크르의 공간과 시간은 블랙홀의 공간과 시간으로 밖이 아니라 안을 향해 휘어 들어가고 있다. [역주]

13) 지시대상 : 하나의 기호 혹은 이미지가 되돌아가는 원래의 실체를 지시물, 참조물, 지시대상이라고 한다. 이것은 물론 재현체계 아래에서의 이분적 구분이다. [역주]

인위적으로 부활됨에 의해서 시뮬라시옹은 더욱 강화된다. ([14]기호는 의미보다도 훨씬 유연한 재료로서, 모든 등가의 체계, 이원적 대립, 조합적 대수학에 공히 적용된다. 이제 더 이상 모방이나 이중성, 심지어는 패러디마저도 문제의 대상이 아니다. 문제는 실재가 그의 기호들로 대체된다는 데 있다. 즉 실재에 해당하는 모든 기호를 다 제공하여 기호로가 아닌 실재로 우발적인 사건이 일어나는 것을 모두 차단해 버린다. 완벽하고 프로그램적이며 변화를 느낄 수 없을 정도로 안정된 신호 기계와 실재의 조작적인 분신에 의하여 모든 실제 과정을 저지하는 작업이 문제인 것이다. 죽음의 체계 속에서 혹은 죽음이라는 사건조차 일어날 수 있는 가능성이 배제된 예정된 부활의 체계 속에서 모델의 근본적인 기능이 이러

---

14) 기호와 의미 : 기호는 의미를 감싸고 있는 외양이고 의미는 내용물로써 항구불변의 요소이다. 의미는 절대적인 요소이기 때문에 1차적이고 기호는 그를 전달하는 껍질이기 때문에 2차적인 요소라는 것이 전통적인 관념이었다. 여기서 기호는 의미에 의해 결정되고 단지 의미를 모방만 하고 있다. 기호가 저급의 차원으로 취급받는 이유로는, 의미가 항구적으로 변하지 않는 반면에 기호는 역사와 장소에 따라 如一하지 못하고 항상 유동적이라는 데에 있다. 그러나 기호가 이렇듯 유연하기 때문에 그에 따른 이로운 점이 있다. 기호는 등가체계, 이원적 대립체계, 오늘의 조직체계에 모두 쉽게 적용한다.
　기호의 이상은 기호와 그 지시대상 혹은 의미와의 등가의 관계이다. 그러나 이러한 관계에서는 기호와 의미 혹은 대상 사이에 일대일의 동수 관계를 유지하여야 세상의 모든 사물이나 의미를 나타낼 수가 있다. 그러나 만약에 실제로 기호와 사물 간에 동수관계가 성립된다면 기호의 홍수 속에서 기호는 그 역할을 상실할 것이다. 그렇기 때문에 기호와 의미의 대립 체계에서는 기호와 의미 사이에 분할이 행해지고 하나의 기호는 각각 사용하는 곳에 따라 의미를 달리한다. 여기서부터 실제적으로는 기호가 의미를 지배하기 시작한다고 할 수 있다. 마지막으로 조합체계에서의 기호는 제한된 숫자의 기호로써 무수히 많은 새로운 기호를 만들어낸다. [역주]

할진대, 실재는 결코 다시는 생겨날 경우가 없을 것이다. 차후로는 상상으로부터 그리고 실재와 상상의 구별로부터 벗어난 파생실재는 모델들의 궤도적인 순환과 다름들의 허구적인 생산만을 가능케 한다.

이미지들의 신성한 비지시성

감추기는 가졌으면서도 갖지 않은 체하는 것이다. 시뮬라크르하기는 갖지 않은 것을 가진 체하기이다. 전자는 있음에 속하고 후자는 없음에, 관계된다. 그러나 시뮬라크르하기는 더 복잡하다. 왜냐하면 시뮬라크르하기는 사실은 체하기와는 다르기 때문이다 : 〈병든 체하는 사람은 단순히 침대에 누워 타인들에게 자기가 병에 걸렸다고 믿도록 하면 된다. 그러나 병의 시뮬라크르를 만드는 사람은 정말로 어떤 병의 징후들을 만들어내야 한다〉(*Littré*). 그러므로 체하거나 감추기는 실재의 원칙을 손상시키지 않는다. 여기서 다르다는 사실은 여전히 명백하지만 단지 가려져 있을 따름이다. 반면에 시뮬라시옹은 〈참〉과 〈거짓〉, 〈실재〉와 〈상상세계〉 사이의 다름 자체를 위협한다. 시뮬라크르 제작자는 〈진짜〉 징후들을 생산한다. 그렇다면 그는 병자인가 아닌가? 객관적으로는 그를 병자로도 건강한 자로도 취급할 수가 없다. 심리학과 의학은 바로 여기서, 앞으로도 영원히 발견될 수 없는 이 병의 진실 앞에서 무력해지고 만다. 왜냐하면, 만약 어떠한 징후라도 〈만들어질〉 수 있고, 그리고 그것이 자연적인 사실로서 받아들여질 수 없다면 모든 병은 시뮬라크르될 수 있거나 시뮬라크르된 것으로 간주될 수 있으며 의학은 모든 의미를 잃어버린다. 왜냐하면 의학은 객관적 원인에 의거해 자연적인 〈진짜〉 병만을 다룰 줄 알기 때문이다. 그러기에 심리적 원인을 다루는 병리학은 질병의 객관적 원리가 끝나는 곳에서부터 모호한 방식으로 전개된다. 이에 비해 [15]정신분석학은 생체 기관 계통의 징후의 원인을 무의식 수준으로 되돌린다. 다시 무의식 수준이 〈진실한〉 것으로, 생체 기관의 것보다 더 진실한 것으로 간주된다. 그러나 왜 시뮬라시옹은 무의식의 문앞에서 더 나아가지 못하고 멈춰 서야만 하는가? 왜 무의식의 〈작업〉은 다른 모든 고전적 의학의 징후와 같은 방식으로 〈생산될〉 수 없다는 것인가? 꿈은 이미 이렇게 생산된 징후이다.

15) 정신분석학 : 프로이드에 의해 정리되어 제기된 정신분석학적 분석은 이원론적 구분을 충실히 따르고 있다. 의식 세계와 무의식 세계의 분할이 그것으로 정신병리학적인 여러 징후들, 꿈들, 예술작품 등은 무의식 세계를 투영하고 있는 기호로 해석하여야 한다고 주장한다. 재현체계 속에서의 일대일 대응의 상징적 기호해석은 꿈 혹은 여러 징후들을 유사성에 입각하여 즉각적이고 고착화한 신호로 읽어버리게 하는 위험함과 편협함을 내포한다. 물론 프로이드 자신도 꿈의 해석에 있어서 이러한 상징적 해석의 위험성에 대해서 경계를 하고 있기는 하지만 아직 그의 해석에는 상징적이고 도식적인 해석을 떨칠 수가 없다. 그 이유는 그가 제시한 무의식 세계의 두 축 중의 하나인 전이에 기인한다.
무의식 세계는 두 개의 축, 전이 déplacement와 집중 condensation에 의해 의식세계로 표출된다. 전이는 어떤 무의식적 충동이 자아의 검열을 피해 위험하지 않은 다른 형태로 위장하여 의식의 표면으로 솟아오르는 것을 말한다. 그러므로 전이는 원래의 충동과 그 이미지화라는 이원적 재현 시스템을 따른다. 반면에 집중은, 무의식적 충동과 꿈의 이미지 사이의 숫자의 불균형 때문에 일어난다. 무의식적 충동은 무수히 많고 그들을 담을 기호 즉 꿈의 이미지는 한정되어 있기 때문에 하나의 이미지나 기호에 수많은 무의식적 충동이 응축되는 현상이다. 따라서 집중은 앞서 언급한 기호의 조합적 작용과 상통할 수 있는 것이다. 지금까지의 정신분석학은 전이에 치우쳐 있었으나, 최근에는 후자에 대한 관심이 증대되고 있으며 그에 따라 프로이드의 재해석도 활발히 진행되고 있다. 여기서 보드리야르가 비판한 정신분석학은 물론 재현적이고 상징적인 시스템에 해당한다. [역주]

물론 정신과 의사는 주장한다. 〈제반 정신병의 형태에는 시뮬라크르 제작자 자신은 모르지만 정신과 의사는 속일 수 없는, 징후들의 연속 속에서의 어떤 특이한 질서가 있다.〉 이는 (1865년으로 거슬러 올라가는) 어떻게든 진실의 원리를 보호하고, 시뮬라시옹이 제기하는 문제, 즉 진실, 지시물, [16]객관적 원인은 더 이상 존재하지 않는다는 문제제기를 회피하기 위한 것이다. 그러면 의학은 병의 이편 혹은 저편에서, 건강의 이편과 저편에서 부유하고 있는 것, 더 이상 참도 아니고 거짓도 아닌 담론 속에서의 병의 중복현상에 대해 무엇을 할 수 있겠는가? [17]이 역시 거짓이 아니기 때문에, 결코 그 가면이 벗겨지지 않을 시뮬라시옹의 담론 속에서 일어나는 무의식 담론의 중복현상에 대해 정신분석학은 무엇을 할 수 있겠는가?

군대에서는 시뮬라크르 제작자들을 어떻게 처리하는가? 과거에는 분명한 식별의 원칙에 따라 그들을 가려내고 징벌하였다. 그런데 오늘날에는 아주 감쪽 같은 시뮬라크르 제작자들

---

16) 인과론의 종말 : 하나의 현상 뒤에는 그를 결정한 원인이 숨겨져 있다는 것이 인과론이다. 이것은 하나의 현상이 나타나기 훨씬 이전에 어떤 원인에 의해 그 결과가 이미 결정되어 있었다고 하는 원인 결과의 이원적이고 재현적인 결정론이기도 하다. 중세 이래 17세기까지의 신적 결정론 이후에는 모더니즘의 발전과 함께 과학적이고 합리적인 인과론이 대두된다. 18세기에는 과학적 인과론이 최초로 적용되어 역사, 사회, 과학 분야에서 괄목할 만한 대혁신을 이루었다. 그러나 과학적 인과결정론 주변에는 불합리에 기반한 불가사의 역시 면면히 맥을 이루어오고 있었다. 그 절정은 역시 20세기초 초현실주의자들과 함께 느닷없는 우연적인 현상의 돌출에 대한 가치 부여라고 할 수 있다. 오늘날에는 인과론 역시 심각한 위기에 봉착하고 있다. [역주]

17) 그리고 이 시뮬라시옹 담론은 전이 transfert 속으로 용해될 수 없다. 정신분석학을 끝나도록 하지 않는 것은 바로 이 두 담론의 뒤엉킴이다. [원주]

을 〈진짜〉 동성연애자나 심장병 환자, 미친 사람과 똑같이 간주하여 전역시키곤 한다. 군사 심리학조차도 데카르트적인 명증성에서 물러서서, 거짓과 참을, 〈만들어진〉 징후와 진정한 징후를 구별하기를 주저한다. 〈그가 미친 사람 행세를 아주 잘하는 것은 정말로 미친 사람이기 때문이다〉라고 보아도 틀리지 않는 것이다. 이런 의미에서 모든 미친 사람들은 시뮬라크르를 하는 셈이며, 이러한 무차별성은 모든 주객전도 중 가장 심각한 것이다. 이러한 무차별성에 대항하여 고전적 이성은 그의 모든 범주를 동원하여 무장하였다. [18]그러나 오늘날 다시 무차별성은 이성의 구분 범주들을 넘쳐나 진실의 원칙을 침몰시킨다.

시뮬라시옹의 문제는 의학과 군대 이전에 종교와 신성 假裝의 영역으로 거슬러 올라간다 : 〈자연에 생기를 불어넣는 신성이란 재현되어질 수 없기 때문에 사원 안에 어떠한 시뮬라크르라도 있는 것을 금하였다.〉 사실은 그와 반대로 재현될

18) 구분, 무차별(비구분) : 우리가 살고 있는 합리주의 체계에서는 무차별의 덩어리를 분할하고 잘라 구분을 짓지 않으면 안 된다. 그 까닭은 다름과 서로 다른 것들을 대비, 대립시켜야만이 의미와 가치가 생산되기 때문이다. 이성은 어떤 자의적 기준에 의하여 어떤 덩어리를 구획 구분지어서 범주를 만든다. 합리적 범주-비합리의 범주, 선-악, 참-거짓 등. 이성은 언제나 이렇게 사회적 도덕적 범주를 정하여 가치판단의 기준으로 삼고, 자연과학과 인문과학에서도 범주를 정하여 획일화하는 습성이 있다. 그러나 이러한 명확한 범주로 구분지어지지 않고 이성의 통제를 벗어나는 영역은 항상 존재하게 되어 있다. 모든 과학은 항상 이 새로운 혼돈의 영역을 다시 범주로 구분짓고자 하는 끝없는 노력이라고 할 것이다. 원래 논리 Logos와 말씀 Parole은 신을 상징하는 것이고, 태초의 대혼돈은 신의 섭리에 따라 말씀에 의해 하나하나 분리되기 시작하였다는 것을 생각하면, 기독교의 이성은 신의 이성이며 그를 모델로 하여 신적인 순수한 상태를 지향하고 있는 것이다. 그러나 이 이성은 언제나 구별과 차등에 의해서만 자신을 확인할 수가 있는 것이다.

수 있다. 그러나 신성이 聖畫像을 통해서 드러나고 시뮬라크르들로 [19]감속되면 신성은 무엇이 될까? 가시적인 신학에 의해 이미지들 속에서 성육신하는 지고의 발원지로 남아 있을까? 또는 스스로의 화려함과 미혹하는 힘을 펼쳐 보이는 시뮬라크르들 속에서 신성은 증발하여 버리고 말 것인가——성화상이라는 가시적 장치가 신의 순수하고 지적인 이데아를 대체하여? [20]이것이야말로 [21]성상 파괴주의자들이 두려워하였던 점이며, 이에 대한 천 년의 논쟁이 여전히 오늘날까지 계속되어 오고 있는 것이다. 이는 바로 시뮬라크르의 이 막강한 힘, 신을 인간의 의식에서 지워버리는 기능, 시뮬라크르가 문득 보게 한 파괴적이고 말살적인 진리를 성상 파괴주의자들이

---

19) 감속 : 기계 동력장치에서 속도를 전달할 때 전달된 속도를 줄이는 것을 말한다. 감속이라는 말이 이 책에서 자주 사용되고 있지만 쉽게 읽혀지지 않기 때문에 주의를 요한다. 우선 모더니즘은 힘, 운동감, 속도를 중요시하고 그와 함께 모든 시스템을 기계장치와 동일시하는 기계주의에 젖어 있다. 하다 못해 이데올로기 전파를 위한 정신적인 활동마저도 운동이라고 일컫는다. 이 책에서 사용되고 있는 감속의 뜻은 각 상황에서 음미를 해야 할 것이지만, 항상 그 속에는 진보, 진행, 진화, 구분화가 그 끝에 이르러 더 이상 앞으로 나아가지 못하고 정체상태에 이름을 내포하고 있다. 여기서 신성이란 대자연의 생명의 근원인 모터와도 같은 것인데, 이미지에 불과한 성화상이 신성을 재현하게 되면 신성의 힘과 생명이 이미지 속에서 정지되거나, 혹은 내재되어 있더라도 정지적인 무력한 상태로 감속되어 있음을 의미한다. 따라서 신성의 이미지로의 재현은 원래 신성이 거기 없음만을 나타내고 있다. [역주]

20) M. Perniola, 『성화상들, 시각들, 가장들』, p. 39. [원주]

21) 성상 파괴주의자들 : 8-9세기의 비잔틴 기독교인들로서 예수, 성모, 성인 들의 모든 형상화한 재현을 우상숭배라 하여 반대하였다. 성상 이미지에 대한 논쟁은 726-786년, 815-843년의 두 번의 긴 기간에 걸쳐 행해졌으며 많은 인명이 희생되었고 결국은 성상 파괴주의자들이 이단으로 규정되는 것으로 막을 내렸다. [역주]

감지하였기 때문이며, 결국 본질적으로 신이란 없었기 때문이고, 오직 시뮬라크르만이 존재하고 있었으며, 더군다나 신 자체도 시뮬라크르였기 때문이다. 성화상을 파괴하던 그들의 광포함은 여기서 온다. 만약 성화상이 신의 플라톤적인 이데아를 감추거나 숨길 뿐이라고 믿었다면 그것을 파괴할 필요는 없었을 것이다. 사람이란 왜곡된 진실 개념을 가지고도 살 수 있기 때문이다. 그러나 성상 파괴주의자들의 형이상학적 절망은, 이미지가 아무것도 숨기고 있지 않으며, 이미지가 요컨대 이미지가 아니라는 것으로부터 온다. 즉 이미지가 원래의 모델에 따라 바뀌는 것이 아니라, 자기 고유의 미혹으로부터 영구히 빛을 발하는 완벽한 시뮬라크르였다는 사실로부터 온다. 따라서 그들은 어떻게든 신성한 지시물의 이러한 죽음을 피해야 했던 것이다.

이미지에서 신의 그림자만을 보았고 정교한 선으로 그려진 이미지로서의 신을 공경하는 것으로 만족하던 성상 숭배자들과는 반대로, 이미지를 경멸하고 부정한다고 비난받은 성상 파괴주의자들은 이미지에다가 그 정확한 가치를 부여한 자들이다. 그런데 다른 한편으로는 성상 숭배자들이야말로 가장 근대적이고 가장 모험적인 정신의 소유자들이었다고 말할 수 있다. 왜냐하면 신이 이미지의 거울 속에서 투명해진다는 생각의 배후에는, 이미 신 재현의 顯現 속에 내포되어 있는 신의 죽음과 사라짐이 도박되는 것이기 때문이다(그들은 아마 신의 재현이 더 이상 아무것도 재현하지 않음을, 재현이란 순수한 도박임을, 그러나 바로 그 때문에 커다란 도박임을 알고 있었다. 또한 이미지가 그 뒤에 아무것도 숨기고 있지 않기 때문에 이미지를 벗긴다는 것이 위험한 행위임을 알고 있었다).

예수회 교도들도 마찬가지로 그렇게 행동하는데, 그들은 신의 사실상 사라짐이라는 생각과 인간의식을 세속적이고 연극

적으로 조작한다는 원칙 위에서 그들의 정치학을 세울 것이다
——권력이라는 현현 속에서 신의 사라짐. 초월성이 종말을
고해서, 이제 그것은 지배력과 기호가 완전히 자유로이 전략
을 세우도록 도와주기 위한 알리바이로서만 이용되게 된다.
이미지의 바로크적 자유로움 뒤편에는 정치라는 잿빛 실력자
가 숨어 있는 것이다.

　이처럼 비잔틴 시대의 성화상이 신의 동질성, 즉 신성을 살
해할 수 있었듯이, 이미지에 걸린 문제는 항상 자기자신의 모
델인 실재를 죽이는 이미지의 살상력일 것이다. 이러한 살상
력에 맞서는 것이 이미지의 재현력인데, 이는 실재를 눈에 보
이게 그리고 이해 가능하게 중재하여 주는 변증법적 힘을 말
한다. 서구의 모든 신념과 믿음은 이 재현에 대한 자신감을
걸고 도박하였다 : 기호는 의미의 심층을 지시할 수 있고, 기
호와 의미는 서로 교환되어질 수 있으며, 이러한 교환에 무엇
인가가——물론 신이——보증을 서준다. 그러나 만약에 신 자
체가 시뮬라크르로 되어질 수 있다면, 즉 신 자신이 보증을
서주는 기호들의 하나로 축소될 수 있다면 어떻게 될까 ? 그
러면 모든 체계는 무중력 상태로 들어가서, 신은 단지 하나의
거대한 시뮬라크르가 될 따름이다. 그렇다고 해서 비현실은
아니고 시뮬라크르이다. 즉 더 이상 실재와 교환되어지지 않
으며, 어느 곳에 지시도 테두리도 없는 끝없는 [22]순환 속에서
그 자체로 교환되어지는 시뮬라크르이다.

───────────────
22) 재현체계의 인과론적이고 직선적이며 엄밀한 위치를 규정하는 논리
　　대신에 오늘날 다시 제시되고 있는 것은 순환논리이다. 전자의 논리
　　에서는 시간이란 무한으로 향해 있으며 한 번 지나간 것은 다시 되
　　돌아오지 못하는 직선의 길 위에 있지만, 후자에서는 원적 혹은 타
　　원적인 유한의 영역 내에서 끝없이 순환 반복한다. 같은 것의 되돌
　　아옴은 이미 니이체에 의해서 강조되었지만 훨씬 그 이전에 불교철
　　학에서 이르는 윤회사상을 생각하면 이해가 쉬울 것이다. 무한에 대

이것이 바로 시뮬라시옹인데, 시뮬라시옹은 재현과는 정반대이다. 재현은 기호와 실재의 등가의 원칙으로부터 출발한다 (비록 이 등가가 이상에 불과할지라도, 등가의 원칙은 근본적인 공리이다). 시뮬라크르는 등가 원칙의 유토피아를 거꾸로 하여

___

한 유한, 일회성에 대한 반복성, 역사에 대한 시간의 정지 등이 여기서 이야기될 수 있을 것이다.

순환논리에 따르면 재현체계의 핵심인 근원이란 존재하지 않는다. 이것을 다음과 같이 증명해 보자. 근원이기 위해서는 첫번째로 존재하여야 한다. 다음 그 근원으로부터 유래한 두번째가 있다. 그 다음 세번째…… 첫번째, 두번째, 세번째…… 에서 과연 첫번째라는 서열이 어떻게 해서 주어지게 되었는가? 첫번째는 두번째가 있기 때문에 첫번째가 된다, 즉 두번째 없는 첫번째는 있을 수가 없으며, 첫번째로 존재할 수가 없다. 그렇다면 첫번째는 첫번째가 되기 위하여 두번째를 미리 상정하여야만 한다. 따라서 첫번째는 두번째 이후에 첫번째가 된다. 결국 첫번째는 두번째 이후에 존재하게 되므로 세번째가 된다. 이와 같이 하게 되면 순서나 질서의 의미는 완전한 허구임이 드러나고, 어떤 하나는 자신 속에 자신을 부정하는 반대 명제를 이미 가지고 있음을 알 수 있다.

소위 절대적 근원에 대해서도 똑같이 말할 수 있다. 절대가 절대이기 위해서는 결코 그것 아닌 다른 것과 유사한 관계에 있지 않아야 하고, 절대에 손상을 가하는 변질이란 없어야 한다. 신을 일컬어 절대적 근원이라고 하는데, 그가 절대적 근원이기 위하여는 그 이전에 그와 같은 것은 존재하지 않아야 한다. 그래서 그는 그 이전의 다른 것과 절대적으로 다르며, 근원으로서 자기자신의 동질성에 대해서는 절대이기 때문에 항구적이어야만 한다. 그렇다면 절대적 근원이 항구적으로 절대적 근원으로 남아 있으려면 그것의 후속적인 변화자가 없어야만 한다. 만약에 그가 변해서 생긴 변화자가 없다면 이 근원은 어떤 것의 원인자가 되지 못하기 때문에 근원이라 할 수가 없다. 반대로 변화자가 있다면 절대성에 손상이 간다. 그러면 이 근원은 항구적으로 여일하지 못하며 변화에 맡겨진 일시적 존재가 되기 때문에 절대적 근원은 절대자가 되지 못한다. 결국 절대적 근원 속에는 그것이 절대적 근원이 아닌 다른 것이 되게 하는 절대적 다름이 내포되어 있다. 절대적 근원자는 없고 오히려 절대적 다름만이 있다. [역주]

가치로서의 기호에 대한 근본적인 부정으로부터, 모든 지시의 사형집행으로서의 기호로부터, 지시가 죽은 후 이 지시가 가진 권리를 획득한 기호로부터 출발한다. 재현이 시뮬라시옹을 그릇된 재현으로 해석하고 이를 흡수하려고 시도하는 반면, 시뮬라시옹은 재현의 축조물 자체를 송두리째 시뮬라크르로서 감싸버린다.

다음이 이미지의 연속적인 단계일 것이다 :

이미지는 깊은 사실성의 반영이다.
이미지는 깊은 사실성을 감추고 변질시킨다.
이미지는 깊은 사실성의 부재를 감춘다.
이미지는 그것이 무엇이건간에 어떠한 사실성과도 무관하다 : 이미지는 자기자신의 순수한 시뮬라크르이다.

첫번째 경우에 이미지는 선량한 외양이다. 여기서 재현은 신성의 계열이다. 두번째 이미지는 나쁜 외양으로 저주의 계열이다. 세번째 이미지는 외양임을 연출한다. 이것은 마법 계열에 속한다. 네번째 이미지는 전혀 외양이 아니라 시뮬라시옹의 계열이다.

무엇인가를 감추고 있는 기호로부터 아무것도 없음을 감추고 있는 기호로의 이전은 결정적인 전환점이다. 첫번째 기호는 진실과 비밀의 신학으로 돌려진다(이데올로기는 여전히 여기에 속한다). 두번째 기호는 시뮬라크르와 시뮬라시옹의 시대를 여는데, 여기서는 자신을 인지하기 위한 신이 더 이상 존재하지 않으며, 참으로부터 거짓을, 실재의 인위적 부활로부터 진짜 실재를 분리하기 위한 최후의 심판도 더 이상 존재하지 않는다, 왜냐하면 모든 것이 이미 죽었고 또 미리 부활되었기 때문이다.

실재가 더 이상 과거의 실재가 아닐 때, 향수란 중대한 의미를 갖는다. 근원적 신화와 사실성을 나타내는 기호들의 가격이 오른다. 이차적인 진실과 객관성, 권위들의 가격이 더욱 오른다. 진실한 것과 경험된 것이 점점 높이 공격을 가하고, 대상과 실체가 사라져버린 그곳에, 그들에 대한 형상적인 부활이 행해진다. 물질적 생산의 광란과 평행한 상위 단계에서 실재와 지시물의 광적인 인위적 생산 : 이렇게 나타난 것이 우리가 해당되는 단계 속에서의 시뮬라시옹이다. 실재의, 네오실재의, 파생실재의 전략, 이 전략은 어디서나 어떤 [23]저지전략과 겹쳐지는 것이다.

[24]람세스, 혹은 화사한 부활

1971년의 어느 날 인종학은 자신의 역설적인 죽음을 살짝 스쳤었다. 그날은 필리핀 정부가 8세기 동안을 외부세계와 접촉 없이 정글 깊숙이에서 살아온 몇십 명의 테이세이데이인들을 다른 주민들, 관광객들, 인종학자들의 발길이 미치지 않는 곳에다 원시 상태로 보존하기로 결정한 날이다. 이 결정은 인종학자들 자신들이 앞장서서 취해진 것이다. 그들은 원주민들이 그들과 접촉하자마자 마치 외부 공기에 노출된 미이라처럼 즉각 해체됨을 보아왔다.

---

23) 저지전략 : 파생실재의 전략으로 실재를 시뮬라크르로 대체해 버린 이후에 혹시라도 시뮬라크르가 아닌 고전적 의미의 실제 상황이, 프로그램화하지 않은 우발적 상황이 발생하는 것을 저지하는 전략이다. 또는 모든 것이 시뮬라크르로 대체되어 버린 상황에서 모든 것이 시뮬라크르가 아니라 실제인 척 보이도록 하기 위하여 자신의 부정적인 요소를 조작하는 작업을 이르기도 한다. [역주]

24) Ramsès : 고대 이집트의 신제국. 즉 ramessides라 불리는 XIX-XX 왕조 파라오의 이름(B.C. 1314-1085). [역주]

인종학이 살기 위하여는 그의 대상이 죽어야 한다. 대상은 발견된 데 대한 복수를 죽음으로서 하고, 이로서 그를 파악하고자 하는 과학에 도전한다.

이렇듯 모든 과학은 그의 앎 속에서 그의 대상이 사라지고, 이 죽은 대상은 다시 되돌아와 그에게 잔혹한 책임 전가를 하는 역설적인 비탈면 위에서 살아야 하지 않습니까? 그 오르페에 그 유리디스처럼 과학은 항상 너무 일찍 뒤돌아보고, 그 대상은 동시에 지옥으로 다시 떨어진다.

바로 이 역설의 지옥이 무서워서 인종학자들은 테이세이데이 주변에 원시림으로 된 안전선을 둘러쳐서 대비하려고 하였다. 더 이상 아무도 거기에 손을 대지 않을 것이다. 광맥은 寶庫로서 다시 닫혀졌다. 과학은 거기서 귀한 자산을 상실한다. 대상은 과학에게는 상실되었지만, 그러나 〈처녀성〉에는 손상이 가지 않아 앞으로는 안전할 것이다. 희생에 관한 문제가 아니라(과학은 결코 자신을 희생하지 않는다. 과학은 언제나 살해적이다), 자신의 사실성의 원칙을 살리기 위하여 자기 대상을 위장 희생시키는 문제이다. 그 자연적 본질로 응결된 테이세이데이는 인종학에게 완전한 알리바이, 영원한 보증으로 사용될 것이다. 그렇다고 해서 끝나버리지 않을 반-인종학이 여기서 시작되는 것이다. 졸렝 Jaulin, 까스따느다 Casta-neda, 끌라스트르 Clastres 등은 반-인종학의 다양한 예를 제공해 주는 학자들이다. 아무튼 한 과학의 논리적 진화는 그 자신의 대상으로부터 항상 더욱더 멀어져서, 결국은 그 대상이 없어도 되기에 이르는 것이다. [25]그의 자율성은 그에 따라

---

25) 과학, 예술의 자율성 : 과학의 기본명제는 주관적 인위성을 배제한 순수 객관적인 대상을 분석 기술하는 것이다. 그래야만이 실제 사실을 기술하고 있다는 사실성의 원칙을 살릴 수가 있다. 따라서 과학적 담론은 재현 시스템을 충실히 따라야 할 것이다. 그런데 과학의

분석 대상이 자신에 의해 임의로 선택되어지고 조작되게 되면 과학은 자기자신의 대상 속에서 자기자신의 얼굴만을 보게 되고 자신의 가정만을 보게 될 것이다. 결국 대상은 과학 자신이 되는 것이다. 과학이 자기 대상을 스스로 선정하는 그 순간부터 과학은 객관적 대상을 기술하는 것이 아니라 자기자신을 기술하고 있다는 말이다. 그렇게 되면 과학적 담론은 외적인 지시대상으로 종속, 귀착되는 것이 아니라 자체의 내적 순환에 의하여 독립적이 된다. 자기자신을 분석 대상으로 하기에 다른 일체로부터 독립된 자율성을 획득한다. 과학은 객관적인 대상을 본다는 착각 속에서 언제나 자기자신만을 보고 있는 것이다.

예술의 자율성도 마찬가지다. 그러나 여기서는 자율성의 획득이 훨씬 의식적으로 행해졌다. 고전적 예술은 일회적이고 문서적이어서 주제에 종속되어 있었다. 예술작품의 재현적 기능의 배제는 20세기에 들어와 내용과 형식의 이원적인 대립을 배제하기 시작하면서부터라고 해야 할 것이다. 내용과 형식의 대립 속에서 형식은 내용에 종속되어 있었으나, 차후로는 형식이 외부로부터 주어진 내용을 담기를 거부하고 형태 스스로를 자신의 내용으로 삼기 시작한다. 형식의 내용으로부터의 독립은 추상예술로 이르는 길이다. 예술이란 특수한 언어로써 자신의 고유한 법칙에 따라 움직이는 것이다.

문학에서 이야기와 내용의 배제는 이미 오래전부터 주된 관심사 중의 하나이다. 줄거리 혹은 이야기는 그것이 작가의 내적 세계이건 외적 사건이건 작품을 작품이 아닌 다른 것으로 돌려지게 하는 것이다. 만약에 문학이 전달기능을 담당하고 있다면 그것은 구태여 문학작품이 아니더라도 가능하다. 어떤 극적 사건의 전달이나 한 개인의 시시콜콜한 내면의 움직임을 토로하는 장이 문학이라면 어려운 상황에 처해 보았던 사람이나 극적인 사건을 경험해 보았던 누구나 작가가 될 수 있을 것이다. 그리고 독자들도 줄거리만을 탐식하고 나서는 던져버리게 될 것이다. 그러나 걸작 속에는 줄거리 이외의 다른 것이 있다. 이것은 언어의 조작과 구성에서 오는 독특한 방식으로서 언어의 조탁에 의한 메시지의 형식이 문학에 문학성을 갖도록 하는 것이다. 문학성 그 자체를 주제로 하여 〈문학이란 무엇인가〉에 대답하려고 하는 수많은 작품들이 금세기에 들어와 나타나기 시작하였는데, 약 4000-5000페이지에 달하는 마르셀 프루스트의 대작 『잃어버린 시간을 찾아서』의 주제 혹은 줄거리는 〈문학이란 무엇인가〉라고 요약할 수 있을 것이다. 오늘의 많은 작품들도 전달할 이야기 없는 더욱 환상적이어서, 순수한 형에까지 이르게 된다.

  이처럼 특수한 지역, 즉 원시림의 유리관 속으로 되돌려진 인디언은 떨어져 앞에 있는 인종학에게 모든 가능한 인디언들의 시뮬라시옹 모델이 다시 된다. 인종학은 이렇게 하여 자기 자신을 넘어서 다른 곳에, 자신에 의해서 완전히 다시 고안된 인디언들, 인종학 덕분에 여전히 원시인이 되어 있는 원시인들의 〈재생하지 않은〉 사실성 속에서 구현되는 사치를 스스로에게 부여한다. 원시인들을 파괴하도록 되어 있는 것처럼 보이던 이 과학에게 얼마나 기막힌 회귀이며 얼마나 훌륭한 승리인가!

  물론 이 원시인들은 죽고 난 후의 것들이다. 얼려지고, 냉동되며, 살균되고, 죽음으로부터 보호되어, 그들은 지시물적인 시뮬라크르가 되었고, 과학 자체도 순수한 시뮬라시옹이 되었다. ([26]크뢰조에서도 마찬가지인바, 여기서는 기계나 작업 과정을 보이지 않는 속까지 보여주기 위하여 〈분해〉시킨 박물관의 모형 안에서, 남자들과 여자들 그리고 어린애들까지도

순수한 언어의 유희를 내용으로 하고 있는 것들이 많다. 특히 프루스트와 동시대의 인물인 레이몽 루셀이라는 작가는 하나의 어휘로부터 시작하여 그 뒤를 잇는 모든 어휘들이 처음 시작된 어휘로부터 파생되게 하는 작품을 쓰기로 유명하다. 이러한 경우는 작품이 외적 사실을 모델로 하는 것이 아니라 참조물을 자기자신의 내부에 두는 전형적으로 아나그람적인 작품이라 할 것이다. 독자적인 작품은 이렇게 자기자신의 내부로 움츠러드는 경우뿐만 아니라, 어차피 문학이 주제가 되어 있는 이상 다른 문학작품을 참조물 혹은 지시물로 두기도 한다. 이러한 현상은 관계적 텍스트성 intertextualité이라고 부르는 것으로 제라르 주네트에 의해 많은 연구가 행해졌다. [역주]

26) Le Creusot : 프랑스의 지명. 18세기에 석탄에서 시작한 산업이 19세기에는 주물과 강철로 인해 비약적인 발전을 한 곳이다. 오늘날에도 주물과 기계류 산업의 중심지이다. [역주]

포함한 생생한 야금 현장들을 이를테면 산 채로 화석화한 몸
짓들, 언어들, 용법들까지를 포함한 한 문화 전체를, 노동자
지역 전체의 시기별 〈역사적〉 증거로서 촬영에서처럼, 직접
현장에서 박제화하였다. 박물관은 기하학적 장소로 특정지역
에 세밀히 한정되기보다는 차후로는 어디서고 생활 차원으로
되었다. 마찬가지로 인종학은 객관적 과학으로서 특성 대상에
엄밀히 한정되기보다는, 차후로는 자신의 대상으로부터 해방
되어서, 모든 살아 있는 대상에까지 일반화할 것이고, 시뮬라
크르의 차원인 두루 어디나 편재하는 4차원으로서 눈에 보이
지 않게 될 것이다. 우리 모두가 테이세이데이, 과거대로의
인디언들 즉 인종학자가 변화시킨 원래 그대로의 인디언들,
마침내 인종학의 보편적 진실을 공표하는 시뮬라크르 인디언
들이 된 것이다.

(27죽어버린 다름들의 그늘 아래에서 그리고 다름들의 부활

---

27) 죽어버린 다름들과 다름들의 부활 : 시뮬라크르는 실재와 구분이 되
지 않기 때문에 실재와 다름이 없으며, 시뮬라크르는 이미 사라지고
없는 실재를 부활시키지만 결국 실재는 아니기 때문에 실재와 전혀
다른 것이다. 그러나 이러한 실재와의 관계에서뿐만 아니라, 어떤
전체가 하나의 모델에 의한 시뮬라크르들인 경우에 이것들 사이에는
다름이 없으며, 전체가 다름이 없게 되면 이성의 기본 원칙이며 시
스템 유지의 기본인 다름의 원칙이 사라져서 견딜 수 없으므로 이
다름마저도 시뮬라크르로 만들어낸다는 것이다. 다름의 가장적 생산
은 사라진 사실성의 원칙을 구제하기 위하여, 또 실재가 시뮬라크르
가 아닌 척하기 위하여 부정을 주입하는 경우에 더욱 뚜렷하다.
  지금까지의 독서를 해오던 독자들이 느꼈을 것으로 믿지만 이 책
은 순환논리 속에서 쓰여졌다. 그렇기 때문에 독서 또한 두 가지의
방향을 염두에 두어야 할 것이다. 첫째는 전통적인 독서방식으로서
정보전달적인 기능을 생각하면서 읽는 것으로, 새로운 지식을 습득
하는 장으로 읽을 수도 있겠다. 두번째로는 이 책의 논리를 아무리
세세히 따라가도 이상하게 새로운 내용이 전개 발전되어 가는 듯하
면서 어느덧 제자리에 되돌아와 있음을 발견하게 되고, 나선형을 닮

의 그늘 아래에서 우리 모두는 인종학의 혹은 의기양양한 인
종학의 순수형일 따름인 반-인종학의 유령처럼 창백한 빛 속
에 살아 있는 과거이다. 따라서 인종학을 찾으러 원시인들이
나 어느 제3세계로 가는 것은 아주 유치한 일이다. 인종학은
여기, 도처에, 대도시에, 백인들 속에, 일일이 수가 세어졌
고, 분석되었으며, 이어서, 실재의 갖가지 종류 아래 인위적
으로 부활된 세상 속에 있으며, 시뮬라시옹의, 진실 환각의,
실재에 대한 협박의, 모든 [28]상징 형태 살해의 세상 속에, [29]이
상징 형태에 대해 히스테리적이고 역사적인 회고를 하는 세상
속에 있다. 살해의 첫번째 대가는 원시인들이 치렀지만, 그

아서 전개중에 회귀를 일으키는 어떤 순환원을 맴돌고 있다는 것이
다. 바로 이렇게 독자의 머리를 안정되고 정체적인 상태로 잡아두기
보다는 끝없이 회전하게 만드는 것이 이 책의 특징이라고 할 것이
다. 이 순환회로가 이 책을 수없이 반복하여 읽어도 싫증나게 하지
않는 점이며 예술의 이름을 건 웬만한 작품들보다도 훨씬 참신한 흥
미를 유발한다. [역주]

28) 상징 형태 살해 : 상징의 기능이 존재하지 않는 것을 환기시키는 데
에 있기 때문에 재현체계에서의 모든 기호는 다소간의 상징성을 가
지고 있다. 시뮬라크르는 지시물이나 상징물을 똑같이 가장하기 때
문에 상징과 상징물 사이에 개재하는 거리가 없다. 여기서는 표면성
만이 남게 된다. [역주]

29) 히스테리적이고 역사적인 회고는 앞에서 나왔던 〈향수〉라는 말과
상통하는 구절로써 지시물, 진실, 역사, 경험된 것, 사실성 등이 사
라지고 난 뒤에도 우리사회에서 여전히 이것들에 관한 수많은 인위
적 부활과 시뮬라크르가 행해지고 있음을 지적하는 말이다. 현대사
회는 보이지 않는 것에 대한 향수에 젖어 있다고 할 수 있다. 우리
는 직접 육성으로 하여도 될 것도 구태여 마이크를 사용하여 사라짐
과 사라진 것에 대한 재생의 효과를 즐기고 있으며, 사라지고 없는
외양을 사진으로 포착하여 재생하는 즐거움을 누린다. 실재보다는
오히려 가장된 것, 시뮬라크르를 더 좋아하는 사회에서 실재가 모두
사라지고 난 다음에 시뮬라크르에 사실성을 부여하기 위하여 사라진
실재의 인위적 부활과 실재감의 부활이 향수처럼 일어난다. [역주]

대가는 다시 치뤄서, 살해는 오히려 오래전부터 모든 서구 사회에 확대되었다.

그러나 인종학은 동시에 그의 유일한 최후의 교훈, 그를 죽인(원시인들이 그보다 더 잘 알고 있는) 비밀을 우리에게 넘겨준다 : 죽음의 복수.

과학적 대상의 유폐는 미친 사람들과 죽은 사람들의 유폐와 똑같다. (30사회가 스스로 자신을 향해 내건 광기의 거울에 의해 사회 전체가 치료 불능으로 (31오염되는 것과 마찬가지로,

---

30) 사회 전체가 광기에 젖어 있지 않음을 보이기 위해서는 자신으로부터 어떤 사람들을 따로 떼어 미친 사람의 표준을 삼아야 한다. 자신이 광기에 젖어 있음을 숨기기 위하여 일종의 저지 전략의 일환으로써 자신의 부정인 광기의 범주를 만들어 이것만이 미친 것이고 미친 것은 사회 안에 있는 것이 아니라 다른 곳에 있다고 가장하기 위하여 광기의 모델을 생산한다. 그들에 비추어 다른 사람들은 미치지 않았다고 말하기 위해서이다. 그런데 인종학의 경우처럼 광기가 유폐의 대상이 되고 객관적 분석의 대상이 되면 어느덧 그 광기는 광기가 아닌 일반적인 것이 된다. 즉 광기란 우리의 이성의 범주를 벗어난 것인데 광기가 분석되어서 이성으로 이해할 수 있는 것이 된다면 이제 광기는 광기가 아니라 이성의 범주에 들어온 이성적인 것이 된다. 그러면 광기는 사라지게 된다. 그러나 광기가 사라지게 되면 광기의 실재성이 없으므로 사회는 실제 광기의 시뮬라크르를 생산하지 않을 수가 없다. 결국 사회는 쉬지 않고 광기를 규정하고 흡수하는 작업을 해야 한다.

실제로 광기의 객관적인 기준은 없다. 광기란 시대에 따라서 그 규정된 범주가 다르다. 그것은 곧 광기가 한 사회의 음각과도 같은 것이기 때문이다. 광기의 역사는 이성에 의한 사회규범의 변화의 역사와도 같다. 광기란 그 사회가 감추고 있는 다른 모습일 따름이다. 따라서 한 사회는 자신이 내건 광기의 거울에 의해 오염되어 있는 것이다. [역주]

31) 오염 : 모델로서 시뮬라크르의 존재는 다른 나머지들을 그 모델과 동일한 것으로 만든다. 이러한 순환법칙은 수사학의 환유로 표현되는 원칙으로서, 환유법은 한 대상이 다른 대상에 인접하거나 그 일

과학은 자신의 거꾸로의 거울인 대상의 죽음에 의해 전염되어 죽지 않을 수 없다. 외면적으로는 과학이 그 대상을 지배하는 듯하지만, 내면적으로는, 무의식적인 책임 전가에 따라서, 과학에 의해 죽은 대상은 그에게 죽은 대답만을 하고 순환적으로 이 죽은 대답으로 구성되어 있는 과학을 죽이기 때문에 대상이 과학을 투여하고 있다.

사회가 광기의 거울을 깨뜨리거나(수용소를 폐지하고, 미친 사람들에게 말을 할 수 있게 하는 것 등), 과학이 그의 객관성의 거울을 깨뜨리거나(마치 까스따느다가 그의 대상 앞에서 스스로 그만두는 것 등), [32]〈다름들〉 앞에서 머리를 조아려 굴복하는 것처럼 보일 때라도 아무것도 변하지 않는다. 이와 같은 밀폐시키는 형태가 끝나면, 굴절되고 감속된 무수히 많은 장치의 형태가 그 뒤를 따른다. 인종학이 그의 고전적 제도 속에서 무너져 내림에 따라, 인종학은 반-인종학 속에 살아남는다. 후자의 임무는 이 세상, 우리의 세상이 반-인종학의 방식대로 다시 원시적이 되어서, 다름과 죽음에 의해 황폐해졌음을 숨기기 위하여 도처에 [33]허구적인 다름과 허구적인 원시를 다시

부인 경우에 두 대상을 서로 같은 것으로 취급하는 것이다. 예를 들면 〈한 잔 하다〉라고 하였을 때, 〈한 잔〉은 〈한 잔의 술〉을 의미하는데 이때 유리컵인 〈잔〉과 〈술〉이 인접함으로 하여 동일하게 되는 것이다. 혹은 〈바다 위의 돛〉이라 할 때, 〈돛〉은 〈배〉의 일부로서 전체 〈배〉를 의미한다. 이렇게 환유는 인접성의 원칙을 따르는데 제라르 주네트가 제시한 유명한 공식 〈서로 모이면 같아진다〉로 요약할 수 있다. 보드리야르가 제시하는 시뮬라크르들은 정확히 환유의 원칙을 실현하고 있어서, 어떤 시뮬라크르가 있으면 다른 나머지들도 이것과 동일하게 된다. [역주]

32) 다른 대상을 분석하게 되면 이 다름이 사라지기 때문에 이 다름을 보전하기 위하여 그대로 놓아두는 행위를 말한다. [역주]

33) 허구적인 다름과 허구적인 원시 : 인디언은 그들이 우리와 다른 원시 혹은 야만인이기 때문에 학살되었다. 이 사라지고 없는 인디언들

주입하는 것이다.

마찬가지로 원본을 보전한다는 핑계 아래 라스코 동굴 방문을 금지하고, 모든 사람들이 볼 수 있도록 거기서 500m 떨어진 곳에 똑같은 복사물을 건축하였다(원래 동굴은 작은 구멍을 통해 들여다보고, 다음에 재건된 복사물 전체를 방문한다). 원래 동굴의 추억조차도 미래 세대의 정신 속에서는 지워질 수 있다. 그러나 이 이후로는 다름이 없다. 본뜨기는 그들 둘을 모두 인위적인 것에 속하게 하기에 충분하다.

몇십 년 동안을 박물관 깊숙이에서 썩게 놔둔 후에 람세스 2세의 미이라를 구하기 위하여 최근에 모든 과학과 기술이 동원되었다. 비록 시선과 빛으로부터 멀리 떨어져서이지만, 상징 체계가 40세기 동안이나 보존할 수 있었던 것을 구할 수 없다는 생각에, 서구는 공황에 사로잡혔다. 람세스는 우리에게는 아무것도 의미하지 않는다, 오직 미이라만이 비할 데 없는 가치를 지닌다, 왜냐하면 미이라는, [34]축적이라는 것이 어떤 의미를 갖는다는 것을 보장해 주는 것이기 때문이다. 선적이고 축적적인 우리의 문화 전체는 만약 우리가 과거를 백일하에 저장할 수 없다면 무너져내려 버린다. 그렇게 하려면 파라오들을 그들의 무덤으로부터, 미이라들을 그들의 침묵으로

을 인위적으로 부활시켜 보전하는 것은 우리 자신들의 참모습을 숨기기 위한 전략에 불과하다. 우리 자신이 반인종학이 만들어놓은 원시인이 되었기 때문에 이 사회는 원래 우리가 생각하는 실제의 사회가 아닌 다른 시뮬라크르일 따름이다. 또한 언제나 죽은 것은 인위적으로 부활되기 때문에 죽음도 이미 사라진 것이다. 즉 우리 사회는 이미 죽은 것이다. 우리 사회가 시뮬라크르이며 이미 죽은 것이라는 사실을 숨기기 위하여, 지금의 우리 사회가 원시가 아니며 죽은 것이 아니라 다른 인디언 사회가 원시이며 죽은 것이라고 믿게 하기 위하여 허구적으로 다름과 원시를 만들어 주입한다. [역주]

34) 합리주의적 이성의 질서는 선적인 계속성이기 때문에 문명은 지식과 역사의 축적으로 이루어진다.

부터 끄집어내야 한다. 그러자면 그들을 발굴해야 하고, 그들에게 군대식 예식을 해주어야 한다. 그들은 동시에 과학과 벌레의 먹이가 된다. 오직 절대적인 비밀만이 이 수천 년의 힘을 보장해 주었다. 죽음과 함께 교환들의 사이클 전체가 지배한다는 것을 의미하던 부패의 지배 말이다. 우리는 과학을 미이라를 보수하는 데, 즉 눈에 보이는 질서만을 보수하는 데밖에는 사용할 줄 모른다. 그러나 미이라 방부는 숨겨진 어떤 차원을 영원 불멸화하기 위한 신비적인 작업이었다.

우리에게는 우리의 종말을 보장해 줄 어떤 가시적인 과거, 눈에 보이는 지속, 근원에 대한 눈에 보이는 신화가 필요하다. 왜냐하면 우리는 근본적으로는 거기에 대해 전혀 믿고 있지 않았기 때문이다. 그 때문에 미이라를 오를리 공항에 받아들이는 역사적 광경이 펼쳐진다. 까닭은 람세스가 독재와 군사의 큰 인물이었기 때문인가? 물론이다. 그러나 특히, 우리의 문명이 합병하려고 한 이 죽은 힘 뒤에서, 우리의 문명은 자신과는 아무 관계도 없는 어떤 질서를 꿈꾸고 있기 때문이며, 마치 자기자신의 과거처럼 이 죽은 힘을 발굴하면서 그 힘을 절멸시켜 버렸기 때문에 그에 대해 꿈을 꾸는 것이다.

우리는 르네상스 시대의 기독교인들이 아메리카 인디언들, 그리스도의 말씀을 전혀 모르던 이(인간) 존재들에 의해서 매혹되었듯이, 람세스에 의해서 매혹된다. 이처럼 식민화의 초기에는 복음의 보편적 법률을 빠져나갈 수 있다는 가능성 앞에서 찬탄하고 마비되던 순간이 있었다. 이는 다음 둘 중 하나였는데, 혹은 이 법이 보편율이 아니라는 사실을 받아들였거나, 혹은 증거를 없애기 위하여 인디언들을 말살하였다. 일반적으로는 그들을 개종시키는 것으로 만족하였다. 또는 단순히 그들을 발견하는 것으로 만족하였는데, 이것으로도 그들을 천천히 제거하기에는 충분하였다.

이렇듯이 박제화하여 제거하는 데는 람세스를 발굴하는 것으로 충분하다. 왜냐하면, 미이라는 벌레에 의해서는 썩지 않는다. 부패와 죽음의 지배자인 상징의 느릿한 체계로부터, 더 이상 아무것도 지배하지 않고, 자신을 선행했던 것을 부패와 죽음에다 바쳐버리며, 이어서 과학에 의해서 그것을 다시 부활하려고 애쓰는 것밖에 할 줄 모르는 우리의 체계로, 역사와 과학과 박물관의 체계로 이동함으로써 미이라는 죽기 때문이다. 이는 곧 모든 비밀에 대한 치유할 수 없는 폭력, 비밀이 없는 문명의 폭력, 모든 문명 자신의 기초에 대한 증오이다.

마치 인종학이 자신의 순수 형태를 더 잘 확보하기 위하여 자기 대상을 포기하는 체하듯이, 비박체화는 인위성을 더욱 강화시킨 것일 따름이다. 그 증거는 〈그 원래 장소〉에 다시 안치시키기 위하여 뉴욕의 클로이스터로부터 비싼 비용을 들여서 다시 본국으로 송환하려 하는 퀵싸의 셍-미셸이다. 모든 사람들은(샹-젤리제의 〈보도 블록을 옛날처럼 다시 깔기 위한 실험적 작업〉에 대해서처럼!) 이러한 회복에 대해 박수 갈채를 보낸다. 따라서, 옛날 이 기둥머리를 수출한 일이 자연스럽게 한 일이 아니고 인위적으로 멋대로 한 행위였고, 뉴욕의 클로이스터가 정말 모든 문명의 인위적 모자이크라도(가치의 자본주의적 집중화 논리에 따라) 원래 장소로 다시 수입하는 행위는 그보다도 더욱 인위적이다. 완벽한 회전에 의하여 〈사실성〉에 다시 도달한 완전한 시뮬라크르이다.

회랑은, 최소한 아무도 속이지 않는 가장된 분위기 속에서 뉴욕에 남아 있었어야 했다. 이것을 다시 가져온다는 것은 아무 일도 없었다는 듯이 하여 회고적인 환각을 즐기려는 부차적인 핑계에 불과할 따름이다.

이처럼 미국인들은 인디언들의 수효를 정복 이전의 상태로 다시 이르게 하였다고 자랑하고 있다. 모든 것을 지워버리고 다시 시작한다. 그들은 오히려 더 잘 하였다고, 원래 수효를 넘어섰다고 자랑한다. 이것은 문명의 우월성의 증거일 것이다. 문명은 인디언들이 할 수 있었던 것보다 더 많은 수효의 인디언들을 생산할 것이다(이 과잉생산은 불길한 조롱으로서, 여전히 그들을 파괴하는 다른 방식이다. 왜냐하면 인디언 문명은 부족 문명으로 집단의 제한과, 이시 Ishi 족에서 보듯이 모든 〈자유로운〉 증가의 거부 위에 세워진다. 따라서 여기, 인구 통계학적인 〈향상〉 속에, 한 발자국 더 나아간 상징적인 근절이 있다).

　이처럼 도처에서 우리는 이상하게 원본과 유사한 세상에 살고 있다. 사물들은 거기서 자기 자체의 각본에 의해 이중화하여 있다. 그러나 이 이중화가 전통에서와는 달리 그들 죽음의 촉박함을 의미하지는 않는다. 그들은 이미 그들이 생존에서 축출되는 것보다 더욱 잘 죽음으로부터 축출되어 있다. 그들 모델의 빛 속에서 훨씬 더 잘 미소지으며, 훨씬 진본과 같은 것들, 초상집에서의 얼굴들도 그러하다.

파생실재와 상상

　디즈니랜드는 모든 종류의 얽히고 설킨 시뮬라크르들의 완벽한 모델이다. 우선 환상과 공상의 유희이다 : 해적, 국경선, 미래 세계 등에서 보이듯이 사람들은 이 상상 세계가 성공적인 작전을 수행한 것으로 간주한다. 그러나 군중들을 끄는 것은 틀림없이 상상보다는 훨씬 더 이곳이 사회의 축소판이라는 사실이다. 실제 미국사회가 가하는 통제 그리고 그 사회가 제공하는 기쁨을 축소시켜 경험하는 데에서 오는 근엄한 즐거움이다. 당신은 밖에다는 주차를 한 다음 안에서는 줄을 서며, 출구에서는 완전히 버림받는다. 이 상상 세계에서 유일한 환상은 군중에 본래적인 부드러움과 열정이며 다양함에 대한 욕구를 유지하는 데 적합한 충분하고 과도한 양의 잡동사니들이다. 진짜 집중의 장소인 주차장의 절대적인 고독과 이 세계와의 대비는 완전하다. 또는, 안에서는 모든 잡동사니들의 나열이 유도된 흐름 속의 군중들을 전자기화시키고, 외부에서는 고독이 오직 하나의 잡동사니인 자동차로 유도되어 있다. 놀랄 만한 우연의 일치로(그러나 이 우연의 일치라는 것도 틀림없이 이 세계에 고유한 매력에 속하는 것이다), 이 냉동된 어린애 같은 세상은 그 자신도 오늘날 냉동된 사람, 지금 영하 180도에서 부활을 기다리고 있는 월트 디즈니에 의해서 고안되고 실현되었었다.

따라서 디즈니랜드 곳곳에는 개인들과 군중의 얼굴 형태에 이르기까지 미국의 객관적인 프로필이 그려진다. 여기서는 모든 가치들이 축소된 세밀삽화와 만화에 의해 높이 치켜세워진다. 이 가치들은 방부 처리되고 잠잠하게 되어 있다. 그 때문에 디즈니랜드의 이념적인 분석이 가능하다(루이 마렝이 이를 『공상적인 것, 공간의 유희』에서 아주 잘 분석하였다). 미국 생활 방식의 개요, 미국 가치의 칭송사, 모순적인 현실의 이상화된 옮기기라고 분석하면 확실히 맞는 말이다. 그러나 이것은 다른 것을 숨기고 있다. 그리고 이 〈이념적인〉 경위는 세번째 질서의 시뮬라시옹에 대한 은폐물로 사용된다. 디즈니랜드는 〈실제의〉 나라, 〈실제의〉 미국 전체가 디즈니랜드라는 사실을 감추기 위하여 거기 있다(마치 감옥이 사회 전체가 그 평범한 어디서고 감방이라는 사실을 감추기 위하여 거기 있는 것과 약간은 유사하게). 디즈니랜드는 다른 세상을 사실이라고 믿게 하기 위하여 상상적 세계로 제시된다. 그런데 사실은 그를 감싸고 있는 로스앤젤레스 전체와 미국도 더 이상 실재가 아니고 파생실재와 시뮬라시옹 질서에 속한다. 더 이상 사실성의 거짓 재현 문제(이데올로기)가 아니고, 실재가 더 이상 실재가 아니라는 사실을 숨기고, 따라서 사실성의 원칙을 구하기 위한 문제이다.

디즈니랜드의 상상 세계는 참도 거짓도 아니고, 실재의 허구를 미리 역으로 재생하기 의하여 설치된 저지기계이다. 그로부터 이 상상 세계의 허약함과, 유치한 백치성이 나온다. 이 세계가 어린애 티를 내려 하는 이유는, 어른들이란 다른 곳, 즉 〈실제의〉 세상에 있다고 믿게 하기 위하여, 그리고 진정한 유치함이 도처에 있다는 사실을 숨기기 위하여이며, 어른들의 유치성 그 자체가 그들의 실제 유치성을 환상으로 돌리기 위하여 여기서 어린애 흉내를 낸다.

게다가 디즈니랜드만이 유일한 것이 아니다. 마술 걸린 마을, 마술의 산, 해저 세계——로스앤젤레스는 이러한 종류의 상상 발전소로 둘러싸여 있는데, 이 발전소들은 비실제적인 끝없는 순환망일 따름인 신비한 도시에 실재, 즉 실재의 에너지를 공급한다. 환상적으로 펼쳐졌지만 공간도 차원도 없는 그런 마을 말이다. 발전소와 핵 발전소만큼이나, 영화 촬영소만큼이나, 이 도시는 그 자신 거대한 시나리오와 끝없는 이동 촬영일 따름인데, 유아적이고 위조된 환상의 기호로 된, 교감 신경계와 같은 낡은 상상 세계를 필요로 한다.

디즈니랜드. 다른 곳에서와 같이 상상을 재생하는 공간인데 여기조차 쓰레기 처리장이다. 어디서나 오늘날은 쓰레기와 꿈, 환상을 재생하여야 한다. 어린이들과 성인들의 역사적, 동화적, 전설적 상상 세계는 쓰레기, 즉 파생실재적 문명의 가장 일차적인 커다란 독소적 배설물이다. 디즈니랜드는 정신적인 면에서 이 새로운 기능의 전형이다. 그러나 캘리포니아에 우글거리는 성적, 심리적, 신체적인 모든 설비들도 이와 똑같은 계열이다. 사람들은 더 이상 서로 마주보지 않지만 그를 위한 설비가 있다. 그들은 서로 몸을 닿지 않지만 그를 위한 접촉치료 요법이 있다. 그들은 더 이상 걷지 않지만 조깅을 한다. 도처에서 사람들은 상실한 기능들 또는 잃어버린 신체, 잃어버린 사회성, 잃어버린 입맛을 재교육한다. 사람들은 궁핍, 금욕, 사라져버린 원시적 자연성을 재개발한다 : 자연식, 건강식, 요가. 이차적이지만 마아샬 샬렝의 생각이 확인된다. '그에 따르면, 결핍을 퍼뜨리는 것은 결코 자연이 아니라 시장경제이다. 바로 여기, 기세 등등한 시장경제의 첨단에서 결핍/기호, 결핍/시뮬라크르가 다시 고안된다. 즉 시뮬라크르된(마르크스 이론에서의 저개발 의미도 포함한) 저개발의 결핍 행위가 환경보호주의, 에너지 위기, 자본 위기라는 핑계로, 불가사의한 문명의 승리에 최종의 불가사의한 후광을 덧붙인다. 그렇지만 아마도 전례 없는 어떤 정신적 파국, 어떤 (35함열과 정신적 쇠퇴가 이런 종류의 체계를 노리고 있다. 이것의 눈에 띄는 기호들은 이 이상한 비만, 아주 묘한 이론과

---

35) 함열 implosion은 폭발 explosion과 방향이 반대인 같은 힘이다. 팽창, 진보, 식민화를 가치로 여겼던 모더니즘을 대변하는 것이 에너지의 폭발이었다면, 함열은 그와는 반대로 갈라지고 쪼개졌던 것들이 다시 분할 이전의 상태로 응축되어 가는 현상이다. 다름과 구분이 비구분으로 들어가게 되는 현상을 말한다. 따라서 함열을 안으로의 폭발로 이해하거나 번역하는 경우는 이것 또한 폭발이므로 모더니즘의 현상으로 잘못 이해한 것이다. 함열 현상은 우선 실재가 사라지고 다름이 없는 시뮬라크르로 전환되는 것이고, 이어서 시뮬라크르의 가장 대표인 기호만이 남아 실재를 대체하는 현상이다. 그 중 가장 극단적인 함열은 아마도 컴퓨터 디스켓에서처럼 모든 실재가 아무것도 없는 하나의 디스켓으로 축약 대체되거나 정보적인 코드로 전환되는 것이다. 이러한 무의 상태는 그러나 전체를 이미 그 속에 담고 있다. 함열은 결코 안으로의 폭발이 아니라 비구분의 상태로 돌아가는 것이다. 함열은 블랙홀로 모든 것이 흡수되어 응축되는 현상이다. [역주]

실천의 믿을 수 없는 공존일 것인데, 이 기호들은 사치와 하늘과 돈의 전혀 그럴 법하지 않은 동맹에, 생의 전혀 그럴 법하지 않은 사치스러운 물질화에, 그리고 전혀 발견되지 않을 것 같은 모순들에 대답한다.

정치적 주술

워터게이트, 이는 디즈니랜드와 똑같은 시나리오(인위적 표면의 이쪽 이상으로 저 너머에도 어떤 사실성도 없다는 것을 감추기 위한 상상적 효과)인데, 여기서는 사실들과 그 고발 사이에는 아무 차이도 없음을 감추는 스캔들 효과(CIA 요원들과 《워싱턴포스트》 기자들의 동일한 방법들)가 있다. 스캔들을 통해서 도덕적, 정신적 원칙을 재생하려고 하는 것이나, 상상을 통해서 잃어버린 사실성의 원칙을 재생하고자 하는 것은 동일한 작전이다.

스캔들의 고발은 항상 법에 바쳐진 하나의 존경이다. 워터게이트는 워터게이트 그 자체가 하나의 스캔들이었다는 생각을 주입하는 데 성공하였다. 이 점에서 이는 놀라운 정신적 중독 작전이었다. 세계적 차원에서 적당량의 정치 도덕의 주입이 그것이다. 부르디외 Bourdieu처럼 말할 수도 있을 것이다 : 〈모든 힘들 관계의 속성은 바로 그런 것으로서 숨는 것이고, 바로 그런 것으로서 숨기 때문에만 그의 모든 힘을 갖는다는 사실이다.〉이를 다음과 같이 이해하자. 부도덕하고 비양심적인 자본은 도덕적 상부구조 뒤에서만 행사될 수 있으며 대중의 도덕성을 회복하려는 누구건 (분개, 고발에 의해서) 이 부도덕한 자본을 위해서 자발적으로 봉사하고 있다. 《워싱턴포스트》의 기자들이 그렇다.

그러나 이것은 여전히 이데올로기적 공식일 따름이다. 부르디외가 그것을 말하였을 때 그는 〈힘의 관계〉를 자본주의적 지배의 진실로 암시하고 있으며, 이 힘의 관계 자체를 스캔들로서 고발한다. 따라서 그는 《워싱턴포스트》의 기자들과 동일한 (36결정주의적이고 도덕적인 위치에 있다. 인간들의 정치적, 도덕적 의식 속에서 힘의 관계는 진실과 도덕 질서를 나타내는 유동적이고 무관심한 외형일 따름이다. 따라서 사회 질서의 진짜 상징적 폭력은 모든 힘의 관계들 저 너머에서, 즉 도덕과 진실의 질서 속에서 발생하고 있으며, 부르디외는 바로 이 도덕과 진실의 질서를 순화하고 고양하는 작업을 한다.

자본이 우리에게 요구하는 모든 것은 자본을 합리적인 것으로 받아들이거나 합리성의 이름으로 그에 대항하여 싸워주는 것이다. 또는 도덕적인 것으로 받아들이거나 도덕성의 이름으로 자본과 싸워주는 것이다. 왜냐하면 그것은 같은 것이기 때문이다. 이건 다른 형태로도 읽힐 수 있다. (37이를테면 옛

---

36) 결정주의 : 원인과 결과라는 등식으로 이루어지는 인과론 혹은 결정론이 직선적인 합리주의의 재현체계에 속한다는 것은 이미 언급한 바 있다. 힘의 관계가 그 이면에 진실과 도덕이라는 지시물적인 근원을 배경으로 가지고 있기에 힘의 관계를 논한다는 것은 비록 그것을 비평한다고 할지라도 기본적으로는 이 체계 위에 기반하고 있다. 그런데 실제로는 시뮬라크르 사회에서는 이러한 이원적인 재현체계가 없기 때문에 힘의 관계에 대해 논한다는 것은 이미 상실된 체계를 유지 혹은 인위적으로 부활하는 부정에 의한 긍정을 노리는 것이다. 이것 역시 시스템의 저지전략 중의 하나이다. [역주]

37) 스캔들을 숨기는 경우는 자본이 도덕적이라고, 즉 자본의 뒤에는 도덕이라는 배경이 있다고 믿었던 때이다. 진실이나 진리에 해당하는 도덕을 위반한 자본은 스캔들이다.
스캔들이 아니다라는 사실을 숨기는 것은 자본의 뒤에는 도덕이라는 배경이 없다는 사실을 숨기는 것과 동일하다. 지금까지는 자본이 도덕의 이름으로 권력을 행사하여 왔는데 이 결합이 깨지면 권력의 정당성이 상실되기 때문에 이 결합의 부재를 숨겨야 한다. 그러므로 스캔들이 아니라는 사실을 숨겨야 한다. [역주]

날에는 사람들이 스캔들을 감추려고 노력하였다. 그러나 오늘날은 그건 스캔들이 아니라는 것을 감추려고 애를 쓴다.

　워터게이트는 스캔들이 아니다. 이건 어떤 일이 있어도 말해야 할 것이다. 왜냐하면 바로 이것이 모든 사람들이 감추려고 하는 점이기 때문이다. 이러한 감추기는 우리가 자본의 원초적인 무대, 즉 자본의 순간적인 잔인성, 이해할 수 없는 잔혹함, 근본적인 부도덕성에 접근함에 따라 우리의 도덕성이 깊어지고 도덕적 공포가 깊어지는 것을 가린다. 자본의 순간적인 잔인성, 그의 이해할 수 없는 잔혹함, 그의 근본적인 부도덕성, 이게 바로 스캔들적인 것이고, 계몽사상 이래로 공산주의에 이르기까지 좌익사상의 공리인 도덕과 경제의 등가 체계에서는 받아들여질 수 없는 것이다. 사람들은 이 도덕과 경제의 등가라는 계약사상을 자본에 돌린다. 그러나 자본은 이 계약사상에는 전연 관심이 없다. 자본은 괴물 같은 기업이다. 원칙도 없으며, 오직 한 가지, 그게 전부다. 자본에 규칙을 강제하면서 자본을 통제하려고 하는 것은 바로 〈계몽된〉 사상이다. 그리고 혁명적 사상을 대변하는, 자본에 대한 모든 비난은 오늘날 자본이 놀이 규칙을 따르지 않는다고 다시 비난한다. 〈권력은 정의롭지 못하며, 그의 정의는 계급의 정의며, 자본은 우리를 착취한다 등.〉 마치 자본이 그가 움직이는 사회와 계약에 의해 맺어져 있기라도 하였듯이. 자본이 이 사회계약의 환상에 따라 행동하기를, 조만간 행동할 것으로 그리고 사회 전체에 대한 의무를 이행하기를 바라면서, 자본에 이 등가의 거울을 드리우는 것은 바로 좌익이다(그러면 동시에 혁명이란 불필요해진다. 자본이 교환의 합리적 공식에 정렬하기만 하면 충분하다).

　자본 자신은 정작 그가 지배하는 사회와 결코 계약에 의해 맺어져 있지 않다. 자본은 사회 관계의 하나의 환상적인 마법이며 사회에 대한 하나의 도전이다. 그러한 자본에 대답해야 한다. 자본은 도덕적이고 경제적인 합리성에 따라 고발해야 하는 스캔들이 아니다. 자본은 상징적 규칙에 따라 응수하여야 하는 하나의 도전이다.

나선형 부정성 —— [38]뫼비우스

워터게이트는 따라서 시스템에 의해 그의 도전자들에게 쳐 놓은 함정일 따름이었다——쇄신을 목적으로 하는 스캔들의 시뮬라크르. 이것은 영화 「깊은 목구멍」의 인물에 의해 연기된다. 이 인물에 대해 사람들은 그가 닉슨을 제거하기 위하여 좌파 기자들을 조종하는 공화당의 음침한 실력자였다고 말한다. 그럴 수도 있지? 모든 시뮬라크르는 가능하지만 이 시뮬라크르는 필요 없는 시뮬라크르다. 왜냐하면 좌파는 혼자서도 그리고 자발적으로 우파의 일을 아주 잘해 준다. 게다가 거기서 어떤 씁쓸한 양심 같은 것을 본다는 것은 유치한 일일 것이다. 그 까닭은 우파 역시 자발적으로 좌파의 일을 해주기 때문이다. 모든 조종의 시뮬라크르들은 끝없는 돌림대 속에서 다시 되돌아오기 때문이다. 왜냐하면 조종이란 불확실한 인과성으로서 거기서는 긍정과 부정이 서로서로를 생산하고 서로 겹치며, 또 거기서는 더 이상 능동적이거나 수동적인 것이 없다. 정치적 사실성의 원칙은 바로 이 돌고 도는 인과성을 자

---

38) August Ferdinand Möbius(1790-1868) : 독일의 천문학자, 수학자. 위상학에 있어서 그는 끝없이 긴 종이 테이프를 비틀어서 형성되는 한쪽 면만 가진 그리고 한 가장자리만을 가진 어떤 표면을 생각하였다. 이를 뫼비우스 따라 하여 모든 모순적인 것들의 공존, 논리적 자가당착 또는 앞뒤, 아래위, 안과 밖의 비구분 등을 이야기할 때 흔히 비유된다. [역주]

의적으로 정지해야 구출된다. 정치적 그럴 법함(물론 〈객관적인〉 분석, 투쟁 등)의 유지는 제한되고 관습적인 시야의 시뮬라시옹으로써 가능한데, 그럼으로써 한 행위나 사건의 논리적 전제와 그 결과가 계산될 수 있다. 만약에 사람들이, 사실은 선적인 일관성이나 변증법적인 양극성이라는 것들이 더 이상 존재하지 않는 시스템 속에서, 억지로 관습적인 시뮬라시옹을 가지고 뒤틀어놓은 영역 안에서, 아무 행위나 사건의 사이클 전체를 예견해 본다면, 이 행위나 사건은 모든 사람에게 득을 주었고 모든 방향으로 바람 통하듯이 통해 버렸기 때문에 사이클의 끝에 와서는, 이 행위에 대한 모든 임의로운 한정은 공중으로 날아가 버리고 그와 함께 모든 행위는 폐기되어 버린다.

이탈리아에서 일어난 이러저러한 폭탄투척 테러행위는 좌익 극단주의자들이 저지른 일인가 또는 극우에 의해 자극된 것인가 또는 모든 극단주의자들을 격하하여 자신들의 흔들리는 권력을 쇄신하기 위한 중립주의자들의 작품인가 또는 경찰의 작품으로 공공의 안녕에 대한 협박인가? 이 모든 것은 사실이며 증거, 즉 사실들의 객관성에 대한 조사는 해석의 현기증을 끝나게 하지 않는다. 그건 우리가 더 이상 사실들의 논리 그리고 이성의 질서와는 관계 없는 시뮬라시옹의 논리 속에 있기 때문이다. 시뮬라시옹은 모델의 자전, 아주 사소한 사건에 대해서도 모든 모델들의 자전에 의하여 특징지어진다——모델들은 우선 거기에 있으며, 폭탄의 궤도와 같은 궤도인 그들의 순환은 사건의 진정한 자장권을 형성한다. 사실들은 더 이상 고유한 탄도가 없으며, 그들은 모델들의 교차점에서 탄생하고 단 하나의 사실이라 할지라도 동시에 모든 모델들에 의하여 생산될 수 있다. [39]이러한 예견, 이러한 자전,

39) 시뮬라크르에는 의미와 기호 사이의 구분이 없기 때문에 원칙적으

이러한 절단, 사실과 모델의 이러한 혼동(더 이상 의미적인 거리, 변증법적인 양극성, 음전기가 없다. 적대적인 극들의 한덩어리로의 함열이다), 이것은 바로, 모순적이기까지 한, 모든 가능한 해석의 여지를 준다. 이 해석들은 두루 일반화한 사이클 안에서, 그들의 진실이 서로 교환된다는 의미에서 그리고 그들이 유래한 모델들의 형상에 비추어 모두가 사실이다.

공산주의자들은 마치 바로 자신들이 좌파 연합을 깨뜨리길 미리 바랬기 때문이듯이 사회당을 공격한다. 그들은 이 연합 거부라는 저항들이 훨씬 근본적인 정치적 요구로부터 왔을 것이라는 생각을 뒷받침해 준다. 사실상 이것은 그들이 권력을 바라지 않았기 때문이다. 그렇지만 그들은 일반 좌익에게 불

로 의미가 없다. 고정된 의미가 배제되어 있기 때문에 모든 의미를 다 수용할 수가 있다. 역으로 모든 의미를 다 수용할 수 있다는 것은 다시 의미가 없다는 말과 같다. 그래도 이러한 의미의 순환에 제한을 가한다면 하나의 사건은 다의적 성격을 가지고 있다고 할 것이다. 실재의 모델화에 대해서 수사학의 환유와 비교했었다. 그러나 시뮬라크르의 다의적 성격은 수사학에서 은유와 비교될 수 있을 것이다.

은유는 끝없는 변형으로 하나의 사건이나 사물이 곤충의 변태처럼 자신이면서 자신이 아닌 다른 것이 되는 것을 말한다. 그렇기 때문에 환유와 은유는 방향이 서로 반대인 같은 힘이라고 할 수 있다. 환유는 서로 다른 것들이 인접하여 같아지는 것이라면 은유는 같은 하나가 다른 것이 되는 것이기 때문이다.

이러한 다의성은 정신분석학적 해석도 가능하다. 무의식이 가지고 있는 두 개의 기능, 전이와 집중에 대해 언급하였다. 전이는 꿈의 이미지가 상징적, 이원적, 재현적 성격을 띠고 있는 것이라고 하였다. 반면에 집중은 정신분석학이 여전히 현대적인 가치를 가질 수 있게 하는 면으로, 하나의 이미지에 수없이 많은, 때로는 서로 상충하기까지 한 무의식적 충동들이 실리는 것을 말한다. 그렇기 때문에 하나의 꿈의 이미지는 다의적으로 해석되어야 한다. 순환질서 안에서 시뮬라크르의 다의적 해석은 은유와 집중을 생각하면서 읽어야 한다. [역주]

리한 혹은 좌익 연합 안에서 자신들에게 불리한 정치적 상황 속에서 권력을 원하지 않았는가?——또는 원래 그들은 더 이상 권력을 바라지 않는 것인가? 베를링거가 〈공산주의자들이 이탈리아에서 권력을 잡는 것을 보는 데 두려워하지 말아야 한다〉라고 선언할 때 이것은 동시에 다음을 의미한다 :

　두려워 할 것이 없다. 왜냐하면, 비록 공산주의자들이 권력을 잡더라도 근본적인 자본주의적 메커니즘에는 변화가 없을 것이기 때문에 ;
　그들이 권력에 오를 어떤 위험도 없다(그들은 권력을 원하지 않기 때문에). 그리고 비록 그들이 권력을 잡더라도, 그들은 그 권력을 대리로서만 행사되도록 할 것이다 ;
　사실, 권력, 진정한 권력은 더 이상 존재하지 않는다, 그러므로 누가 그것을 잡거나 다시 잡더라도 어떤 위험도 없다 ;
　그렇지만 여전히 ; 나 베를링거는 공산주의자들이 이탈리아에서 권력을 잡는 것을 보는 데 두려워하지 않는다. 이건 명백해 보이겠지만, 그렇지가 않다, 왜냐하면 그 말은 반대를 의미할 수 있다(이를 위해 정신분석을 할 필요는 없다) ; 나는 공산주의자들이 권력을 잡는 것을 보는 데 두려워한다(그리고 여기에는, 비록 공산주의자로서도, 합당한 이유가 있다).

이 모든 것은 동시에 사실이다. 정치적 담론들이 그러하듯이 단지 모호할 뿐만 아닌 어떤 담론의 비밀로서, 이 비밀은 권력의 정위치 불가능성, 담화 자체의 정위치 불가능성을 번역해 준다. 그리고 이 논리는 한 당이나 다른 당만의 담화가 아니다. 이 논리는 원하지 않아도 모든 담화에 해당된다.
　누가 이 논리적 혼잡함을 해결할까? [40]고르디아스의 매듭은

---

40) 고르디아스의 매듭 : 소아시아의 옛 왕국 프리지 Phrygie의 수도

최소한 잘려질 수라도 있었다. 뫼비우스의 끈은 만약 그 끈을 분할한다면 표면의 회귀성은 해결되지도 않은 채 부차적인 나선형으로 된다(여기에 가정들의 회귀적인 연속성이 있다). [41]시뮬라시옹의 지옥, 이건 더 이상 고문의 지옥이 아니고 의미의 교묘하고 저주스러우며 포착할 수 없는 뒤틀림이다. 의미의 뒤틀림 속에서는, [42]부르고스의 유죄자들조차도 흔들리는 자체의 휴머니즘을 쇄신할 기회를 발견하도록 서구 민주주의에 여전히 프랑코에 의해 주어진 선물인데, 서구의 분개한 항의는 거꾸로 이러한 외국의 간섭에 대항하여 대중들을 용접시켜 프랑코의 체제를 더욱 공고히 한다? 이러한 복잡성이 그들 작자들도 모르는 사이에 훌륭하게 맺어질 때, 이 모든 것의 진실은 어디에 있는가?

[43]곡선형 거울의 두 극단들처럼 시스템과 그의 대체적인 극

고르디옹 Gordion을 세운 전설적인 왕 고르디아스 Gordias는 평범한 농부였는데, 어느 날 마차를 타고 자기 집으로 가는 중에 프리지인들에 의해 갑자기 왕으로 추대되었다. 그 이유는 신탁이 마차를 타고 처음으로 들어오는 사람을 왕으로 지명하도록 하였기 때문이다. 이 마차는 그의 아들 미다스 Midas에 의해 제우스의 신전에 바쳐졌다. 알렉산더가 페르시아 정복길에 고르디옹에 들어가 고르디아스의 마차에 매어졌던 매듭을 검으로 잘라버렸다. 신탁에 의하면 아주 복잡한 이 매듭을 푸는 자가 대제국의 황제가 될 것이라 하였다. 이로써 알렉산더 제국의 형성이 약속되었다. [역주]

41) 이것은 반드시 의미의 절망으로 끝나지 않고, 역시 의미, 비의미, 서로 파괴하는 여러 개의 동시적 의미로도 결과한다. [원주]

42) Burgos : 에스파니아의 북부 지방. 1936-1939년 동안에 에스파니아 국가주의 정부의 거점이었다.
부르고스 소송 : 1970, 에스파니아 정부의 바스크 국가주의에 대한 탄압이 바스크 분리 독립주의자들(E. T. A.)의 테러 행위를 유발하였고, 이들에 대한 소송이 세계적인 노동자 파업, 학생 소요, 사제들의 지원을 받은 항의 사태를 유발하였다. [역주]

43) 곡선형 거울 : 빛의 직진에 기반한 원근화법은 현실을 그대로 비추

는 평면형 거울에 비유된다. 그러나 이 원근화법과 평면형 거울의 주변에서, 옛부터 중국과 서구에서는 현실의 외양을 기괴하게 변형시키는 마술적이고 환상적인 기술로 아나모르포즈 Anamorphose 라고 불리는 수법이 있다. 원근화법과 평면거울이 합리성과 명증성을 의미하는 것으로 인식되었던 반면에 아나모르포즈는 합리성의 변두리로 무의식과 기괴함을 즐기는 왜곡된 시야로서 학자들이나 예술가들에 의해서 내밀히 전수되고 연구되어 지고 있었다. 합리주의의 시발이라 하는 데카르트 자신도 아나모르포즈 연구에 있어서 혁혁한 공로를 세운 사람이기도 하다. 서구의 예술가들이나 문호들치고 아나모르포즈를 가지고 중요한 일면이 해석되지 않는 사람이 없을 정도로 아나모르포즈적인 시각은 중요하지만 불행히도 아직 한국에는 전연 소개조차 되지 않고 있다. 세익스피어로부터 시작하여 루소, 프루스트, 끌로델, 초현실주의자들, 누보 로망의 작가 끌로드 시몽에 이르기까지 아나모르포즈는 피상적 외양 너머에 숨겨져 있는 새로운 모습을 드러나게 하는 장치로써 사용된다. 회화로는 네델란드인 한스 홀바인의 「왕의 사절들 Les Ambassadeurs」이 주로 언급된다. 세잔느, 큐비스트들의 타원형적 시각은 이미 아나모르포즈에 젖어 있음을 쉽게 알 수 있으며, 현대 회화와 건축, 장식 등에 있어서 아나모르포즈는 전통적인 원근화법을 대체하는 독보적인 구성의 원칙이라고 할 수 있다. 비평에 있어서도 이미 롤랑 바르트, 미셸 뷔토르, 죠르쥬 라이야르, 리오따르, 정신분석학자 라캉 등에 의해 그 중요성이 누차 강조되어 있다. 그리고 지금 보드리야르도 이러한 시각의 기반 위에서 현대의 사회현상을 분석하고 있음을 알 수 있다. 또한 리이만의 타원형적인 기하학이나 아인슈타인의 상대성이론도 아나모르포즈적인 시각과 깊은 연관이 있음을 부인할 수 없을 것이다.

원근화법적인 소위 자연적 구조를 인위적으로 길게 늘어뜨리거나 짧게 축소하여 형을 변형시키는 전통적인 수법이 있고, 환등기나 곡선형 거울을 사용하여 형태를 변형시키는 기계적인 수법이 있다. 아나모르포즈는 최소한 두 개 이상의 이미지의 중복 또는 증폭에 의하여 작용하는 것으로 형을 재배치하여 끝없이 새로운 이미지를 생산하는 것이다. 이는 아나그람 Anagramme과 상통하는 것으로 독서의 복수성, 되돌아오기 등을 의미할 때 자주 사용된다. 여기서 보드리야르가 사용하고 있는 곡선형 거울, 뒤틀림, 비구분, 다의적 성격, 순환 등은 전형적으로 아나모르포즈의 영역에 속하는 용어들이다. [역주]

의 결합, 차후로 자성을 띠고 순환적이며 우파에서 좌파로 되돌아가는 정치적 공간의 〈악순환적인〉 휨, 전환의 고약한 천재인 뒤틀림으로서 모든 시스템, 즉 자본의 무한은 자기자신의 무한? 표면 위로 되돌아와 겹쳐진다. 욕망과 무의식적 성적 욕망의 공간도 마찬가지 아닌가? 욕망과 가치의 결합, 욕망과 자본의 결합. 욕망과 법의 결합, 법의 궁극적 변형인 향락(그 때문에 법이 그렇게도 관대하게 의사 일정에 포함된다) : 리오따르는 차후로는 자본 속에서 우리가 즐긴다고 생각하기 전에 자본만이 유일하게 즐긴다고 말했다. 들뢰즈에게 있어서는 〈자신이 원하는 것을 원하는 데 있어서, 스스로 그리고 마치 무의식적으로, 혁명적인〉 욕망으로 하여금 자체의 억압을 원하도록 하고 편집광적이고 파시스트적인 체계를 부여하도록 하는 욕망의 깜짝 놀라게 하는 변덕? 욕망의 이러한 혁명을 다른 것, 즉 역사적 혁명과 똑같은 근본적인 모호성으로 돌려보내는 심술궂은 뒤틀림.

모든 지시물적인 것은 그들의 담론을 순환적이고 뫼비우스적인 강박 속에서 섞는다. 섹스와 노동은 최근까지도 사납게 대치하였다 : 그들은 오늘날 동일한 유형의 요구 속에서 서로 용해된다. 옛날에 역사에 관한 담론은 자연의 담론에 격렬히 반대하면서 힘을 취했고, 욕망의 담론은 권력의 담론에 격렬히 반대하면서 힘을 취했다. 오늘날 그들은 그들의 기표들과 시나리오들을 교환한다.

워터게이트처럼, 다 죽어가는 어떤 원칙을, 스캔들, 환상, 시뮬라크르된 죽음, 즉 부정성과 위기를 사용한 일종의 호르몬 요법에 의해 살려내려고 하는 이러한 모든 견제 시나리오들의 모든 일람표를, 작전상 부정성의 모든 일람표를 주파하기는 너무 길 것이다. 현실을 나타내는 데 상상으로, 진실을 스캔들로, 법을 위법으로, 노동을 파업으로, 시스템을 위기로, 자본을 혁명으로, 마치 다른 곳에서처럼(테이세이데이), 인종학의 증거를 그 대상의 박탈에 의해서 하는 문제다. 셀 것도 없이 :

연극의 증거는 반-연극으로,
예술의 증거는 반-예술로,
교육학의 증거는 반-교육학으로,
정신의학의 증거는 반-정신의학으로, 등.

모두가 자신의 추방된 형태 속에서 살아남기 위하여, 자신의 반대 용어로 변신한다. 모든 권력과 제도들이 시뮬라크르된 죽음에 의해 그들의 실제적인 고통으로부터 빠져나가기 위하여 자신에 대해 부정으로 말한다. 권력은 존재와 정당성의 미광을 재발견하기 위하여 자기자신의 살해를 연출할 수 있다. 미국 대통령들이 그렇다. 케네디 같은 사람들은 그들이 아직도 정치적 중요성이 있었기 때문에 죽었다. 다른 사람들, 존슨, 닉슨, 포드는 꼭두각시에 대한 대수롭지 않은 공격에의 권리, 시뮬라크르된 살해에의 권리밖에 없었다. 그렇지만 그들은 그들이 권력의 마네킹밖에 되지 않음을 숨기기 위하여 이런 인위적 후광이 있어야 했다. 옛날에는 왕은 죽게 되어 있었다(신도 역시). 거기에 그의 힘이 있었다. 오늘날 그는 권력의 은총을 보전하기 위하여 가련하게 죽는 척하려고 노력한다. 그러나 권력의 은총은 상실되었다.
자기자신의 죽음에서 신선한 피를 찾고 위기의, 부정의, 반-권력의 거울에 의해 사이클에 활기를 주려고 한다. 자신에게 주어진 책임이 없고 근본적으로 존재가 없음의 악순환을 깨뜨리기 위한 해결이다. 이미-보여짐과 이미-죽었음의 악순환을 깨뜨리기 위해서 모든 권력과 제도가 취한 유일한 해결

곧 알리바이다.

실재의 전략

실재의 절대적 퇴적층을 재발견할 수 없음은 환상을 연출할 수 없음과 동일하다. 환상은 더 이상 가능하지 않다. 왜냐하면 실재가 더 이상 가능하지 않기 때문이다. 바로 패러디, 즉 파생 시뮬라시옹 혹은 공격적 시뮬라시옹의 모든 정치적 문제가 제기된다.

예를 들어 진압 기구가 실제 납치에서보다도 시뮬라크르의 납치극에 대해서 더 격렬히 반응하는지를 보는 것은 흥미롭지 않겠는가? 왜냐하면 실제 납치는 사물의 질서, 소유권만을 어지럽히는데 다른 시뮬라크르 납치극은 사실성의 원칙에 대한 공격이다. 위법, 폭력은 덜 심각하다. 왜냐하면 이것들은 실재의 분배만을 어지럽히기 때문이다. 시뮬라시옹은 무한히 훨씬 더 위험하다. 왜냐하면 시뮬라시옹은 항상 자기 대상을 넘어서서, 질서와 법 그 자체가 단순히 시뮬라시옹일 따름일 수도 있다는 것을 가정하도록 한다.

그러나 위험에 따라 어려움도 크다. 어떻게 위반하는 척하고 그것을 증명하겠는가? 커다란 가게에서 절도를 시뮬라크르로 해보시오. 어떻게 시뮬라크르인 절도임을 단속 기관에게 설득할 것인가? 〈객관적인〉 어떠한 차이도 없다. 이들은 실제 절도와 똑같은 몸짓들이고 똑같은 기호들이다. 따라서 기호들이란 이편에도 저편에도 편향적으로 속하지 않는다. 기성 질서에게는 그들은 항상 실재의 질서에 속한다.

거짓 납치를 조직하여 보시오. 당신 무기의 무해함을 확인하시고 어떠한 인명도 위기에 처하지 않도록(그렇지 않으면 다시 형법에 떨어지게 되니까) 가장 확실한 인질을 잡으시오. 몸값을 요구하시오. 그리고는 작전이 가능한 한 모든 반향을 일으키도록 하시오——간단히 말해, 완벽한 시뮬라크르에 대한 진압 기구의 반응을 시험하기 위하여 〈진실〉에 가장 가깝게 밀착하시오. 당신은 목적에 이르지 못한다. 인위적 기호망은 실제 요소들과 뗄 수 없이 섞인다(경찰은 당신을 보고 실제로 총을 쏠 것이다. 은행의 어떤 고객은 기절하거나 심장마비로 죽을 것이다. 사람들은 실제로 당신 구좌에 허위 몸값을 지불할 것이다). 한마디로, 당신은 원치 않게 즉시 실재 속으로 들어가게 될 것이다. 실재의 기능들 중 하나는 틀림없이 모든 시뮬라크르적 시도를 삼켜서, 모든 것을 실재로 만드는 것이다. 제도와 사법적 정의가 작용하기 훨씬 전에, 기성 질서란 바로 이것이다.

　실제적인 것만을 보고 생각할 수밖에 없는 어떤 질서의 무게는 이렇게 시뮬라시옹 과정의 분리 불가능성 속에서 보아야 한다. 왜냐하면 실재는 어느 다른 곳에서도 작용할 수 없기 때문이다. 범법의 시뮬라크르는 만약 그것이 확인된다면 훨씬 가볍게 처벌받거나(왜냐하면 〈결과〉가 없기 때문에), 혹은 공공 장관에 대한 위해로 처벌받을 것이다(예를 들어 〈아무 이유 없이〉 경찰력을 동원하도록 하였기 때문에). 그러나 결코 시뮬라크르로서 처벌받는 적은 없다. 그 이유는 시뮬라크르로서는 현실과 어떠한 등가도 불가능하기 때문에 어떠한 진압도 할 수 없다. 시뮬라시옹의 도전은 권력에 의해 측정될 수가 없다. 어떻게 德의 시뮬라시옹을 벌할까? 그렇지만 이것은 덕의 시뮬라시옹으로서 범죄의 시뮬라시옹만큼이나 심각하다. 패러디는 복종과 위반을 동등하게 만드는데 바로 그것이 가장 심각한 범죄이다. 왜냐하면 이 범죄는 법 설정 기반인 차이를 제거하기 때문이다. 기성 질서는 이 범죄에 대항하여 아무것도 할 수가 없다. 왜냐하면 법이란 제2열에 속하는 시뮬라크르고, 시뮬라시옹은 참과 거짓을 넘어서서, 등가를 넘어서서, 모든 사회와 권력 작용의 기반인 합리적 구별을 넘어서서 제3열에 속하기 때문이다. 따라서 질서를 겨냥하여야 할 곳은 바로 여기, 실재의 결핍에서이다.

이것이 바로 질서가 항상 실재를 택하는 이유이다. 실재인지 시뮬라크르인지 의심스러울 때 질서는 항상 이 가정을 따른다(따라서 군대에서는 시뮬라크르 제작자를 진짜 미친 사람으로 간주하곤 한다). 그러나 이것은 점점 더 어려워진다. 그 이유는 시뮬라시옹의 과정을 실질적으로 격리시키기가 불가능하다면 우리를 둘러싸고 있는 실재를 무기력하게 만드는 힘에 의해서 그 반대도 또한 진실이다(그리고 이러한 회귀성조차도 권력을 시뮬라시옹으로 무력하게 하는 장치에 속한다). 즉 차후로는 실재의 과정을 분리하거나, 실재의 증명을 하는 것이 불가능하다.

이처럼 모든 납치들, 비행기 납치 등은 차후로는 어떤 점에서는 그것들이 미리 매스컴들의 의례적인 해석과 합주 속에 새겨져 있고, 그들의 연출과 가능한 결과들 속에서 예상되어 있다는 의미에서, 시뮬라크르인 납치이다. 간단히 말하여 거기서 납치들은 전혀 〈실제적〉인 목적이 아니라 오직 기호로서 다시 발생되는 것을 목적으로 한 기호들의 총체로서 작용한다. 그렇지만 이것이 납치들을 전혀 비공격적으로 하지는 않는다. 반대로 정확하게 내용물도 없고 고유한 목적도 없이 무한정으로 서로서로 굴절되는(⁴⁴마치 역사적이라 불리는 사건

---

44) 에너지 위기, 환경 보호론적인 연출은 전체적으로 보아서 그 자체가 현재 헐리우드에서 제작되는 영화들과 똑같은 스타일의(그리고 똑같은 가치의) 하나의 대재난 영화이다. 〈객관적인〉 사회적 위기 또는 차라리 대재난의 〈객관적인〉 환상과의 관계에서 이 영화들을 열심히 해석하려 하는 것은 소용 없는 일이다. 다른 방향에서 말해

들처럼 : 파업, 데모, 위기 등) 파생실재로서 그것들은 실재와 합리 위에서만, 원인과 결과 위에서만 작용할 수 있는 질서로는 통제 불능이다. 지시물적인 질서는 지시물적인 것 위에서만 지배할 수 있고, 한정된 권력은 한정된 세상 위에서만 지배할 수 있지, 시뮬라시옹의 이처럼 무한한 연쇄적 발발 위에서는, 실재의 중력 법칙에는 더 이상 복종하지 않는 무중력의 성운 위에서는 아무것도 할 수 없다. 권력 그 자체도 이러한 공간 속에서는 해체되어 버리고 권력의 시뮬라시옹이 되어버린다(그의 목적과 목표물로부터 끊어져서, 권력의 효과에 바쳐지고 집단적인 시뮬라시옹의 효과에 바쳐진다).

이러한 결여에 대항할 권력의 유일한 무기, 그의 유일한 전략은, 도처에 실재와 지시물적인 것을 재주입하고, 사회적인 것의 사실성에 대하여 경제의 즉 심각성과 생산의 목적성에 대하여 우리를 설득하는 것이다. 그를 위하여 권력은 기꺼이 위기의 담론을 사용한다. 또 욕망의 담론을 사용 못할 이유가 없지 않겠는가? 〈당신의 욕망을 사실성으로 간주하시오〉는 권력의 최종적인 슬로건으로 들려질 수 있다. 왜냐하면 비지시물적인 세상에서는 비록 사실성의 원칙과 욕망의 원칙의 혼동마저도 전염적인 〈파생사실성〉보다는 덜 위험하기 때문이다. 사람들이 원칙들 사이에 남게 되면 권력은 살아남게 되고 힘을 발휘할 수 있게 된다.

파생사실성과 시뮬라시옹은 모든 원칙과 모든 목적에 대해 저지적이다. 이것들은 권력이 오랫동안 사용해 온 이 저지를 권력에 반대하여 돌려놓는다. 왜냐하면 결국, 그의 역사를 따라서, 맨 처음으로, 모든 지시물적인 것의 파괴와, 모든 인간

___

져야 한다. 현행의 담론 속에서는 사회 자체가 대재난 영화의 각본에 따라서 조직된다(Cf. M. Makarius,『비극의 전략』, p.115 참조). [원주]

적인 목적의 파괴를 먹고 산 것은 자본이며 그의 권력의 튼튼한 법인 등가와 교환이라는 기본법을 안치하기 위하여 참과 거짓, 선과 악의 모든 구별을 깨뜨렸던 것은 자본이다. 자본이 맨 처음으로 견제, 추상, 해체, 탈영역화 등을 하였다. 그리고 맨 처음으로 사실성과 사실성의 원칙을 썩도록 한 것이 자본이었다. 모든 사용가치를 제거하고 모든 실제적인 등가를 제거하여 실질적 생산과 부를 제거하면서 자본은 사실성의 원칙을 제거하였다. 그래서 우리는 실재적인 것이란 없고 조작만이 전능한 힘이라는 감각을 가졌으며 조작의 목적도 어떤 사실성을 위한 것이 아니라는 감각을 가졌다. [45]따라서 오늘날 바로 이 사실성을 죽였던 동일한 논리가 이제와서 사실성을 회복하고자 하는 자본에 반대하여 치열해 진다. 사실성의 최후의 미광을 퍼뜨리면서 자본이 대파국적인 이 나선형에 대해 대항하고자 할 때, 이 사실성의 미광 위에 권력의 최후의 미광을 설립하고자 할 때, 자본은 사실성의 기호들만을 증폭시키며 시뮬라시옹의 유희를 가속화할 따름이다.

　역사적 위협이 그에게 현실로부터 오는 한, 권력은 거듭 등

---

45) 자본이란 교환과 등가의 체계 위에 세워진 하나의 기호와도 같은 것이다. 그렇기 때문에 초기의 자본은 물물교환이라는 실제의 시스템을 허상인 기호로 대체함으로써 실제를 깨뜨리는 데에 주력하였다. 그리하여 실재를 재현인 기호화하여 사실성의 원칙을 깨뜨렸던 것이다. 그런데 이렇게 함으로써 자본이 등가라고 여겨지던 모든 실재가 사라지게 되면 자본 자신의 존립근거가 사라지게 되므로 자본 자신도 이제는 설자리가 없어지는 것이다. 그러면 자본도 실재와 함께 사라져야 하기 때문에 자본은 이제 사라지고 없는 실재를 부활시키려 하고 실재성을 주입하려고 한다. 그럴 경우에 이미 실재는 없기 때문에 실재의 시뮬라크르들만을 제시하게 되고 만들어진 시뮬라크르의 약효가 사라지게 되면 다시 또 다른 시뮬라크르를 만들어낸다. 이 때문에 자본은 사실성의 기호들, 자본 설립의 근거인 사실성의 기호들만을 거듭하여 증폭한다. [역주]

가치의 기호들을 생산함으로써 모든 이율배반을 와해하면서, 저지와 시뮬라크르를 연출하였다. 위협(기호의 유희 속에서 기화될 위협)이 시뮬라크르로부터 오는 오늘날, 권력은 현실을 연출하고 위기를 연출하며 사회적, 경제적, 정치적인 인위적 목표들을 재생산하는 연기를 한다. 이것은 그에게는 삶과 죽음의 문제이다. 그러나 너무 늦었다.

그로부터 우리시대에 특징적인 히스테리가 온다 : 현실의 생산과 재생산의 히스테리. 다른 생산, 가치와 상품의 생산, 정치적 경제의 좋은 시절의 생산은 오래전부터 고유한 의미를 상실하였다. 모든 사회가 계속하여 생산하면서 그리고 과잉 생산하면서 추구하는 것은 그를 빠져나가는 실재를 부활하는 것이다. 그 때문에 〈물질적〉 생산은 오늘날 그 자체가 파생실재이다. 물적 생산은 전통적 생산의 모든 특징과 담론을 다시 잡지만, 단지 감속된 굴절일 따름이다(이처럼 파생사실주의자들은 환각적 유사성 속에 실재를 고착시키는데, 이 실재로부터는 재현의 모든 의미와 매력이, 재현의 모든 깊이와 에너지가 달아나 버렸다). 이처럼 도처에서 시뮬라시옹의 파생사실주의는 현실 그 자체와의 환각적인 유사성으로 번역된다.

권력 그 자체도 오래전부터 그의 유사성의 기호들만을 생산한다. 그래서 이번엔 권력의 다른 형상이 펼쳐진다 : 권력 기호들에 대한 집단적 요구 형상, 그리고 권력의 사라짐 주위에 다시 만들어진 신성한 결합. 모든 사람들이 이러한 정치의 와해라는 공포 속에서 이 결합에 가담한다. 그래서 권력의 유희는, 점점 권력이 사라짐에 따라, 결국 권력에 대한 비판적인 강박, 즉 권력 죽음에 대한 강박, 권력이 살아남음에 대한 강박이 될 뿐이다. 권력이 완전히 사라졌을 때, 우리는 논리적으로 권력의 전적인 환각 속에 있게 될 것이다. 이미 도처에서 그려지는 대로의 환각, 즉 동시에 권력을 버리고 싶은 강박(누구도 더 이상 그것을 원하지 않으며 모든 사람은 권력을 타인에게 떠넘긴다)과, 권력을 잃어버림에 대한 무서운 향수가 있다. 권력 없는 사회가 느끼는 우수, 이것이 바로 이미 파시즘, 즉 그의 장례의 끝까지 갈 수 없는 사회 속에서 강력한 지시물적인 것의 과잉 투여를 자극하였던 것이다.

정치적 영역의 피폐와 함께, 대통령은 점점 더 원시사회의 수장처럼 권력의 마네킹 비슷하게 된다(클라스트르).

훗날의 모든 대통령들은 마치 그들이 케네디를 제거하기라도 한 듯이 케네디 살해의 빚을 지불하고 앞으로도 계속하여 지불한다. 실제로는 그들이 케네디를 암살하지 않았지만 환상적으로는 그렇다. 그들은 그들 자신들의 시뮬라크르된 살해에 의하여 이 결함과 복잡성을 다시 사야 한다. 왜냐하면 그들의 살해는 시뮬라크르된 것일 수밖에 없기 때문이다. 존슨과 포드 대통령은 실패한 테러의 대상이 되었다, 이 테러는 일부러 연출한 것이 아니면 최소한 시뮬라시옹에 의해 범해졌다고 생각할 수 있다. 케네디와 같은 대통령들은 그들이 뭔가 정치, 정치적 실체를 구현하였기 때문에 죽었다. 그런데 새로운 대통령들은 정치의 풍자화와 꼭두각시 같은 얇은 막일 따름이다. 기묘하게도 존슨, 닉슨, 포드는 모두 원숭이 같은 입을 가졌다. 권력의 원숭이들.

죽음은 결코 절대적인 기준은 아니다. 그러나 이 경우에는 의미심장하다 : (46제임스 딘, 마를린 몬로, 케네디처럼 (낭만주

---

46) 제임스 딘, 마를린 몬로, 케네디 등은 실제 권력이 있거나 대표한다고 믿어졌던 사람들이기에 그들이 죽고 나면 그들의 권력에 대한 회고적인 신격화와 우상화가 이루어졌다. 이들은 권력과 우상의 상징으로써 다시 부활할 행운을 누린다. 그러나 시뮬라크르 시대의 죽음과 죽음 연출은 이미 존재하지도 않는 권력에 대한 타격을 가하는, 권력부재에 대한 부정치료 요법에 해당한다. 즉 일종의 저지전략일 따름이다. 전자에 있어서 부활이 긍정에 대한 부정을 재부정함

의에 의해서가 아니라 회귀의 기본 원리와 교환이라는 기본 원리에 의하여) 죽음을 내포하고 있는 신비한 차원을 가졌었기 때문에 실제로 죽었던 사람들의 시대는 지나갔다. 차후는 시뮬라시옹에 의한 살해의 시대, 시뮬라시옹의 일반화한 미학의 시대, 살해-알리바이의 시대이다. 이것은 죽음의 비유적인 부활로서, 이 비유적인 부활이 없으면 더 이상 실체도 자율적 사실성도 없는 권력의 제도를 인가하기 위하여만 거기 있다.

이러한 대통령 암살의 연출은 이것이 서구의 모든 부정성의 위상을 신호하기 때문에 의미심장하다. 정치적 야당, 〈좌파〉, 비판적 담론 등 같은 시뮬라크르 들러리로 하여 권력은 그의 비존재, 그의 근본적인 무책임성, 그의 〈부유〉의 악순환을 깨뜨리려 한다. 권력은 화폐처럼, 언어처럼, 이론처럼 떠다닌다. 비판과 부정성만이 홀로 여전히 권력의 사실성의 환영을 퍼뜨린다. 만약 이것들이 이런저런 이유로 고갈되어 버린다면 권력은 이것들을 인위적으로 부활시키고, 그것들에게 환각을 일으키는 외에는 다른 해결이 없다.

마찬가지로 에스파니아의 처형은 아직도 서구 자유민주주의에, 고통스러워하는 민주적 가치 체계에 시뮬라시옹으로서 봉사한다. 신선한 피, 그러나 아직 얼마 동안이나? 모든 권력의 황폐가 저항할 수 없이 뒤따른다. 이 진행을 가속화하는 것은 그다지 〈혁명적인 힘〉이 아니다(흔히 그 반대이기도 하다). 모든 실체와 모든 목적성을 취소시키는 이러한 폭력을 시스템 스스로 자신의 구조 위에 행사한다. 이러한 시스템에 대적하여 시스템을 파괴하려고 이 진행에 저항해서는 안된다. 왜냐하면 시스템은 그의 죽음이 없어서 죽겠기에 우리에게 오직 그것만을 기다리고 있다. 우리가 시스템에 죽음을 준다는

으로써 긍정을 겨냥하는 것이라면, 후자의 연출은 부정을 부정함으로써 긍정을 겨냥하는 것이다. [역주]

것은 부정에 의하여 시스템을 부활시켜 주는 것이다. 혁명적 이념의 종말, 변증법의 종말이 그것이다. 기이하게도 우발적 정신이상자에 의해서도 죽을 만한 가치가 더 이상 없던 닉슨은(대통령이 정신이상자에 의해서 암살당한다는 것. 이것은 사실일 수도 있는데, 역사에 아무것도 바꾸지 않는다. 거기서 우파의 음모를 찾아내려 하는 좌파의 맹렬함은 맞지 않는 문제만 불러일으킨다. 권력에 대항하여 죽음을 가하는 기능이나 예언 등은 원시사회 이래로 정신이상자, 미친 사람, 신경질환자들에 의해 항상 행사되어 왔다. 이들도 대통령의 기능만큼이나 근본적인 사회 기능의 담당자들이다) 그렇지만 워터게이트에 의해 엄숙히 죽음을 당했다. 워터게이트, 이건 여전히 권력의 儀式的 살해 장치이다(미국의 대통령 제도는 이러한 이유로 유럽의 대통령 제도보다 훨씬 정열적이다. 미국의 대통령 제도는 그 주위에 원시적 권력의 모든 격렬함과 흥망성쇠, 원시적인 의식을 지키고 있다). 그러나 탄핵은 더 이상 암살이 아니다. 탄핵은 헌법을 통과한다. 그렇지만 닉슨은 모든 권력이 꿈꾸는 목적에 도달하였다. 심각하게 받아들여지기와, 집단을 위해 언젠가는 실추되고 비난받으며 제거되기에 충분할 만큼 치명적인 위험을 구성하기가 그것이다. 포드는 이러한 행운도 없었다. 이미 죽어버린 권력의 시뮬라크르인 그는 살해에 의해 회귀되어 돌아오는 기호들만을 그에게 불리하게 쌓을 수밖에 없었다. 사실상 그는 그의 무력증에 의해 면역되어 있었는데, 이것에 대해 그는 분노한 것이다.

왕의 공식적이고 희생적인 죽음을 예견한 원시적 의식과는 거꾸로(왕이나 추장은 희생의 약속 없이는 아무것도 아니다), 현대의 정치적 상상은 점점 더 국가 수반의 죽음을 가능한 한 오래도록 감추거나 늦추는 방향으로 간다. 이러한 강박은 혁명과 카리스마적 지도자의 시대 이래로 더욱 증가하였다. 이를테면 히틀러, 프랑코, 마오는 〈합법적인〉 후계자, 권력의 계승이 없어서 그 자신들보다도 무한히 오래도록 살아남도록 강요된다. 대중적 신화는 결코 그들이 죽었다고 믿기를 원치 않는다. 이미 파라오들이 그랬다. 연속적인 파라오들이 구현하는 것은 항상 유일한 똑같은 사람이었다.

모든 일은 마치 마오나 프랑코가 이미 여러 번 죽었고, 그들과 꼭 닮은 사람들에 의해 대체되었던 것처럼 일어난다. 정치적 관점에서 보면 국가 원수가 같은 사람이건 다른 사람이건 그들이 서로 닮기만 한다면, 엄밀히 아무것도 바꾸지 않는다. 한 국가 수반이──그가 누구건간에──자기자신의 시뮬라크르일 뿐이고, 바로 이 점이 그에게 권력과 통치할 자격을 준 지는 아무튼 오래전부터다. 누구도 실제의 사람에게는 최소한의 동의, 경의를 부여하지 않을 것이다. 그는 항상 이미 죽었기 때문에 충성은 그의 분신에게로 간다. 이러한 신화는 왕의 희생적 죽음 강요의 끈질김과 동시에 그에 대한 실망을 나타내는 것일 뿐이다.

우리는 그래서 항상 거기 제자리에 있다. 어떠한 우리 사회도 실재의, 권력의 장례 작업을, 그리고 이들의 상실 속에 함축되어 있는 사회 그 자체의 장례 작업을 인도하지 못한다. 그래서 이 모든 것의 인위적인 재생에 의하여 우리는 장례로부터 빠져나가려고 한다. 이것은 오히려 사회주의를 틀림없이 주고 말 것이다. 이젠 더 이상 역사의 아이러니가 아닌 아이러니와 예상치 않았던 뒤틀림에 의하여 사회의 죽음으로부터 사회주의가 솟아날 것이다. 마치 신의 죽음으로부터 종교들이 솟아나듯이. 비꼬인 도래, 비뚤어진 사건, 이성의 논리에는 이해되지 않는, 회귀성, 바로 이처럼 권력은 자신이 더 이상 없음을 감추기 위하여 거기에 있다. 끝없이 지속될 시뮬라시옹이다. 왜냐하면 하나의 구조, 전략, 힘의 관계, 하나의 목표 등인 혹은 목표였던 〈진짜〉 권력과는 달리, 이 권력은 단지 사회적 수요의 대상일 따름이고 따라서 단지 수요 공급 법칙의 대상일 따름이기 때문에 더 이상 폭력과 죽음의 주체가 아니다. 정치적 차원에서 완전히 추방되어 권력은 다른 모든 상품처럼 대중생산과 소비에 속한다. 모든 미광은 사라져 버리고, 오직 정치적 세계의 허구만이 무사하다.

노동도 마찬가지이다. 생산의 미광 즉, 생산 문제들의 격렬함은 더 이상 존재하지 않는다. 모든 사람들이 아직도 생산을 한다. 그리고 더욱더 많이. 그러나 교묘하게도 노동은 이미 다른 것이 되었다 : 일종의 필요(마르크스가 이상적으로 직시하였듯이, 그러나 전연 같은 의미로는 아니고), 생활의 일반적 배치 속에서 노동과 등가인 여가와 마찬가지로 일종의 사회적 〈수요〉의 대상으로 된다. [47]노동이라는 동작 혹은 상태에 걸린 문제점의 상실과 정확히 비례하여 증가한 사회적 수요 말이다. 권력에 있어서와 똑같은 전변이 노동에서도 일어난다. 노동 시나리오는 노동의 실재, 생산의 실재가 사라졌음을 감

---

47) 이러한 노동 투여의 퇴조에 평행하게 소비 투여의 감소가 대응한다. 자동차의 사용 가치 또는 특권적 가치가 끝나고 동시에 자동차를 노동의 대상으로 보던 것에 반대하고 쾌락의 대상으로 보게 하던 자동차에 대한 사랑의 담론이 끝났다. 다른 담론이 이 사랑의 담론을 교대하는데 이 담론은 능동적이고, 강제적이며, 청교도적인 재투여를 겨냥한 담론으로 소비 대상 위에 펼치는 노동 담론이다(기름을 적게 쓰시오. 당신의 안전에 신경을 쓰시오. 속도, 이건 이미 유행이 지난 것이오 등), 이러한 담론에 자동차의 특성들이 적응하는 척한다. 극들의 도치에 의하여 문제를 다시 발견한다. 노동은 욕구의 대상이 되고, 자동차는 노동의 대상이 된다. 모든 문제점들의 상호간 비구분화를 이보다 더 잘 보여주는 증거는 없다. 투표의 〈권리〉로부터 선거의 〈의무〉로의 이행도 마찬가지로 정치권의 투여 감소를 나타내준다. [원주]

추기 위하여 거기 있다. 그리고 파업의 실재도 이제는 노동의 중지가 아니고, 매년 사회의 의례적인 리듬 속에서 노동에 대한 대체극이다. 영원한 파업 상태라고 선언하면서도(그리고 잠재적으로 그러하다) 일어난 모든 일을 보면 전과 정확히 똑같은 틀 속에서 생산을 반복하였다. 〈자동관리된〉 작업 속의 엄격함으로 각자는 파업 선언 이후에도 그의 직장과 부서를 〈차지하였다〉.

이것은 공상-과학의 꿈이 아니다. 어디서나 노동이라는 동작 혹은 상태의 대역에 관한 문제이다. 그리고 파업이라는 동작 혹은 상태의 대역에 관한 문제이다. 대상들 속에 퇴화물처럼, 생산 속의 위기처럼 육화된 파업 말이다. 따라서 이제는 파업도 노동도 없고, 동시에 둘인, 즉 전혀 다른 것이다 : 일종의 노동 마술, 눈속임, 생산의 무대극(멜로드라마라고 하지 않기 위하여), 사회적인 것의 빈 무대 위에 올려진 집단 연출법.

더 이상 노동의 〈실제〉 동작 혹은 상태와 착취의 〈객관적〉 과정을 보이지 않게 가릴 전통적 윤리, 즉 노동의 이데올로기 문제가 아니다. 노동 시나리오 문제이다. 마찬가지로 더 이상 권력의 이데올로기 문제가 아니라, 권력 시나리오 문제이다. 이데올로기는 기호에 의한 사실성 횡령에 해당하고, 시뮬라시옹은 기호에 의한 사실성의 느닷없는 절단과 사실성의 재이중화에 해당한다. 객관적인 과정을 복원하는 것은 항상 이데올로기적 분석의 궁극성이고, 시뮬라크르 아래에서 진실을 복원하려 하는 것은 항상 거짓 문제이다.

그 때문에 권력은 근본적으로 이데올로기적 담론, 이데올로기에 관한 담론들과 아주 잘 맞는다, 그 까닭은 이들이 진실에 관한 담론들이기 때문이다. 그래서 시뮬라시옹의 치명적인 타격에 대항하는 데는 이들이 혁명적일 때라도, 그리고 그때 오히려 더, 항상 좋다.

전체 투시의 종말

1971년 라우드 家에 대해 시도된 TV-진실의 미국적 경험의 근거는 여전히 기본적인 평범성 속에서 그리고 철저한 진본성 속에서 실재의, 경험된 것의, 발굴의 이데올로기이다. 대본도 없고 각본도 없는 7개월간의 촬영, 300시간의 생방송, 끊임없는 한 가족의 이야기, 그의 극적 사건들, 기쁨들, 有爲變轉들, 한마디로 〈생생한〉 역사적 문서, 그리고 〈우리 일상적 차원에서, 달 착륙 영화에 비교될 만한 TV의 가장 아름다운 수훈〉이다. 촬영중에 이 가족이 해체되어서 일은 더 복잡해진다. 갈등이 폭발하여 라우드가 사람들은 헤어졌기 때문이다. 이 해결할 수 없는 분쟁은 어디서 오는 것일까? TV가 책임자인가? TV가 거기에 없었다면 어떻게 되었을까?

마치 TV가 거기 없었던 듯이 라우드가를 찍는 환상은 더욱 재미있다. 연출가의 승리는 다음과 같이 말하는 것이었다. [48]〈그들은 마치 우리가 거기 없었던 듯이 살았다.〉 부조리하며 역설적인, 참도 거짓도 아닌 유토피아적인 공식이다. 〈우리가 거기 없었던 듯이〉는 〈당신이 거기 있었던 듯이〉와 등가이다. 2000만의 시청자들을 매혹했던 것은, 내밀한 사생활을 침해한다는 〈변태적인〉 기쁨보다도 훨씬 더 바로 이 유토피아, 이 역설이다. 〈진실〉 경험 속에서는 비밀이나 변태의 문제가 아니라, 실재의 전율 혹은 파생실재의 미학이라는 문

---

48) 우리가 거기 없었던 듯이 즉 TV 카메라 혹은 타인의 시선이 현장에 없었던 듯이 하여야 라우드가의 사람들은 허식을 부리지 않고 평상시대로 생활을 한다. 그래야만이 사실 그대로 보여질 것이고 사실 그대로 옮겨지면 바로 당신이 실제로 거기 있었던 듯이 보여질 수 있기 때문이다. 바로 없음과 있음이 등가로 되는 현상이다. [역주]

제가 있다. 현기증 나고 속은 듯한 정확성의 전율, 거리가 떨어지면서 동시에 확대되는 전율, 축적이 뒤틀린 전율, 과도한 투명성의 전율이다. [49]기호의 빗장이 의미의 습관적인 부유선 아래로 내려올 때는 의미 과다의 즐거움이 있다. 무의미함은 현장 촬영에 의해 고쳐진다. 원근법적인 공간을 만들어 우리의 시야에 깊이감을 주는 거리가 없이도(그런데 이 거리 없이도 이러한 공간을 만들었으므로 〈자연보다도 더 사실인〉), (당신이 거기 있었다면) 결코 그럴 일이 없었던 그대로의 실재를(그러나 〈마치 당신이 거기 있었던 것처럼〉) 거기서 본다. 실재를 파생실재로 넘어가게 하는 현미경적인 시뮬라시옹의 즐거움(포르노에서도 약간은 이와 같다. 포르노의 매력은 성적이라기보다도 형이상학적이다)이 있다.

---

49) 일반적으로 기호는 실체인 의미를 전달함에 있어서 다소간 추상화시키고 일반화시켜 의미인 대상을 근사하게 환기하는 데 그친다. 이것이 기호의 습관적인 부유선이다. 그런데 기호라고 할 수 있는 TV로 방영된 이미지가 실재와 똑같이 됨으로써 습관적인 부유선 아래까지 깊숙이 보여준다는 말이다. 이렇게 기호가 그가 의미하는 것과 정확히 같아지게 되면 기호의 환기적 역할은 사라져서 아무것도 의미하지 않게 된다. 의미의 과도한 투명성은 오히려 의미 그 자체를 삼킨다. 기호가 지시대상 그 자체가 되는 선에서는 기호는 기호가 아니다. 기호는 즉 사물이 된다. 기호의 사물화는 프루스트, 브르통, 조앙 미로 등이 때때로 시도하였던 기호에 대한 아주 재미있는 시도들 중의 하나였다.
  기호가 아무것도 의미하지 않고 그 자체가 사물이 되어 사실적 효과를 유발시키는 효과를 〈실제 효과〉라고 부를 수 있을 것이다. 이러한 실제 효과에 대해서는 롤랑 바르트가 사실주의 소설에서 분석한 적이 있다. 즉 전혀 무의미한 대상들 예를 들어 풀, 나무, 혹은 일상에 너무 흔한 대상을 세밀히 묘사하거나 나열함으로써 소설에 사실성을 부여하는 수법이다. 그러나 아직 19세기의 사실주의 혹은 자연주의 소설에서는 엄밀히 말하여 이 실제 효과도 작품 전체를 지배하고 있는 작가의 이데올로기에 의하여 침투되어 있음을 부언해 둔다. [역주]

게다가 이 가족은 그 선택에 의해서조차 이미 파생실재적이
었다 : 전형적이고 이상적인 미국 가정, 캘리포니아 거주, 세
개의 주차장, 다섯 아이들, 편안한 사회적, 직업적 지위, 장
식적인 안방마님, 안정된 중산층. 이 가정을 죽게 한 것은 어
떤 점에서는 바로 이 통계적인 완전함이다. 미국적 생활방식
의 이상적 영웅인 이 가정은, 옛날의 희생양에서처럼, 현대의
숙명인 대중매체의 불 아래서 부추겨지고 죽도록 선택되었다.
왜냐하면 하늘의 불은 더 이상 타락한 도시들 위로 떨어지지
않고, 경험된 사실성을 죽이기 위하여, 레이저 광선처럼, 그
를 자르러 오는 것은 바로 카메라 렌즈이다. 〈라우드가의 사
람들 : 텔레비전에 자신을 맡기고, 그 때문에 죽기를 허용했던
단순한 한 가정〉이라고 연출자는 말할 것이다. 따라서 희생
과정의 문제, 2000만 미국 가정에 제공된 희생 광경의 문제
이다. 대중사회의 예배 드라마.

TV-진실. 그 의미의 모호성으로 하여 좋은 용어, 이 가정
의 진실에 해당되는가, 아니면 TV의 진실에 해당되는가?
사실, 라우드가의 진실은 TV이다. 진실인 것은 TV이며, 진
실을 만든 것은 TV이다. 더 이상 거울의 반사적인 진실도 그
리고 [50]전체 투시적 체계의, [51]시선의, 원근법적인 진실도 아

---

50) 전체 투시적인 체계, 절대적 시선 : 재현체계에서 화가의 시선이나
    소설가의 시선은 절대자의 전지전능한 시선으로서 화자가 보지 못한
    부분까지 모두 다 보고 있으며 알고 있다. 재현의 체계는 보이지 않
    는 것도 보이게 하는 일종의 환각유발 수법이다. 존재하지 않는 것,
    실물이 아닌 것을 실물처럼 제시하는 소위 사실주의적 수법이 객관
    성을 가장한 주관적 이데올로기의 산물인 까닭이 여기에 있다. 원근
    화법적인 면구성에서는 화가의 시선은 언제나 화면의 정 중앙 즉 원
    근법의 평행한 두 직선이 만나는 소실점의 이쪽 편에 위치한다. 그
    리하여 전지전능한 시선은 전체를 한눈에 감싸도록 한다. 그리하여
    누구든지 화가나 소설가의 중앙통제적인 위치에 있기만 하면 동일한

니라 ⁽⁵²조작적인 진실이다. 이 조작적 진실은 탐색하고 질문

이미지를 갖는다는 가정을 담고 있다. 이러한 공통성이 전체투시적인 원근화법의 환상적인 객관성을 유지하고 있었다. [역주]

51) 시선의 체계 : 원근법적인 공간은 항상 시각적인 공간이다. 시각적 공간은 시선이 주파할 거리, 절대적인 눈과 대상 사이의 거리가 있어야 한다. 이 거리는 긴장된 시선의 공간으로 그 속에서 의미가 탄생하게 되는 것이다. 이 공간에 대비되는 것으로는 촉각적인 부딪침의 공간이 있다. 회화에 있어서 화면이 촉각적으로 구성되기 시작한 것은 세잔느와 금세기 초 큐비즘에서부터임을 상식적으로 알아두자. 피카소나 브라크 등이 그리고 있는 대상은 눈으로 감싸야 할 거대한 대상이나 풍경보다는 작고 실내적인 대상, 만져지는 대상에 국한한다. 촉각적인 대상이 대두되는 시기가 재현의 제 가치들이 흔들리기 시작한 순간과 평행하다는 것은 우연적인 일이 아니다.

재현적인 시선의 공간에서는 보는 자와 그 대상 사이에 항상 긴장의 거리가 존재하며, 둘 사이는 대립적인 관계, 결코 하나로 합쳐지는 관계가 아니다. 이들 사이에는 분열과 구분의 선이 존재한다. 그렇기 때문에 재현적 공간은 선적인 공간이기도 하다. 원근화법이 시선적이기 때문에 이 화법은 르네상스 시대의 화가며 이론가인 알베르티 Alberti에 의해 주창된 창문으로 비유되기도 한다. 알베르티의 창문이 말하듯이 원근화법은 투명성을 최고의 가치로 삼는다. 촉각적인 공간 혹은 눈으로 만지는 공간이 모호성, 불투명성을 내세우는 데에 반하여, 재현적인 시선은 어둡고 불투명한 물질을 이성의 빛으로 투명하게 관통하여 정신적인 본질을 명확히 밝혀주어야 하는 것이다. 마찬가지로 르네상스 시기부터 사용되었던 사각의 틀도 창문의 변종이라 할 수 있으며, 틀의 의미는 흩어진 혼돈의 상태를 합리적으로 엄격한 규율과 통제 밑에 다스린다는 의미이다. 그렇기 때문에 재현타파를 부르짓던 아방-가르드들이 회화를 틀로부터 해방시키려고 하였다. [역주]

52) 아나그람, 아나모르포즈, 회화의 꼴라주, TV와 영화의 몽타주는 기호 조작에 의해서 작용하는 기법들이다. 이것들은 기호와 기호 사이의 평화로운 공존에 의해서 작용하는 것들이 아니라 상호간의 마찰에 의해서 기호들이 원래 가지고 있던 의미를 폐하고 새로운 의미가 발생하도록 하는 것들이다. 몽타주는 이미지의 상징성, 재현성을 깨뜨리고 의미가 기호들의 결합 조작에 의하여 탄생함을 보여준다.

하는 테스트의, 만져보고 자르는 레이저 광선의, 구멍난 당신 삶의 시퀀스들을 간직하고 있는 모체들의, 당신의 결합들을 명령하는 발생론적 코드의, 당신의 감각 세계에 정보를 제공해 주는 세포들의 진실이다. 바로 이러한 진실에 라우드가가 TV라는 전달 매체에 의하여 바쳐졌다, 이러한 의미로 죽음에 놓여진 것이다(그러나 아직도 진실에 관한 문제입니까?). 전체 투시적인 체계의 종말. TV의 눈은 더 이상 절대적 시선의 근원이 아니다. 그래서 통제의 이상은 더 이상 투명성의 이상이 아니다. 투명성의 이상은 여전히 객관적 공간(르네상스의 공간), 독재적 시선의 전지전능한 힘을 가정한다. 이는 여전히, 밀폐 시스템이 아니라면, 최소한 사각으로 틀지어진 시스템이다. 비록 전체 투시자의 초점이 맹목적이어 훨씬 교묘하게 하더라도 보는 자와 보여지는 자의 대립 위에서 작용하는 한 항상 외향성이다.

〈라우드가의 사람들과〉라는 프로와 함께, 〈더 이상 당신이 TV를 보는 것이 아니라, 당신을(당신이 사는 것을) 보는 것은

상징적 기호체계에서는 의미란 각 기호들이 가지고 있는 의미의 총합으로 계산된다. 즉 A+B=AB이다. 이것은 축적적이고 선적인 의미개념으로 여기서 몽타주는 단지 기호들의 총합을 만드는 역할을 담당한다. 전통적인 개념에 대해 새로운 몽타주 개념을 제창한 사람은 아이젠슈타인 S. M. Eisenstein(1898-1948. 소련의 연출가. 1924년의 「파업」과 1925년의 「전함 포템킨」으로 일약 필적할 상대가 없는 영화예술의 대가로 두각을 나타내었다. 혁명적 이념에 시적 천재성을 가미하고 구성의 엄밀함과 몽타주, 리듬을 새로운 차원으로 옮겨 놓았다)으로 몽타주란 기호의 충돌로서 의미는 이 충돌한 조각들의 충격으로부터 솟아난다고 주장하였다. A×B=C이다. 우리의 삶이나 생명도 연이은 삶의 총체나 각 세포들의 총합에 의해서 이루어지는 것이 아니라 순간순간 조각난 삶의 결합방식에 의하여, 각 세포들의 결합방식에 의하여 규정되지 않는다고 누가 말할 수 있겠는가? [역주]

거꾸로 TV이다.〉혹은 또 : 〈더 이상 당신이, '놀라지 마시오'라는 실황 프로를 듣는 것이 아니라, '놀라지 마시오'가 당신을 듣는다〉일 때는 문제가 다르다——감시 통제의 전체 투시적 장치로부터 (감시하고 벌하기) 저지 시스템으로의 회전, 여기서는 수동적인 것과 능동적인 것의 구별이 폐지된다. 더 이상 모델이나 시선에 복종하라는 명령이 없다. 〈당신이 모델이다!〉〈당신이 바로 대다수이다!〉이것이 파생사실적 사회성의 단면이다. 여기서는, 통계 작업 속에서나, 또는 전달 매체와 함께 라우드가 작업에서처럼, 실재가 모델과 혼동된다. [53]이것이 사회 관계의 후발 단계, 우리의 단계, 더 이상 설득의 단계(정치 선전의, 이데올로기의, 광고 등의 시기)가 아니고 저지의 단계이다 : 〈당신이 정보이다. 당신이 사회적인 것이다. 당신이 바로 사건이며, 당신이 관계되어 있으며, 당신이 말을 가지고 있다.〉모델의, 권력의, 시선의, 전달 매체 자체의 발원지를 국지화할 수 없게 만든 뒤집기이다. 왜냐하면 당신은 이미 항상 다른 편에 있기 때문이다. 더 이상 주체도, 초점도, 중심도, 주변도 없다 : 순수한 굴곡 또는 순환적인 굴곡. 더 이상 폭력도, 감시도 없다 : 유일한 〈정보〉, 즉 비밀스러운 독성, 연쇄반응, 느릿한 함열 그리고 여전히 실재 효과가 작용하러 오는 공간들의 시뮬라크르들.

　　우리는 원근법적이고 전체 투시적 공간(권력의 〈객관적〉 본질에 대한 모든 고전적 분석의 단단하고 여전히 도덕적인 가정)의

---

53) 설득과 저지 : 설득의 단계는 여전히 팽창적 단계이다. 모델을 모방하여 모델과 같이 되라는 명령 혹은 설득이기에 여전히 중심이 있고 재현할 것이 있다. 그러나 사실성의 효과를 주기 위하여 TV가 몰래 카메라나 거리의 인터뷰를 통해서 실제의 모든 것을 시뮬라크르로 만들게 되면 모든 것이 이미 모델 혹은 가능한 모델이기에 실제를 폐지하고 저지한다.

종말과 함께 [54무대적인 것의 폐기에 참석한다. 예를 들면 라우드가의 사람들에서, TV는 더 이상 무대적인 전달 매체가 아니다. 우리는 더 이상 상황주의자들이 말하던 무대의 사회나 이런 사회가 내포하던 특수한 유형의 소외나 억압 속에 있지 않다. 대중 매체 그 자체가 더 이상 그러한 것으로서 포착할 수 없고, [55전달 매체와 메시지 사이의 혼동은(맥루한) 이

---

54) 무대적인 것 : 원근법의 기원은 르네상스 시대의 이탈리아 연극의 무대장치다. 무대를 실물과 똑같이 조작하는 수법이 회화에 도입된 것이다. [역주]

55) 전달 매체/메시지의 혼동은 물론 발화자와 수화자의 혼동과 상관적이다. 이렇게 하여 [56야콥슨의 유명한 기능들의 기준틀로 귀속하는 의미의 모든 제한적 분절을 만들고 언어의 담론적 구성을 만들던 이원적이고 극적인 모든 구조들의 사라짐을 확인한다. 담론이 〈순환한다〉는 문자 그대로 이해되어야 한다 : 즉 담론은 한 점에서 다른 점으로 가는 것이 아니고, 차후로는 그것으로서 표정될 수 없는 발신자와 수신자의 위치를 구분 없이 감싸는 원을 주파한다. 이처럼 더 이상 권력 발원지도 발신 발원지도 없다. 권력은 순환하는 무엇이며 그 근원은 더 이상 정확히 정해지지 않는다. 고전적 정의로의 권력의 종말인 끝없는 되돌아옴 속에서 지배자와 지배받는 자의 위치가 교환되는 원. 권력, 지식, 담론의 순환은 각 발원지들, 극들의 모든 국지화에 종지부를 찍는다. 정신분석학 자체의 해석에서도 해석자의 〈권한〉은 어떠한 외부적인 발원지로부터 오는 것이 아니고 해석 대상자 자신으로부터 온다. 이는 모든 것을 바꾼다. 왜냐하면 권력의 전통적 소지자들에게 사람들은 그들이 그 권력을 어디서 갖게 되었는가를 언제고 물어볼 수 있다. 누가 당신을 공작으로 만들었느냐? 왕이다. 누가 당신을 왕으로 만들었느냐? 신이다. 오직 신만이 더 이상 대답하지 않는다. [57그러나 누가 당신을 정신분석학자로 만들었느냐라는 질문에 분석자는 당신이라고 대답하기에 좋은 조건에 있다. 이렇게 도치된 시뮬라시옹에 의해 〈분석된 자〉로부터 〈분석자〉로, 수동적인 것으로부터 능동적인 것으로의 이동이 표현된다. 이 이동은 극들의 소용돌이치는 움직임의 효과, 그 속에서 권력이 상실되고 해체되며 완벽한 조종으로 변화되는 순환성의 효과를 기술한

것에 다름 아니다(권력은 더 이상 명령적 발원의 질서, 시선의 질서에 속하지 않고, 촉각성의 질서, 전환의 질서에 속한다). 사회적인 것과 사적인 것의 이미지들의 부유와 전이적 규제에 의해 보장되는 국가/가족의 순환성을 또 보라(J. Donzelot,『시뮬라크르들의 경찰』).

차후로는 즉각 다음의 대답을 듣지 않고는 이 유명한 질문을 던지는 것이 불가능하다 : 〈어디로부터 당신은 말합니까?〉——〈당신은 어디로부터 아는 것입니까?〉〈당신은 당신의 권력을 어디로부터 취한 것입니까?〉〈그렇지만 당신으로부터 나는 이 말을 한다〉——이 대답이 암시하는 것은 말하는 사람은 당신이고, 아는 사람은 당신이며, 권력은 당신이다. 말의 거대한 돌림이며 비틈으로, 말하는 것으로 간주된 주체가 가한 출구 없는 협박이나 돌이킬 수 없는 저지와 동등하지만 대답할 여지를 주지 않는다. 왜냐하면 그가 제기하는 질문에 사람들은 불가피하게 대답한다 : 그러나 당신이 대답이다 혹은 : 당신의 질문은 이미 대답이다 등——말의 농락, 표현의 자유라는 핑계 아래 강요된 자백, 자신의 질문으로 다시 되돌아오기, 질문 위에서 대답의 自轉 등에 의한 모든 조이는 듯한 궤변(해석의 모든 폭력과, 〈말〉의 의식적이거나 무의식적인 자동관리의 폭력이 거기 있다).

극들 도치에 의한 시뮬라크르 또는 극들이 안으로 말리는 시뮬라크르, 이 천재적인 핑계, 즉 모든 조작적 담론의 비밀. 따라서 오늘날 모든 영역 속에서, 즉 권력 무대의 사라짐 속에서 그리고 우리시대의 특징인 침묵하는 환상적 다수의 원인이 된 모든 말들의 하늘로 올라가 버림 속에서, 새로운 권력의 비밀인 이 천재적인 핑계——이 모든 것은 틀림없이 정치권에서는 민주주의적인 시뮬라크르와 함께 시작되었다. 즉 권력의 근원으로서 신적인 발원지를 국민적 발원지로 대체하고, 유래하는 것으로서의 권력을 대변하는 것으로서의 권력으로 대체함으로써이다. 반-코페르니쿠스적인 혁명 : 더 이상 권력과 지식의 태양 또는 찬란한 근원의 초월적인 발원지가 없다——모든 것은 국민으로부터 나오고 국민으로 되돌아간다. 바로 이 멋진 반복 사이클과 함께 조작의 보편적 시뮬라크르가 대중선거의 시나리오로부터 여론조사라는 현행의 환영에 이르기까지 자리잡기 시작한다. [원주]

56) 러시아 형식주의자 로만 야콥슨은 이원론에 기반하여 메시지의 의사소통 이론을 내세웠다. 의사를 소통하는 데에는 여섯 개의 요소가

개입한다.

메시지

발화자   수화자

지시물

접촉

코드

발화자는 수화자에게 메시지를 보낸다. 이 메시지는 그 주변적 상황에 따른 의미라 할 수 있는 지시적인 것(콘텍스트)을 가지고 있으며, 메시지가 만들어지고 해독되기 위하여는 발화자와 수화자 사이에 공통된 언어적인 코드가 필요하며, 발화자와 수화자 사이에는 실제로 메시지를 주고받는 물리적 심리적 연결이라는 접촉이 있어야 한다. 이 여섯 개의 인자 중 어떤 것이 강조되느냐에 따라서 메시지가 전달하는 정보기능이 달라지게 된다. 메시지가 환기하는 지시대상에 중점을 두면 지시적 기능이 되고, 발화자에 중점을 두어 그의 말하는 태도나 심적 상태를 표시하면 메시지의 표현적 혹은 감동적 기능이며, 수화자에게 중점을 두어 그의 행동에 영향을 미치고자 할 때는 명령적 기능이며, 의사소통 유지기능이란 〈여보세요〉처럼 상호간에 접촉을 유지하기 위한 것이고, 메시지의 상위 언어학적 기능이란 언어 자신이 언어에 대하여 말하는 것으로 문법 설명 등이 여기에 해당되며, 마지막으로 메시지의 시학적 기능이란 메시지 자체를 겨냥한 것인데 메시지를 구성하는 기호와 기호들의 구성형태처럼 메시지 자체의 촉각적 측면을 말한다. 이 시학적 기능은 메시지의 순수한 형태적 측면을 보게 됨으로 형식주의 분석의 대상이 될 것은 당연하고 아리스토텔레스의 시학에서부터 야콥슨의 문학성 연구, 수사학 등은 여기에 초점을 맞춘 것이다. 이러한 형식주의적이고 구조주의적인 핵 혹은 강조점을 가진 명확한 구분은 현대의 광고, 선전처럼 즉각적이고 일회적인, 비구문적인 형태 속에서는 지탱될 수 없게 되어버렸다. 여기에 대해서는 이 책에서 나중에 다시 자세히 다루고 있다. [역주]

57) 정신분석학에서 해석의 기본 원칙은 분석자가 환자를 대상으로 하여 분석하는 것이 아니라, 분석자는 자기자신의 무의식을 분석하는 것이다. 분석자는 환자로 하여금 자신의 무의식을 표출하도록 조작하고 자극함과 동시에 자신의 무의식을 환기하여 그것을 읽고 번역

새로운 시기의 위대한 원칙이다. 더 이상 엄격한 의미의 전달 매체란 없다. 이것은 차후로는 실재 속에 흩어지고 回折되어 포착될 수 없으며, 그렇다고 더 이상 실재가 그로 인해 변질되었다고 말할 수도 없다.

전달 매체의 이러한 바이러스적인, 풍토병적인, 만성적인, 공포스러운 간섭과 실질적인 존재가 있지만 이 병으로부터 그 결과를 따로 떼어 고립시킬 수도 없다. 그 이유는 허공 속에 만들어진 레이저 광선의 광고 조각품들에서 조각품은 매체인 레이저에 의해 침투되고 레이저 광선은 조각품에 의해 스펙트럼화 되듯이, 사건은 전달 매체에 의하여 침투되어지고 전달 매체는 역으로 이 사건에 의해서 스펙트럼화되기에 둘을 사실상 구별하기가 불가능하기 때문이다. 생활 속에 TV의 용해와 TV 속에 생활의 용해, 즉 구별할 수 없는 화학적 용해가 일어난다. 우리는 모두 라우드가의 사람들인데, 대중 전달 매체와 모델들의 침입, 압력, 폭력, 협박에 바쳐진 것이 아니라 그들의 일반화, 침투, 보이지 않는 폭력에 바쳐져 있다.

그러나 이 담론이 강요하는 부정적 어법에 조심하여야 한다. 병이나 바이러스성 감염의 문제가 아니다. 차라리 대중 매체들을 외곽 궤도에서 실재를 파생실재로 변환시키는 명령을 하는 발생론적인 부호의 일종으로 생각하여야 한다. 마치 미세 분자로 된 이 부호가 재현적인 감각의 영역으로부터 발

하는 것이다. 실제로는 환자가 분석자의 무의식을 자극하고 유발시키는 것이다. 정신분석학에서 영향을 받은 대부분의 심리비평이나, 의식의 비평에서는 독자가 텍스트를 읽으면서 독자의 의식 속에 텍스트를 매개로 하여 형성되는 심리세계나 의식세계를 분석하는 것이지 작가나 작품 그 자체를 대상으로 여기지 않는다는 사실을 알아야 할 것이다. 분석의 대상은 정신병자나 작가의 의식 혹은 텍스트가 아니라 분석자 자기자신이며 이때 분석자의 앞에 있는 대상은 역으로 분석자가 대상이 되도록 자극하는 근원이 되는 것이다. [역주]

생론적인 프로그램화한 신호 영역으로 이동하기를 명령하는 것처럼.

문제된 것은 모든 전통적인 인과의 양태이다. 원근법적인, 결정론적인 양태, 〈능동적이고〉, 비평적인 양태, 분석적인 양태, 즉 원인과 결과의 구별, 능동적인 것과 수동적인 것의 구별, 주체와 대상의 구별, 목적과 수단의 구별이 그것이다. 이러한 양태 하에서는 다음과 같이 말할 수 있다 : TV가 우리를 보고, TV가 우리를 소외시키고, 조작하며, 우리에게 정보를 제공해 준다고. 이 모든 것은 대중 매체에 대한 분석적 개념에 종속되어 있다. 능동적이고 효율적인 외적 인자의 개념, 소실점으로서 실재와 의미의 지평을 갖춘 〈원근법적인〉 정보 개념 말이다.

그러나 TV를 DNA의 양태 위에서 어떤 효과로서 생각해야만 한다. 이 효과 속에서는 원인과 결과 사이의, 주체와 대상 사이의 최소한의 거리를 항상 유지하고 있었던 낡은 극적 도식이 그의 중심축들을 핵반응처럼 수축하고 재수축함에 따라서 결정의 대립극들이 사라져버린다. 원인과 결과 사이의, 주체와 객체 사이의 최소한의 거리란 정확히 말하면 의미의 거리이다. 이 거리는 또 떨어짐, 다름, 가능한 유지되어야 했던 최소한의 떨어짐이다. 이 떨어짐은 더 이상 작게 축소될 수 없는 거리로서 만약 그렇지 않다면 불안정하고 비결정의 과정 속에 흡수되어 버린다. 담론이란 것은 한계지어진 질서이기 때문에 담론은 이 불안정한 비결정의 과정을 고려할 수 없게 된다.

발생론적 부호가 움직이는 과정 속에서는 이 간격이 사라져버린다. 이 부호 속에서 비결정이란 분자들의 우연에 의한 비결정보다는 관계의 순수 간단한 폐지에 의한 비결정이다. 분자적 명령 과정 속에서는, DNA의 핵으로부터 그 부호가 정보를 제공하는 〈실체〉로 〈향하는〉, 더 이상 원인의 결과, 에너지, 결정, 메시지의 진행이 없다. 〈명령, 신호, 자극, 메시지〉, 바로 이것들이 우리로 하여금 사물을 이해 가능하게 하려고 한다. 그러나 이것은 유사성에 의해, 즉 기입의, 벡터의, 부호 해석의 용어로, 그에 대해서는 우리가 아무것도 모르는 어떤 차원을 다시 옮겨 적으면서이다. 이것은 차라리 어떤 〈차원〉이 아니거나, 혹은 아마도 저 4차원이다(이 4차원은, 더군다나 [58]아인슈타인의 상대성원리 속에서, 시간과 공간의

---

58) 보드리야르의 주장은 아인슈타인의 상대성이론을 기반으로 하고 있다 하여도 과언이 아닐 정도로 영향을 많이 받은 것 같다. 상대성이론은 우선 세 개가 있다. 무게와 구성요소가 다른 두 개의 물체를 동시에 떨어뜨리면 둘 다 동시에 떨어진다는 갈릴레이가 발견한 상대성이론이 제한적 상대성이론이다. 나머지 두 개의 상대성이론은 아인슈타인에 의해 주장된 것으로 모두 이 제한적 상대성 이론을 수정한 것들이다.

두번째 상대성이론은 아인슈타인이 1905년에 발표한 것으로 갈릴레이의 이론에 기반한 뉴턴의 기계적인 만유인력의 법칙을 수정하여 물질과 에너지 사이의 등가의 원칙을 제기하였다. 제한적 상대성이론에서 추락의 보편성이 암시하고 있는 것은, 만약에 어떤 측정 기준이 되는 지시물과 시계추 그리고 측정대상이 되는 어떤 물체를 동시에 자유로이 떨어뜨린다면 이 물체는 지시물에 대해서 시간의 변화를 갖지 않을 것이고 따라서 장소의 이동과 속도의 변화가 없을 것이다. 결과적으로 이 지시물과 함께 떨어지고 있는 이 물체는 일반적인 추락에서 지시물의 역할을 하는 지구의 외적 중력장이 지워져버린다. 이러한 상태가 우주선 속에서의 무중력 상태이다. 일반적 지시물의 중력장을 국지적으로 지우는 효과를 가져오는 특수한 지시물들은 특수한 무감각 체계에 해당한다. 이 책을 읽을 때 무감각 혹은 무기력이라는 용어가 나오거든 방금 말한 무감각 지시물의 체계를 기억해 주기 바란다. 이렇게 일반적 지시물의 영향을 제한하는 가설을 국지적 상대성의 원칙, 등가의 원칙, 지우기의 원칙이라고 부른다.

세번째 상대성의 원칙이 소위 말하는 아인슈타인의 일반 상대성

상이한 극들의 제거로 정의된다). 사실 이 모든 과정은 우리에

원칙이다 (1915). 일반 상대성 원칙은 서로 상충되는 물리학 법칙들
(빛의 양자설과 파동설처럼)을 통합하기 위하여 발견된 것이다. 이
것은 국지적 상대성 원칙을 일반적으로 확대함으로써 가능해 진다.
국지적 상대성의 원칙에 따라 서로 다른 물리학의 법칙들을 중력의
존재하에 아주 작은 영역에서 간단한 공식으로 통합하려면, 서로 다
른 국지적 무감각 지시물들을 가진 영역들을 함께 묶어줄 공통의 무
감각 지시 시스템을 도입하고, 서로 다른 영역 속에 있는 물리적 법
칙들을 새로 도입된 확장된 체계 속에서 표현하는 것이다. 그런데
공통의 무감각 지시체계를 도입하는 데에는 특별히 선택적인 방식이
없으므로 이 지시체계는 완전히 자의적으로 선택될 수 있다. 이러한
선택의 자유가 일반 상대성의 원칙이다.
  그러면 우리가 일반 상대성 원칙에서 우선 감지할 수 있는 것은
이 이론이 수사학의 은유의 원칙과 지극히 유사한 작동 방식을 가지
고 있다는 것이다. 은유와 일반 상대성 원칙은 결합 조작의 원칙으
로, 공통된 지시물을 매개로 하여 차원이 서로 다른 대상들을(서로 다
른 국지적 지시물에 속한 대상들 혹은 법칙들)을 등가로 만든다. 하
나의 대상이 자신을 가두어 놓았던 틀을 깨뜨리고 다른 틀 속으로
잠입하거나 다른 틀 속에서 다른 대상으로 변형된다.
  일반 상대성이론이 가장 큰 영향을 미친 곳은 물질과 시간, 공간,
중력 사이의 관계로, 전통적인 제한적 상대성이론에서는 공간과 시
간이 선험적으로 주어진 고착된 구조이기 때문에 물질의 진행에 중
립적인 틀로서 제공되는 반면에, 일반 상대성이론에서는 공간과 시
간이 물질에 의하여 영향을 받는 구조로 구현되기 때문에 물질의 영
역과 똑같이 그리고 물질과의 상호영향 속에서 역동적으로 변천한
다. 여기서는 공간적 거리는 시간적 거리를 만들기에 철학적으로는
선험적으로 주어진 칸트의 절대적 시간과 공간의 틀 개념이 무너지
고, 에너지는 물질과 등가가 된다. 길이, 면적, 체적, 시간적 간격,
어떤 물질적 시스템의 에너지는 측정의 기준이 되는 무감각 지시물
에 종속되는 숫자로서 표현되기 때문에 모두가 상대적인 개념들이
다. 따라서 과학적인 진보란 일단 획득한 부동의 지식을 끝없이 축
적하는 것이 아니라, 지식 주체와 대상을 연결하고 지식에 방향을
주는 원칙들을 새롭게 재구성하는 것이다. 지식은 새롭게 결합하고
조작하는 대상일 따름이다. [역주]

게는 부정적 형태로밖에 이해되지 않는다. 더 이상 아무것도 하나의 극을 다른 극으로부터, 시작을 끝과 떼어놓지 않는다. 하나를 다른 것 위에 뭉개는 것과 유사하며 전통적인 두 개의 극들 중 하나가 다른 것 속으로 빠지거나 환상적으로 들이박히는 것과 유사하다. 함열 이를테면 음양 전기성을 가진 인과율의 빛나는 양태, 결정론의 상이한 양태의 흡수 즉 의미의 함열, 바로 여기서 시뮬라시옹이 시작된다.

두 극의 구분이 더 이상 유지될 수 없는 정치적, 생물학적, 심리학적, 매개적인 어떠한 영역에서도 사람들은 시뮬라시옹 속으로, 따라서 절대적인 조작 속으로 들어간다. 이는 수동성이 아니라 능동적인 것과 수동적인 것의 비구분 그 자체이다. DNA는 생체의 차원에서 이러한 불안정한 축소를 실현한다. TV도, 라우드가의 예에서처럼, 무한적인 한계에 도달한다. 이 무한의 한계에서, 생체가 그의 분자적 부호에 대해 더 또는 덜 수동적이거나 능동적이지 않듯이, 라우드가 사람들은 TV에 대해서 더 또는 덜 수동적이거나 능동적이지 않다. 여기저기 모두가 하나의 유일한 성운일 따름이기에 이 성운은 그를 구성한 단순한 요소들 속에서는 해독될 수 없고 또 그의 진실 속에서도 해독될 수 없다.

인공위성과 핵 공포

시뮬라시옹의 신격화 : 핵 공포. 그런데 공포에 의한 균형은 우리 삶의 모든 틈새들 내부 구석구석에 주입된 저지 체계의 한 극단적인 단면일 따름이다. 핵의 서스펜스는 대중 매체의 핵심인 저지 시스템이나 세계 도처에서 지배하고 있는 결과 없는 폭력 시스템 혹은 우리에게 부여된 모든 선택들 중 불안한 장치 시스템이라는 이미 평범한 시스템을 확인하는 것에 불과하다. 우리 행위의 사소한 것들도 중화된, 차별 없는, 동등한 기호들에 의해 규제된다. 〈놀음의 전략〉을 규제하는 기호들의 총합이 0이듯이, 이 기호들의 총합은 0이다(그러나 진정한 방정식은 다른 곳에 있다. 그리고 이 알려지지 않은 방정식은 바로 이 시뮬라시옹이라는 변수로서 이는 핵무기 창고 그 자체를 파생실재적인 형태로, 우리 모두를 지배하는 시뮬라크르로 만든다. 시뮬라크르는 생존밖에 되지 않는 우리 삶을 아무 목적도 없는 내기로 변화시켜——죽음을 갚기로 한 어음조차도 아닌, 미리 무효화된 어음으로 변화시켜——〈땅위의〉 모든 사건들을 덧없는 시나리오로 축소한다).

우리 삶을 마비시키는 것은 원자폭탄에 의한 파괴의 직접적인 위협이 아니라, 우리 삶을 백혈병 걸리게 하는 저지이다. 그리고 이 저지는 실제적인 핵 충돌 자체가 실재의 우발적 가능성으로서 기호 시스템에서는 미리 배제되어 버림으로부터 온다. 모든 사람들은 이 위협의 사실성을 믿는 척한다(군인들을 보면 이것을 이해할 수 있다. 그들의 훈련과, 그들의 〈전략〉적 담론은 아주 심각하다). 그러나 정말로는 현실적 차원에서 전략적 목표들이란 없고 이 상황의 특이성이란 파괴의 비가능성 속에 있다.

저지는 팽창중인 시스템들의 고풍스러운 폭력인 전쟁을 배제한다. 저지란 극도의 정체상태에 이르거나 함몰중에 있는 시스템들의 함열적인 중화 폭력이다. 더 이상 저지의 주체도, 상대도, 전략도 없다. 이것은 내걸린 내기물들을 근절시키는 위성 구조이다. 핵전쟁은 트로이 전쟁과는 달리 일어나지 않을 것이다. 핵에 의한 초토화의 위험은, 무기를 첨단화함으로써 안전, 차단, 통제의 보편적 시스템을 설치하기 위한 핑계로 사용될 뿐이다. 그러나 이러한 첨단화가 극단에 이르러 원래 노리던 모든 목표를 초과하게 되면 이 극단적인 첨단화 자체도 하나의 무가치의 징후이다. 이 시스템이 노리는 저지 효과란 전혀 핵 충돌이 아니다(틀림없이 냉전의 아주 초기를 제외하고는, 핵 충돌이란 결코 문제가 되지 않았다. 이때는 여전히 핵 장치와 재래식 전쟁을 혼동하고 있었다). 훨씬 광범위하게, 저지하고자 하는 것은 시스템 속에서 사건을 만들어 시스템의 균형을 깨뜨릴 모든 가능성, 모든 실제 사건의 가능성이다. 공포의 균형이란 균형의 공포이다.

저지란 전략이 아니다. 화폐 투기의 궤도적 영역 속에 있는 국제적 자본이 그 흐름만으로 세계의 모든 교환을 통제하기에 충분하듯이, 저지는 핵의 주역들 사이에서 순환하고 교환된다. 이처럼 핵 궤도 위에서 순환하는 파괴 화폐(실제적인 파괴를 지시하지 않는다. 마찬가지로 떠다니는 자본들도 실제 생산의 지시물을 갖지는 않는다)는 모든 폭력과 지구의 잠재적인 분쟁들을 통제하기에 충분하다.

극대의 〈객관적인〉 위협의 핑계 아래, 그리고 [59]다모클레스의 이 핵검 덕분에 이 장치의 그늘에서 짜여지는 것은, 전대 미문의 극대 통제 시스템의 설치이다. 아울러 이 안전 파생 모델에 의한 모든 지구의 점진적인 위성화이다.

평화적 이용을 위한 원자력 발전소에 대해서도 이와 같은 일은 유효하다. 평화화는 민간적인 것과 군사적인 것 사이의 차이를 두지 않는다 : 돌이킬 수 없는 통제 장치가 제공되는 어디서고, 안전이라는 개념이 아주 강하게 되는 어디서고, 안

---

59) Damoclès : 고대 그리스의 한 왕국인 Syracuse의 제후 Denys l'Ancien(367-344)의 조신. Cicéron에 따르면, Denys l'Ancien은 자신의 행복을 과도하게 축하하는 Damoclès를 초대하여 왕자처럼 대접을 하였다, 그러나 행복이란 항상 위험이 도사리고 있다는 사실을 보여주기 위하여 Damoclès의 머리 위에 말총에 매단 무거운 검을 매어 달아놓도록 하였다. 그로부터 다모클레스의 검은 영원한 위험의 상징이 되었다. [역주]

전 수칙이 법과 폭력의 옛 병기창을(전쟁도 포함하여) 대체하는 어디서고, 커지는 것은 저지 시스템이며 그 주위에서는 역사, 사회, 정치의 종말인 사막이 커진다. 거대한 나선형적 함입은 모든 분쟁들, 모든 목적성들, 모든 대치들을 중단하게 하고 그들을 중화시키며 얼려버리는 이 위협의 정도에 따라 수축되게 만든다. 어떠한 폭동도, 어떠한 역사도 더 이상 자신들의 고유한 논리에 따라 전개될 수 없다, 왜냐하면 이것들은 전멸을 초래하기 때문이다. 더 이상 어떠한 전략도 가능하지 않다. 그리고 핵 위기란 군인들에게나 남겨진 유치한 놀이일 따름이다. 정치적 내기란 죽었다. 오직 분쟁의 시뮬라크르와 엄격히 제한된 내기들의 시뮬라크르만이 남는다.

〈우주 모험〉도 핵 위기와 정확히 동일한 역할을 하였다. 그러한 이유로 우주 모험이 그렇게 쉽게 60년대에 핵 위기(케네디/흐루시초프)를 계승하거나, 〈평화 공존〉의 양태로 평행하게 발달할 수 있었다. 왜냐하면 우주에서의 경주, 달 정복, 인공위성 발사의 궁극적인 목적이 무엇인가? 그 완벽한 기원이 달인 위성의 설치와, 만유인력 모델의 설치가 아니라면 무엇인가. 그곳은 어떠한 것도 우연에 맡겨지지 않는 프로그램화된 소우주이다. 이동로, 에너지, 계산, 생리학, 심리학, 환경——아무것도 우연에 맡겨지지 않는, 완전한 규범의 세계이다——에서는 법은 존재하지 않는다, 법을 만드는 것은 모든 세부 사항들의 작동적인 내재성이다. 무균과 무중력 상태에서 모든 의미가 추방된 세계, 바로 이 완벽함이 매혹적인 것이다. 왜냐하면 군중들의 흥분은 달에 착륙한 사건이나 우주에서 인간이 걸어다닌 사건에 의해서가 아니고(이것은 차라리 예전 꿈의 종말일 것이다), 아연실색은 프로그램화와 기술 조작의 완벽함에 의한다. 프로그램화된 진행 속에 내재한 경이감 때문이다. 극대의 규범과 개연성의 지배에 의한 매혹 말이다.

모델의 현기증이 죽음에 대한 두려움이나 죽음 충동도 없이 죽음의 현기증과 결합한다. 왜냐하면 법이 위반이라는 그의 후광을 가지고서, 질서가 폭력이라는 후광을 가지고서 변태적인 상상을 자극하는 것과는 달리, 규범은 모든 상상을 고착하고, 매혹하며, 아연실색케 하고, 함입하게 만든다. 사람들은 더 이상 프로그램의 세세함에 대해서 환상을 품지 않는다. 이 세세한 프로그램을 준수하는 것만도 현기증난다. 결함 없는 세상의 준수.

따라서 오늘날 사회의 팽창을 지배하는 것은 극대의 프로그램적인 완전무결성과, 안전과, 저지와 동일한 모델이다. 여기에 진짜 핵의 부차적 영향이 있다. 기술의 세세한 작업은 사회적인 것의 세세한 작업에 모델로 사용된다. 여기서도 마찬가지로 아무것도 더 이상 우연에 맡겨지지 않는다. 게다가 이게 바로 사회화이다. 사회화는 몇 세기 이래로 시작되어, 그 후에 폭발적이라고 믿었던 한계(혁명)를 향하여 그의 가속화된 단계로 들어가게 되었으나 지금으로서는 되돌릴 수 없는 반대의 함열적인 진행으로 번역된다. 모든 우연과 모든 우발적 사건, 모든 비스듬함, 모든 목적성, 모든 모순 등의 저지이다. 사회성은 규범에 의해 照射되고, 정보 메커니즘의 신호적 투명성에 바쳐져서 단절되거나 복잡해진다. 사실, 우주와 핵의 모델들은 고유한 목적이 있는 것이 아니다. 달의 발견도, 군사적, 전략적 우위도 아니다. [60]그들의 진실은 시뮬라시옹의 모델들, 혹성 통제 시스템의 모델적 벡터가 되는 것이다(이 시나리오의 최고 배우격인 힘들조차도 자유롭지 못하다. 모든 사람이 위성화된다).

---

60) 역설 : 모든 폭탄은 깨끗하다 : 그들의 유일한 오염은 폭발하지 않을 때 그들이 照射하는 안전과 통제 시스템이다. [원주]

명백함에 저항하기 : 위성화 속에서, 위성화되는 것은 사람들이 생각한 것이 아니다. 위성의 궤도상 기입에 의하여 위성화되는 것은 지구 혹성이며, 이상하고 파생실재적이며 무의미하게 되는 것은 지구적인 사실성 원칙이다. 평화 공존으로서의 통제 시스템을 궤도상에 근원지로 설정함으로 하여 지구상의 모든 소 시스템들은 위성화되고, 그들의 자율성은 상실된다. 모든 에너지와 사건들은 이러한 이상한 중력에 의하여 흡수되고 모든 것은 유일한 통제 소-모델(궤도상의 위성)을 향하여 수축되고 함열한다. 마치 뒤집어서 다른 생물학적 차원에서 모든 것이 발생론적 부호의 분자적 소-모델 위로 집중하고 함열되는 것처럼이다. 둘 사이에서, 핵적인 것과 발생론적인 것의 사이에서, 저지의 기본인 두 부호의 동시적 승천 속에서, 모든 의미의 원칙은 흡수되고, 모든 실재의 전개는 불가능하다.

1975년 7월 두 사건의 동시성은 이것을 뚜렷이 밝혀준다 : 우주에서 미국과 소련의 두 슈퍼 위성의 결합, 즉 평화 공존의 신격화, 그리고 중국인들에 의한 표의문자적 글쓰기의 폐지와 끝내 로마 알파벳으로의 가담. 이 후자는 추상적이고 모델화한 기호 체계를 〈궤도상에〉 안치함을 의미한다. 이 궤도 안으로 전에 특이했던 모든 문체와 글쓰기의 형태가 흡수될 것이다. 언어의 위성화 : 이것은 중국인들이 두 개의 위성의 결합에 의하여 동시에 그들의 하늘 위에서 새겨진 평화 공존 시스템으로 들어가는 방식이다. 두 강대국의 궤도상 비행, 땅 위에서는 다른 모든 것들의 중화와 동질화.

그렇지만, 궤도상의 근원지인 핵적인 부호나 분자적인 부호에 의한 이러한 저지에도 불구하고 사건들은 지상에서 계속하고 정보의 인접성과 동시성의 세계적 진행이 이루어졌기 때문에 우발적 사건들은 더욱더 많아지기까지 한다. 그러나 교묘하게도 이것들은 의미가 없다. 이것들은 정상에 오른 시뮬라시옹의 이중적 효과일 따름이다. 가장 좋은 예는 베트남 전쟁일 수밖에 없다. 왜냐하면 이 전쟁은 극대의 역사적이고 〈혁명적인〉 내기와 이러한 저지 기구 설치가 서로 교차하는 지점에 있기 때문이다. 우리시대에 절정에 이르렀고 결정적이었던 이 역사적 사건 속에서 역사의 종말을 확인하는 것이 아니었다면 이 전쟁은 무슨 의미가 있었겠는가?

왜 그렇게도 길고 격렬했던 이 전쟁이 마술에 의한 듯이 하루 아침에 끝나버렸는가?

왜 미국의 이러한 패배(미국 역사상 가장 커다란 후퇴)가 미국 안에서 어떠한 반향도 일으키지 않았는가? 만약 이 패배가 진정 미국의 혹성 전략상의 실패를 의미했다면, 이는 필연적으로 미국의 내적 균형과 정치 체계를 뒤집어 놓았을 것이다. 그런데 전혀 그렇지 않았다.

그러니까 다른 일이 일어났다. 이 전쟁은 근본적으로 평화 공존의 결정적인 일화에 불과하다. 이 전쟁은 중국의 평화 공존으로의 도래를 나타낸다. 수년 동안 확보되고 구체화된 중국의 비-참전, 중국에 의한 세계적 생존 양태의 학습, 세계 혁명 전략으로부터 힘과 세력권의 분할 전략으로의 이동, 급진적 양자 택일로부터 차후로는 본질적인 것을 위해 규제되는 시스템 속에서 정치적 교대로 전환(북경-워싱턴 관계 정상화), 이것이 바로 베트남 전쟁에 걸린 내기이다. 이러한 의미에서 미국인들은 베트남으로부터 떠났지만 전쟁에서 승리하였다.

그리고 전쟁은 목표가 달성되자 〈자발적으로〉 끝났다. 그 때문에 전쟁은 그렇게 쉽게 해체되고 분해되었다.

이 동일한 전쟁의 끝이 바로 베트남 영토 위에서도 해석될 수 있다. 비록 그것이 공산주의라 할지라도, 건전한 정치 그리고 훈련된 권력으로 집약되지 않는 요소들이 일소되지 않는

한 전쟁은 지속되었다. 마침내 전쟁이 북의 정규군의 수중으로 옮겨지고, 게릴라들의 수중을 빠져나가자, 전쟁은 끝날 수 있었다, 전쟁은 마침내 그의 목적을 달성하였다. 내기는 그러니까 정치적 교대라는 내기이다. 베트남인들이 자신들의 존재가 예측 불가능한 전복만을 수행하는 자들 이상임을 증명했을 때 그들에게 교대번을 넘겨줄 수 있었다. 이것이 공산적 질서라는 것은 근본에서는 심각하지 않다 : 공산적 질서는 수권 능력을 증명하였고, 사람들은 그들을 믿을 수 있었다. 이 질서는 〈원시적〉이고 擬古的인 전기-자본주의 구조들의 청산 과정중에 있는 자본주의보다도 훨씬 효율적이다.

알제리 전쟁에서도 각본은 같다.

이 전쟁과 차후의 모든 전쟁에서 다른 양상 : 무장된 폭력, 적대자들의 살해적인 적개심은 생사가 걸린 내기처럼 보이고 그러한 것으로서 작용한다(그렇지 않다면 이런 종류의 역사 속에서 사람들을 죽음으로 결코 내보낼 수가 없을 것이다). 목숨 건 투쟁의 시뮬라크르와 가차없는 세계적 내기의 시뮬라크르 뒤에서, 두 적대자들은 근본적으로 명명되지 않고 결코 말해지지 않았던 다른 것에 대항하여 굳게 단결하여 있다. 전쟁이 가져온 객관적 결과는 두 적대자들이 똑같이 공모하여 이것을 완전히 청산하는 것이다. 부족적인, 공동체적인, 전기-자본주의적인 구조들, 모든 상징적 교환, 언어, 조직의 형태들, 바로 이것이 제거해야 할 것이고 바로 이것의 살해가 전쟁의 대상이다. 그리고 전쟁은 그의 과대한 죽음의 무대 장치 속에서 사회의 테러적인 합리화 과정의 중개자일 따름이다. 그 위에 사회성이 설립되게 될 살인이 공산주의에 예속되느냐 자본주의에 예속되느냐는 중요치 않다. 사회관계를 정화하고 길들이는 동일한 목적을 위해(그러기 위해서는 거대한 희생도 동의할 수 있는) 두 적대자 간의 완전한 공모 혹은 일의 분담이 있다.

〈북 베트남인들은 미국의 베트남 주둔을 청산할 시나리오에 응하라는 충고를 수락하였다. 이 시나리오 중에 물론 미국의 체면은 유지하여야 한다.〉

시나리오 : 극심한 하노이 폭격. 폭격이 베트남인들에게는 공모에 응하는 척할 수 있도록 해주고, 닉슨에게는 미국인들이 그들의 군대 철수를 꾹 참을 수 있도록 하게 해주는 시뮬라크르일 뿐이라는 사실은 폭격이 견디기 힘들 만큼 치열해도 숨길 수는 없다. 모든 것이 실현되었지만 마지막 몽타주의 사실임직함 외에는 아무것도 객관적으로 실행되지 않았다.

전쟁 도덕론자들, 戰士로서의 고가치 소유자들은 너무 상심하지 마시오 : 시뮬라크르일 뿐이라 해도 전쟁은 여전히 잔인해서, 전쟁중에 인간들은 여전히 육체적으로 고통을 받으며, 전사자들과 옛 참전자들은 다른 사람들보다 훨씬 가치가 높다. 이러한 목표는 영토 구획 나누기 목표나 규율잡힌 사회성의 목표와 마찬가지로 항상 잘 충족된다. 더 이상 존재하지 않는 것은 바로 적대자들간의 적대성이며 적대적인 운동들의 사실성이며 전쟁에 대한 심각한 이데올로기이다. 또한 승리나 패배의 사실성도 더 이상 존재하지 않는 것이다. 전쟁은 이러한 외양들 훨씬 위에서 기승하는 진행이기 때문이다.

아무튼, 오늘날 우리를 지배하고 있는 평화화(혹은 저지)는 전쟁과 평화의 너머에 있다. 이는 줄곧 전쟁과 평화의 등가이다. 〈전쟁은 곧 평화이다〉라고 오웰이 말했다. 여기서도 역시 다른 두 극들이 하나가 다른 것 속에서 함열하거나 서로서로 다시 감싼다. 모든 변증법적인 것의 우스꽝스러운 모방과 동시에 종말인 모순적인 것들의 동시성이다. 전쟁의 진실 곁을 이렇게 해서 완전히 스쳐볼 수 있다. 즉 전쟁은 끝나기 훨씬 전에 이미 끝나 있었으며, 한참 전쟁중에 전쟁에 종말이 가해졌으며, 전쟁은 아마도 결코 시작되지 않았다. 다른 수많은 사건들(석유위기 등)도, 인위적인 돌발 사건들로서가 아니면 결코 시작되지 않았고 존재하지도 않았다. 최면 상태에서 역사적 투여를 유지하려고 하는 역사적, 파국적, 위기적인 추상물, 대체물, 인공물이다. 모든 대중 매체와 정보의 공식적인 시나리오는 사건성, 내기의 실재성, 사실의 객관성을 유지하기 위하여 거기 있다. 모든 사건들은 거꾸로 읽어야 한다. 혹은(이탈리아에서 공산주의자들의 〈집권〉, 거의 동시대에 마치 빈 사상태의 인종학에 의하여 원시인들의 실종된 〈차이〉를 재발견하듯이 소련의 반체제 인사들과 그들의 수용소들을 사후에 그리고 뒤로 거슬러올라가 재발견하기) 이러한 모든 일들이 뒤늦은 역사, 뒤늦은 나선과 함께 너무 늦게 도달하여서 이 일들은 훨씬 이전에 그들의 의미를 소진하여 버렸고 이들은 단지 기호로서의 인위적 들끓음만을 먹고 살 수밖에 없다는 것을 알게 되고 이 모든 사건들은 가장 서로 모순적인 것들이 완전히 등가로 되는 속에서 그들 결과에 대한 깊은 무관심 속에서 (그들은 더 이상 결과라는 게 없다. 그들은 그들의 구경거리적인 덤핑 판매중에 바닥이 마른다), 아무 논리도 없이 서로의 뒤를 잇는다. 모든 〈시사〉적 영화는 이처럼 퇴보적이면서도 포르노적인 조잡한 산업사회 스타일의 우울한 인상을 준다. 이것을 모든 사람들은 틀림없이 알고 있으며 누구도 근본에서는 그것을 받아들이지 않는다. 시뮬라시옹의 사실성은 견딜 수 없다. 이는 [61]아르또의 잔혹극보다도 더 잔인한데, 이것은 그래도

---

61) Antonin Artaud(1896-1948) : 프랑스의 작가. 그의 시적인 작품은 전복적인 경험, 일종의 지적 자살로서 그를 통하여 사유의 깊은 근원에 도달하려고 하였다. 그의 두 편의 희곡, 「잔인성의 연극」(1932), 「연극과 그 분신」(1938)은 많은 연출가들에게 깊은 영향을 끼쳤다. 그는 제스처 연극을 고취하여 작가, 배우, 관객에게 자신들의 기본적인 본능의 해방을 요구하였다. 이 기본적 본능 중에 잔인성은 배우의 진정성을 증명해 주는 절대적인 전당물이다. [역주]

여전히 인생의 극화였으며, 피의 흔적도 없이 모든 내기들을 흡수해 버리는 방향으로 인생을 이미 몰고 갔던 시스템 안에서 육체와 피와 폭력의 이상성에 대한 최후의 발악이었다. 우리에게 일은 이미 끝났다. 잔인성의 모든 연출, 더군다나 잔인성의 실제적인 모든 글쓰기마저도 사라졌다. 시뮬라시옹이 주인이 되고, 우리는 뒤로 돌아가서 상실된 모든 지시적인 것들을 환상적이고 우스운 모방극으로 다시 복원하는 권리밖에는 없다. 모든 것이 아직도 우리 주위에서, 실재 저지의 차가운 빛 속에서 펼쳐지고 있다(다른 모든 것처럼 재공연될 권리, 잔인성의 지시물적인 것으로서 이차적 존재에 대한 권리를 가지고 있는 아르또를 포함하여).

이 때문에 핵 확산은 핵 충돌이나 핵 사건 위험의 증가를 의미하지 않는다. 그간에 〈신생〉 보유국들이 원자력의 저지적이 아닌 〈실제적〉 사용을 하고 싶은 유혹을 받는 경우를 제외하면(마치 미국인들이 히로시마에 하였듯이) 말이다. 그러나 엄밀히 오직 이들만이 이러한 〈사용 가치〉에 대한 권리를 가지고 있었지 차후로 여기에 접근하는 모든 자들은 핵을 가졌다는 사실에 의하여 그 사용이 저지될 것이다. 아주 예쁘게 명명된 핵 클럽에 가입함은 아주 신속히(마치 노동자 세계에서 조합화와 같이) 격렬하게 핵으로 간섭하겠다는 모든 부질없는 생각을 지워버린다. 책임성, 통제, 제재, 자동-저지가, 구비된 힘이나 무기보다도 항상 더 빨리 증가한다. 이것이 바로 사회 질서의 비밀이다. 마찬가지로 전원 손잡이를 밑으로 잡아당겨 전국을 마비시킬 수 있는 가능성 자체가 전기 기술자들이 이 무기를 결코 쓰지 않도록 한다. 이것이 바로 그 수단이 주어졌음에도 전면적이고 혁명적인 파업이 붕괴되는 신화적 허구이다. 그러나 애석하게도 그 수단이 그에게 주어져 버렸다. 이것이 바로 모든 저지의 행태이다.

따라서 언젠가는 핵 보유국들이 어느 곳에나 자유로이 원자력 발전소, 핵무기, 핵폭탄을 수출하는 것을 볼 가능성이 아주 높다. 위협에 의한 통제 이후에, 폭탄과 폭탄의 소유에 의한 훨씬 더 효율적인 평화화의 전략이 뒤따를 것이다. 〈약소〉 보유국들은, 핵 공격력을 산다고 생각하면서, 사실은 저지 바이러스, 자기자신의 저지 바이러스를 사게 될 것이다. 이미 우리가 그들에게 넘겨준 원자력 발전소도 마찬가지이다. 그만큼의 중성화시키는 폭탄이 모든 역사 진행적 독성, 모든 폭발 위험을 제거한다. 이러한 점에서 핵은 도처에서 가속화된 함열 진행을 시작한다. 핵은 그 주위에 있는 모든 것을 얼리고 모든 살아 있는 힘을 흡수한다.

핵은 사용 가능한 에너지의 절정이면서 동시에 모든 에너지 통제 시스템의 극대화이다. 제어와 통제는 해방 잠재력에 따라서 (그리고 또 틀림없이 더 빠르게) 성장한다. 이것이 이미 근대적 혁명의 논리적 궁지였다. 이것은 또한 핵의 절대적 역설이다. 에너지는 그 자신의 불에서 빙결하고 그 스스로 저지된다. 차후로 중화되고, 사용 불가능하며, 이해 불가능하고 폭발할 수 없는 스스로의 힘에 의한 시스템의 이러한 폐쇄, 이러한 거대한 포화 뒤에서, 이제는 어떤 계획, 어떤 권력, 어떤 전략, 어떤 주체가 있을 수 있을지 전혀 알 수 없다. 내부로 향한 폭발 가능성이 아니라면, 대재난적catastrophique(글자 그대로의 의미로, 즉 모든 사이클의 극소점을 향한 되돌림의 의미로, 극소의 한계를 향한 에너지 되돌림의 의미로) 진행 속에서 모든 에너지가 사라져버릴지도 모를 함열의 가능성이 있다.

역사 : 복고 시나리오

    역사가 격렬히 살아 있던 시기에는(말하자면 양 대전 사이와 냉전), 신화가 상상적인 내용물로서 영화를 침범하였다. 이 시기는 전제적이고 전설적인 것들의 부활 황금기이다. 역사의 격렬함에 의하여 현실로부터 쫓겨난 신화가 영화에서 피난처를 발견한 것이다.

    오늘날은 역사 자신이 동일한 시나리오에 따라 영화에 몰려든다. 세계적 차원에서는 평화공존, 일상적 차원에서는 평화로운 따분함이라는 이름을 가진, 일종의 거대한 중성화에 의하여 우리의 생으로부터 추방당한 역사의 내기 말이다. 느리거나 과격하게 응결되는 사회에 의하여 쫓겨난 역사는, 옛날에 영화에서 상실된 신화를 다시 살아나게 하였던 것과 똑같은 과정에 따라 은막 위에서 대거 그의 부활을 축제한다.

    역사는 우리의 상실된 지시물적인 것, 즉 우리의 신화이다. 이러한 자격으로 역사는 은막 위에서 신화를 교대한다. 마치 〈대학에 정치학이 들어가는 것을〉 기뻐하였듯이, 〈영화에 의한 이 의식적인 역사 포착〉에 대해 기뻐하는 것은 환상일 것이다. 똑같은 오해며 똑같은 속임수이다. 대학에 들어가는 정치는 역사의 무대로부터 물러난 정치이다, 이러한 정치는, 낙후되어 있으며, 실체가 텅 비어 있고, 게임지역이고 모험영역이란 고작 표피적 행사에서나 합법화되어 있다, 이러한 정치는 성이나 박제화된 형태화와 같다(혹은 그 시대의 사회보장 제도와 같다). 사후 자격으로만 해방되는 것이다.

우리 시대의 큰 사건, 커다란 정신적 충격은 바로 강력한 지시물적인 것들의 이러한 단말마의 고통, 시뮬라시옹의 시대를 여는 실재적인 것과 합리적인 것의 고통이다. 수많은 세대들, 특히 가장 최근 세대는 역사의 거대한 발자국 속에서, 혁명에 대한 유열적이거나 파국적인 관점 속에서 살아 온 반면에, 오늘날에는 역사가 자기 뒤에 무심한, 물결이 쓸고 간(?), 그러나 指稱 없는 일종의 성운만을 남기고 물러가 버렸다는 인상을 준다. 이러한 공허 속으로, 지나간 역사의 환상, 사건들의 갑옷, 이데올로기, 복고적 유행이 다시 밀려온다. 또 사람들이 거기서 어떤 희망을 갖거나 세우기 위해서가 아니고 단순히 최소한 역사가 있던 시대, 생사의 유희나마 있었던 격렬함이라도(비록 파시스트적이라 할지라도) 있었던 시대를 재생시키기 위한 것이다. 이러한 공허로부터, 이러한 역사와 정치의 백혈병으로부터, 이러한 가치의 출혈로부터 벗어나기 위하여라면 모든 것이 좋다. 이러한 절망의 정도에 따라서 모든 내용물들은 다짜고짜 다시 환기되어 질 수 있고 그 전의 모든 역사는 뒤죽박죽 재생된다. 전쟁, 파시즘, 아름답던 시절의 연대기 등이 어떠한 강제적인 생각에 따라 선택되지 않고 오직 향수에 의해 끊임없이 쌓이는 이 곳에서는 혁명적 투쟁과 여타의 것들의 지위가 동등하고 또 이 모든 것들은 다같이 우울하고 음산한 흥분 속에서, 다같이 복고적 홀림 속에서 서로 구별없이 섞여진다. 그렇지만 방금 지나간 시기는 유리한 점이 있다. (파시즘, 전쟁, 최근의 전후——여기서 상영되는 수많은 영화는 우리에게 훨씬 인접되고, 변태적이며, 진하고, 혼탁한 향기를 준다). 이러한 특전을 프로이드의 잘린 신체에 대한 음란증 이론(이 이론도 틀림없이 복고적 가정이다)을 환기함으로 설명할 수 있다. 이 충격(지시적인 것의 상실)은 어린아이에게서 성의 차이를 발견하는 것만큼이나 심각하고 깊으며 돌이킬 수 없다. 어떤 대상에 대한 숭배는 이러한 발견을 감추기 위하여 오는 것이지만, 엄밀히 말하여, 프로이드가 말하였듯이, 이 대상은 아무것이나 다 그런 것은 아니고, 흔히 충격적 발견 전에 흘끗 보았던 최종 대상이다. 이처럼, 숭배되는 역사도 기꺼이 우리의 〈비지시적〉 시기 바로 앞의 역사일 것이다. 이런 까닭에 복고에 의해 파시즘과 전쟁이 심리 속에 강하게 뿌리내린다——이는 전혀 정치적이지 않은 우연의 일치며 친밀감이며, 그러므로 [62]파시스트적인 환기로부터 현재 파시즘이 재탄생하였다고 결론짓는 것은 어리석은 일이다(바로 사람들이 더 이상 파시즘 속에 있지 않기 때문에, 다른 것 속에 있기 때문에, 이것이 또 덜 괴상망측하기 때문에, 파시즘이 복고에 의해 미화되고 정화된 잔인성 속에서 다시 미혹적인 것이 된다).

---

62) 파시즘 그 자체와 그 출현 그리고 그의 집단적 에너지에 대한 어떤 해석도(지배 계급들의 정치적 조작이라는 마르크스주의 해석도, 집단 대중의 성적 억압으로 보는 Wilhelm Reich의 해석도, 독재적 편집병으로 보는 Gilles Deleuze의 해석도), 파시즘을 완벽하게 설명하지 못하였다. 그러나 우리는 파시즘을 이미 신화적이고 정치적인 지시물에 대한 〈비합리적인〉 고가 매입, 집단가치에 대한 광적인 강화(혈통, 종족, 민족 등), 죽음과 〈죽음의 정치적 미학〉의 재주입으로 해석할 수 있다. 이 시기에는 가치의 환상과 집단적 가치의 환상으로부터 깨어나는 진행이, 모든 삶을 합리적으로 세속화하고 모든 삶을 단 하나의 차원으로 단일화 시키는 진행이, 모든 사회적, 개인적 삶을 조작화하는 진행이 이미 서구에서는 심각하게 느껴졌다. 다시 한 번 말하거니와 이러한 가치의 대파국, 생의 이러한 중화와 평화화로부터 벗어나기 위해서는 모든 것이 다 좋다. 파시즘은

역사는 이처럼 영화 속에 사후라는 자격으로 의기양양하게 들어간다(〈역사적〉이라는 용어도 마찬가지 운명을 겪었다 : 〈역사적〉 순간, 기념물, 집회, 인물은 바로 역사적이라는 것에 의하여 화석으로 지적된다). 역사의 재주입은 의식적 포착의 가치를 지니고 있지 않고 상실된 지시물적인 것에 대한 향수의 가치를 지닌다.

이 말은 그러나 역사가 영화 속에서 단순히 부활로서가 아니라 약동의 시간으로서, 현재의 진행으로서, 폭동으로서 나타나지 않는다는 뜻은 결코 아니다. 영화에서처럼 〈실재〉에서도 역사가 있었다. 그러나 이제는 더 이상 없다. 오늘날 우리에게 〈되돌려진〉 역사는(바로 역사가 우리로부터 탈취되었기 때문에), 회화에 있어서 [63]신-구상이 실재의 고전적 구상과는 관계가 없듯이, 〈역사적 실재〉와 이제는 관계가 없다. 신-구상은 유사성에 바쳐진 것이지만, 동시에 대상의 재현 자체 속에서 대상의 사라짐을 밝혀주는 현장 증거이다. 파생실재가

이러한 중화화와 평화화에 저항하는 것이다. 그것이 심각하건, 비합리적이건, 미친 짓이건 중요치 않다. 파시즘이 더 나쁜 어떤 것에 대한 저항이 아니었다면 이러한 집단적인 에너지를 이끌지는 못했을 것이다. 그의 잔인성과 공포는 서구에서 심화되었던, 실재와 합리적인 것 사이의 혼동에 대한 이 또 다른 공포에 따른 것이며 바로 여기에 대한 대답이다. [원주]

63) 신구상 La Nouvelle-Figuration : 1960-1979년에 프랑스에서 일어난 여러 가지 약간씩 서로 다른 미학적 경향들에 붙여진 이름이나 공통적으로는 전후에 지배하던 비형태적인 예술에 대한 반동으로 형상적인 회화에 경주한다. 특히 1965년경 매스미디어화된 이미지를 화폭에 옮기기 시작하여 그 절정을 이루기 시작한다. 이러한 화면은 변조되지 않고 명암 처리가 안 된, 자체 안에 닫혀진 넓고 납작한 색표면인 아쁠라를 많이 사용하고 번쩍번쩍 미끄러운 처리를 한다. 내용적으로는 사회적인 것이나 일화적, 만화적인 것들을 다룬다. [역주]

그것이다. 대상은 여기서 어떤 점에서는(현재 영화 속의 역사처럼) 극도의 유사성으로 번쩍거린다, 이 극도의 유사성 때문에 오히려 대상은 유사성의 공허한 형상이고 재현의 공허한 형태일 따름이지 근본적으로 아무것과도 닮지 않는다. 이것은 생과 사의 문제이다. 이 대상들은 더 이상 살아 있지도 죽지도 않았다. 그 때문에 그들은 실재의 난폭한 파괴가 그들을 휘어잡았을 그 상태에서, 그렇게도 정확하고 세세하게 고착되어 있다. 이것들만 그런 것은 아니지만, 다음의 모든 역사적 영화들, 「차이나타운」「콘도르의 3일」「베리 린던」「1900」「대통령의 사람들」 등은 완벽함 그 자체가 불안하게 한다. 진짜 영화라기보다는, 완벽한 再製造, 조합적인 (또는 [64]맥루한적인 의미로 모자이크적인) 문화에 속하는 획기적인 몽타주, 거대한 사진과 움직임과 역사를 종합한 거대한 기계라는 인상을 받는다. 이 영화들의 질은 문제가 되지 않는 것으로 하자. 문제는 차라리 이들이 우리를 어떤 점에서는 전혀 흥미가 나게 하지 않는다는 데 있다. 예를 들면 「최후의 전시회 Last Picture Show」를 들어보자. 나처럼 50년대에 이 영화를 원본으로 보았다고 착각할 만큼 꽤나 주의산만할 경우 이것은 어느 조그만 미국 마을의 풍속과 분위기를 그린 아주 좋은 영화이다. 단지 어떤 가벼운 의심이 있을 뿐이다. 즉, 당시의 다른 영화들보다는 약간은 너무 좋고, 더 잘 정돈되어 있으

---

64) Marshall McLuhan(1911-1980) : 캐나다의 교수, 수필가. 토론토 대학에서 〈문화와 기술 연구소〉를 운영하였다. 그는 정보이론을 이용하여 사회 속에서 정보 시스템의 진화와 그것이 인간 역사에 미치는 효과를 연구하였다. 인류가 전기로 인한 완전한 변화를 경험하고 있다고 생각하여, 책 문명의 고답적인 성격을 비난하고, 〈미디어〉를 이해하는 데 전념하였다. 정보전달 수단으로서의 미디어는 메시지 자체를 구성한다고 주장하였다. 〈미디어는 메시지이다〉. [역주]

며, 당시의 영화와는 달리 심리적이고 도덕적이며 감상적인 흔적이 없다. 이 영화가 70년대 영화 중의 하나임을 알게 되면 질겁을 하게 될 것이다. 완전한 복고이고, 깨끗이 순화 되었으며, 매끈한 50년대 영화들의 파생실재적인 복원이다. 그 당시 영화들보다도 틀림없이 더 좋은 무성영화의 재생산이라고 말한다. 영화의 전체 한 세대를 다시 환기하게 하는데, 이 영화들이 우리가 당시에 알고 있었던 영화에 대한 관계는 로보트가 인간에 대한 관계와 같다. 더 좋고, 결점이 없는 인공물들인 이들에게는 상상력만 없지 천재적인 시뮬라크르인데, [65]이러한 깨끗한 환각이 바로 이 영화를 만든 것이다. 오늘날 우리가 보는 (가장 좋은) 영화들의 대부분은 이미 이러한 계통이다. 『베리 린던』이 가장 좋은 예이다. 그 이상 잘한 적이 없었고, 앞으로도 이 점에서는 더 잘할 수 없을 것이다. 어느 점? 환기에서가 아니다. 환기에 대한 것조차도 아니고, 시뮬라시옹에 대한 것이다. 모든 독소적인 방사는 걸러졌고, 모든 성분들은 엄격하게 조제되어 전혀 실수가 없이 거기 있다.

차갑고 서늘한 쾌감. 엄밀히 말하여 미학 같은 건 존재하지 않고 기능적 쾌감, 대수학적인 쾌감, 기계화의 쾌감만 있다. 스타일에서뿐만 아니고 영상적인 행위에 있어서도 이 영화와 다른 것들과의 차이를 보고 싶다면, [66]비스콘티 Visconti만 생각하면 된다(그의 「치이타 Guépard」 「센소 Senso」 등은 어떤

---

65) 영화가 영화 외적인 역사적 사건을 취급하여 그대로 재현하는 것을 넘어서서, 여기서는 영화에 의한 영화 자신의 역사를 복원하는 것을 말한다. 이러한 자신의 복사는 영화가 다른 것을, 실제로 존재하였던 것을 완벽하게 재생한다는 환각을 주고 아울러 그 재생 대상이 자기자신의 과거이기에 같은 것이면서도 다른 것이라는 전형적인 시뮬라크르를 생산한다. 그리하여 다른 아무것도 의미하지 않으면서도 오직 실재를 똑같이 복원하는 데에서 오는 시뮬라시옹의 즐거움만을 주게 된다. 영화는 완전히 자신이 재현하는 실재가 된다. [역주]

점에서 「베리 린던」을 생각나게 한다). 비스콘티에게는 역사적 내용에서뿐만 아니라 연출에 있어서도 의미, 역사, 육감적인 수사법, 죽은 시간들, 열정적인 유희 등이 있다. 그러나 [67]커브릭 Kubric에게서는 전혀 그러한 점이 없다. 그는 영화를 마치 장기판처럼 조작하여, [68]역사를 조작적인 시나리오로 만든다. 이것은 섬세한 정신/기하학적인 정신이라는 낡은 대비에 속하는 것이 아니라 유희에, 의미적 내기에 속한다. 이리하여 우리는 더 이상 말 그대로 의미가 없는 영화의 시대, 다양한 기하학을 가진 거대한 종합기계와도 같은 영화의 시대로 들어간다.

이미 레온 Leone의 서부영화에 그러한 점이 있을까? 아마도. 모든 모티브가 모두 이 방향으로 미끄러져 간다. 「차이나 타운」은 레이저로 다시 포착된 탐정소설이다. 그러나 핵심은 완전함의 문제가 아니다. 기술의 완전함은 의미에 속할 수가 있다. 이런 경우에는 기술의 완전함은 복고도, 파생실재적인

---

66) Luchino Visconti(1906-1976) : 이탈리아의 영화감독, 대표작으로 「Senso」(1953)와 「Le Guépard」(1963), 「Mort à Venise」(1971) 등이 있다. 사실에 대한 묘사에 모든 덧없는 것, 즉 장식물, 얼굴, 열정 등에 대한 깊은 관조를 덧붙였다. [역주]

67) Stanley Kubric(1928~) : 미국의 영화감독, 제1차 세계대전중의 폭동이야기인 「영광의 오솔길들」로 유명하게 되었다. 「Spartacus」(1960), 「Lolita」(1962), 「Barry Lindon」(1974), 「Shining」(1980) 등. [역주]

68) 역사-작동적인 시나리오 : 역사란 원래 조작적이고 작동적이지 않다. 역사는 일련의 사건의 연속으로써 거기에는 원인 결과라는 선적인 결정론이 있다. 그러나 이러한 역사성을 몽타주에 의해서 깨뜨리고 기왕에 주어진 역사적 의미 대신에 전혀 새로운 의미 부여를 한다. 몽타주에 의해서 역사적 사건의 순서적이고 결정적인 관계가 깨지면 각 사건들은 다방면으로, 지금까지 전혀 무관하게 여겨졌던 사건들이 관계를 맺게 됨과 동시에 어떤 하나의 의미로 고정시킬 수 없게 된다. 그렇게 되면 역사적 사건의 의미는 자연히 사라질 것이다. 역사적 사건은 동시 다발적인 등가의 체계로 들어간다. [역주]

것도 아니다. 이때 기술의 완전함은 예술의 효과이다. 그러나 여기서 이 완전함은 모델과 같은 효과를 갖는다. (69)완전함은 참조물로서의 전술적인 가치를 가진다. 실제적인 의미를 나타내는 문장구문이 없기 때문에, 완전함은 전체의 전술적인 가치 이상을 가지지 않는데, 이 전체 속에서는 예를 들어, CIA는 모든 것을 할 수 있는 신화적인 기계고, 로버트 레드포드는 다기능의 스타이며, 역사는 사회 관계에서 지시물을 찾아야 하고 영화는 기술의 능란함에서 지시물을 찾아야 한다는 것이다. 그리고 이것들은 놀랄 만큼 서로 잘 결합한다.

영화와 그 궤적 : 가장 환상적이거나 혹은 신화적인 것으로부터 사실주의적이고, 파생실재적인 것에 이르기까지.

현재 시도중인 영화는, 그의 평범성 속에서, 그의 진실성 속에서, 그의 노골적인 명백성 속에서, 그의 권태 속에서, 동시에 그의 자만 속에서, 실재가, 직접적인 것이, 의미되지 않는 것이 된다는 주장 속에서, 더욱더 그리고 더욱 완전하게 절대적 실재에 접근한다. 이것은 시도들 중에서 가장 광적인 것으로(대상이 그 기능과 일치하고 그리고 자신의 사용가치와 일치하는 최고의 단계를 지적하고 또 설계한다는 기능주의적인 주장은 엄밀히 말하여 정신나간 시도이다), 어떠한 문화도 기호에

---

69) 실재를 완전하게 복원한다는 환각에서는 기술적인 완전함 그 자체가 지시대상이요 모델이다. 영화 속의 다른 것들도 그들이 가지고 있는 고유한 의미를 상실하고 새로 도입된 지시물과의 관계에서 의미를 획득하게 될 것인데 이 새로 도입된 무감각 지시 체계가 완전함이기 때문에 이 완전함을 모방하고 재현한다. 그런데 영화는 그 참조물을 영화 외의 다른 것에서 구해 오는 것이 아니라 자체가 가지고 있는 기술의 완점함을 모델로 취한다. 영화 자신이 자기자신의 재현이고 모방이다. 완전하다는 것은 모든 것을 할 수 있는 능력이 있으며, 하나의 기능만을 가지고 있는 것이 아니라 신처럼 다기능적인 인간이고, 역사는 일의적이 아니라 모자이크화된 사회관계 속에서 읽혀져야 한다. [역주]

대해서 이렇게 순진하고 편집광적이며 엄격하고 테러리스트적인 시각을 가진 적이 이제까지 없었다.

테러주의는 항상 실재의 테러주의이다.

실재와의 이러한 절대적인 일치의 시도와 동시에, 영화는 또 자신과의 절대적 일치에 접근하는데, 이는 모순적인 것이 아니다. 이것이 바로 파생실재의 정의이다. 생생한 묘사와 거울성 말이다. 영화는 스스로를 표절하고, 스스로를 복사하며, 자신의 고전을 다시 반복하고, 자신의 원래 신화로 소급해 올라가며, 원래의 무성영화보다 더욱 완전한 무성영화를 만든다. 이 모든 것은 논리적이다. 마치 영화가(그리고 우리가) 상실된 참조물적인 것인 실재에 의하여 매혹된 것과 똑같이, 영화는 상실된 대상으로서 자기자신에 의하여 매혹된다. 영화와 상상과는(자기 고유기술의 정신이상적인 사용을 포함하여, 비현실성, 소설적인 상상, 신화적인 상상) 예전에는 살아 있는, 변증법적인, 충만한, 극적인 관계를 가지고 있었다. 오늘날 영화와 실재 사이에 맺어진 관계는 도치되고 부정적인 관계이다. 이 관계는 하나와 다른 하나에 대한 특수성 상실의 결과이다. 차가운 서로 붙임, 냉냉한 뒤섞임, 서로서로를 향한 점근선 위에서 진화하는 두 차가운 매체들의 성이 거세된 약혼이다. 영화는 실재의 절대 속에서 폐지되려고 하며, 실재는 오래전부터 영화적인(혹은 텔레비전화한) 파생실재 속에 흡수되어 버렸다.

역사는 강한 신화였다. 어쩌면 무의식과 함께 최후의 거대한 신화였다. 이는 사건들과 원인들의 〈객관적인〉 사슬의 가능성과, 동시에 담론의 서술적 사슬의 가능성을 지탱해 주었던 신화였다. 역사의 시대는 또한 말하자면 [70]소설의 시대이

---

70) 소설의 시대 : 역사 Histoire와 소설에서 내용물인 이야기 Histoire는 동일한 말이다. 전통적인 소설에서 이야기 전개는 역사 서술과

다. 바로 이 우화적인 성격 즉, 하나의 사건 또는 이야기 전개의 신화적인 에너지가 항상 더욱더 상실되는 듯하다. 수행적이고 나타내 보여주는 이러한 논리 뒤에는 다음이 있다 : 역사적 충실성의 강박, (다른 곳에서, 마치 설거지를 하고 있는 쟌느 힐만의 실재적 시간의 주어진바, 혹은 세세한 일상적 생활의 주어진바처럼) 완전하게 주어진 것에 대한 강박. 이러한 충실성은 과거의 물질성, 과거 혹은 현재의 이러저러한 장면의 물질성에 대한 부정적이고 악착 같은 충실성이며, 과거 혹은 현재의 절대적 시뮬라크르의 복구에 대한 부정적이고 악착스러운 충실성이며, 모든 다른 가치를 대체한다. 우리 모두가 공모자이며, 이것은 돌이킬 수 없다. 왜냐하면 영화 자신이 역사의 사라짐에 공헌하였고, 옛 자료 보관소의 도래에 공헌하였다. 사진과 영화는 역사를 세속화하는데, 역사를 주파하였던 신화의 희생 아래서 역사를 눈에 보이고 〈객관적인〉 형태로 고착시키는 데 크게 공헌하였다.

　오늘날 영화는 자신의 모든 재능과 기술을 그 자신이 사라지게 하는 데 공헌하였던 것을 다시 살리는 데 사용한다. 영화는 환영들만을 부활시킬 따름이고, 거기서 영화 자신이 상실된다.

동일한 인과론에 따라 기승전결의 구조를 밟는다. 소설이 이야기 전달에 전념하는 한 그 소설의 가치는 일회적 소비물의 가치밖에 지니지 못하여 예술성은 극히 희박할 수밖에 없다. 전통적 소설이 비난받았던 점은 바로 이 점이며, 20세기의 소설은 이야기가 일관성이 없이 잘려지고 각각의 토막들이 몽타주 수법에 의해 다방면으로 열려졌다. 덧붙여서 현대소설이 추구하고 해결하려고 하는 요체들을 정확히 이해하지도 못하고 유행이거니 생각하여 맹목적으로 베끼거나 모방하기에 급급할 뿐만 아니라, 잡다한 이론들을 뒤섞어 전혀 엉뚱한 괴물체들을 시장에 내놓아 운수 나쁘게 걸려든 독자들을 우롱하고 있는 오늘의 한국소설에도 새로운 시대가 열리길 바라 마지 않는다. [역주]

(71홀로코스트

(72학살의 망각도 학살의 일부이다, 왜냐하면 학살의 망각은

---

71) Holocauste : 전번제, 유태교의 제사, 통째로 구운 짐승을 신에게
바침. 여기서는 유태인 학살 장면을 방영한 TV 프로. [역주]

72) 망각과 기억 사이의 관계 역시 우선 서로 구분되지 않는 것으로 하
나는 다른 것의 이면일 따름이다. 참고로 들뢰즈 식으로 추론해 보
겠다. 만약 기억이 영구히 기억으로 남아 있다면 영원히 망각이란
없을 것이고 망각이 없으면 기억도 없을 것이다. 마찬가지로 망각이
영구히 망각으로 있다면 결코 기억이란 없을 것이고 따라서 망각할
것도 없기에 망각도 없을 것이다. 그러므로 기억 속에는 이미 망각
이 들어 있고 반대로 망각 속에는 이미 기억이 들어 있다. 기억과
망각은 같은 것의 서로 다른 모습일 따름이다.
　여기서는 인위적 기억 혹은 인위적인 역사의 생생한 부활은 외양
으로는 역사적 사실을 재생하기 때문에 이 사건의 망각을 지운다고
할 수 있지만, 인위적 부활, 즉 인위적 기억에 의하여 인간의 기억
을 지우기 때문에 바로 망각을 실현하는 일이며, 그에 따라 역사적
사건도 지워진다는 논리다. 또한 인위적 기억에 의하여 기억이 영구
히 기억으로 남아 있기 때문에 망각과 함께 기억도 사라진다. 결국
TV에 의한 생생한 역사 부활은 사건에 역사성을 끝내고 현재로 만
듦으로 하여 과거 없는 표면적인 현재로 만든다. TV에서는 역사가
없고 오직 현재만이 있다. [역주]

또한 기억의 학살이며, 역사의 학살이고, 사회적인 것 등의 학살이기 때문이다. 이러한 망각은 또한 사건만큼이나 본질적인 것이다. 아무튼 이 망각은 우리에게는 그의 진실 속에서 찾아질 수 없고, 접근할 수도 없는 것이다. 이 망각은 또한 너무 위험하여, 인위적 기억에 의하여 이 망각을 지워야 한다 (오늘날은 인위적 기억들이 인간의 기억들을 지우고, 인간 자신의 기억 속에 있는 인간들을 지운다). 이러한 인위적 기억은 학살 장면을 다시 무대에 올려놓는 것일 것이다. 그러나 늦어서, 너무 늦어서, 이 기억이 진정한 파란을 일으키거나, 뭔가를 깊이 뒤흔들지는 못한다. 그리고 특히, 가능하다면 수용소 자체보다도 더욱 체계적으로 망각과 저지와 학살을 방사하는 차가운 중간매체를 통해서는 불가능하다. 텔레비전은 모든 사건의 역사성에 종지부를 찍는 진정한 해결이다. 유태인들을 화장터나 가스실로 다시 들어가게 하는 것이 아니고, 소리와 이미지의 테이프에, 기독교적 화면에, 소형 정보처리기로 다시 통과시킨다. 망각, 근절은 이리하여 마침내 그의 미학적 차원에 도달한다. 망각은 여기서 마침내 대중적 차원에까지 올려지고, 복고 속에서 완성된다.

죄의식의, 부끄러운 잠재태의, 말해지지 않는 것의 형태 하에 여전히 망각으로 남아 있는 역사적이고 사회적인 차원의 것은 더 이상 존재하지 않는다. 왜냐하면 차후로는 〈모든 사람들이 알고〉, 학살 앞에서 전율하고 울었기 때문이다. 〈이것〉이 다시 일어나지 않을 것이라는 확실한 기호. 그러나 이렇게 싸게, 몇 방울의 눈물로 축출해 버린 것은 사실상 결코 다시 일어나지는 않을 것이다. 그 이유는 이것은 이미 줄곧, 현재, 다시 일어나고 있는 중이기 때문이다. 그리고 정확히 말하여, 이 학살을 비난한다고 하는 형태 자체 속에서, 소위 축출한다고 하는 중간매체 자체, 텔레비전의 형태 속에서 다시 일어나고 있는 중이기 때문이다. [73]아우슈비츠와 동일한 망각, 제거, 학살의 진행, 동일한 기억과 역사의 근절, 동일한 그러나 반대 방향의 함열적인 방사, 동일한 메아리 없는 흡수, 동일한 블랙홀이다. TV가 포착한 집단 의식을 방사하여, 아우슈비츠의 저당을 풀어줄 것이라고 사람들은 우리로 하여금 믿게 하려 할 것이다. 그런데 사실 이는, 이번에는 더 이상 근절 장소의 후원이 아니고 저지하는 중간매체의 후원 하에서, 이 학살을 다른 종으로 영구화하는 것이다.

아무도 믿고 싶지 않은 것, 이것은 바로 「홀로코스트」가 우선 (그리고 예외적으로) 텔레비전화한 사건, 혹은 대상이라는 것이다(잊지 말아야 할, 맥루한의 기본적인 규칙). 텔레비전으로 방영되었다는 사실이 중요한 까닭은, 이어서 다른 형태로 (냉전 등을 포함하여) 다시 전개될 시스템, 즉 학살과 저지의 재냉각 시스템인 나찌가 벌인 최초의 가장 커다란 사건, 비극적이지만 싸늘한 역사적 사건을(비극적이고 역사적이기에 뜨거워야 하지만 싸늘한 사건 : 역자) 텔레비전을 통해서 다시 뜨겁게 하려고 시도하기 때문이다. 이 사건을 싸늘한 매체인 텔레비전을 통하여 다시 뜨겁게 하는 것은 싸늘한 대중들을 연루시킨다(유태인 자신들도 자신들의 죽음에 의하여 더욱더 연루되어 있다. 잠정적으로는 그들 죽음을 자율 관리함으로서, 가장 역사와 실재에 반란적인 : 그래서 죽음까지도 저지된, 죽지도 못하도록 저지된 싸늘한 대중이다). 그리고 싸늘한 대중들 자신을 위한 것으로, 그들은 거기서 말초적인 전율만을, 사후적인 감동만을 느낄 기회를 갖게 될 것이고, 이 전율 역시 저지적인 것으로 대중들을 비극에 대한 일종의 아름다운 미학적 의식과 함께 망

---

73) Auschwitz(폴란드어로는 Oswiecim) : 1940-1945년 동안 나찌에 의해 경영된 가장 커다란 유태인 수용소 중의 하나. 약 400만의 유태인이 여기서 학살되었다. [역주]

각 속으로 부어 넣을 것이다.

이 모든 것을 다시 데우기 위하여는, 도처에서 이 사건에 (여기서는 역사적이 아니라 텔레비전으로 방영된 사건) 의미를 다시 돌려주기 위하여 동원된 정치적 교육적인 이 모든 과도한 합주가 역부족이었다. 어린이들과 다른 사람들의 상상 속에서 이 방영이 형성할 가능한 결과들에 대해서 공포스러운 협박을 해댔다. 모든 교육자들과 사회운동가들이, 마치 이러한 인위적 부활 속에 독이라도 있는 듯이, 문제를 걸러내기 위하여 동원되었다. 위험은 차라리 반대 방향이었다. 차가운 것으로부터 차가운 것으로 향한, 즉 차가운 체계들, 특히 TV에 대한 사회적 무감각이 그렇다. 그 결과 사회적인 것을 다시 뜨겁게 하기 위하여, 토론을 다시 불붙이기 위하여, 따라서, 학살의 냉담한 괴물로부터 시작하여 사회성과 의미의 기본조건인 의사소통을 하기 위하여는 모든 사람들을 동원하여야만 하였다. 사람들은 문제의식, 投與, 역사, 말이 결핍되었다. 이것이 바로 근본적인 문제이다. 따라서 목표는 이것들을 어떤 대가를 치르더라도 생산하는 것이다, 이 방영은 다음 목적으로는 좋은 것이었다. 이를테면 사회적인 것의 죽은 신체를 다시 데우기 위하여 죽은 사건으로부터 인위적인 열을 뺏는다는 것 말이다. 그로부터 피이드-백에 의한 효과를 더 강하게 하기 위하여, 대중매체의 부차적 첨가가 이뤄진다 : 방영의 대중적 효과, 메시지의 집단적 충격을 뒷받침해 주는 즉각적인 여론조사. 그런데 이 여론조사란 잘 알다시피 대중매체 자신의 텔레비전적인 성공만을 확인할 따름이다. 그러나 이러한 혼동은 결코 제거되어서는 안 된다.

이제 텔레비전의 차가운 빛에 대해서 말해야 할 것이다. 왜 텔레비전의 차가운 빛이 (어린이들의 상상도 포함하여) 상상에 아무런 영향도 미치지 못했나 하는 것은 이 빛이 더 이상 어떠한 상상세계도 운반하지 않는다는 이유, 그리고 이것이 더 이상 이미지가 아니라는 간단한 이유 때문이다. [74]텔레비전을 여전히 강도 높은 상상세계를 가지고 있는(그러나 점점 덜, 왜냐하면 더욱더 텔레비전에 의해 오염되므로) 영화에 대립시키자. 왜냐하면 영화는 여전히 이미지이기 때문에. 즉 영화는 단순한 화면과 시각적 형태일 뿐만 아니라 하나의 신화이다. 복사, 환상, 거울, 꿈 등의 성격을 아직도 띠고 있는 것이다. 〈텔레비전의〉 이미지에는 이러한 것이 아무것도 없다. 그것은 아무것도 환기하지 않고, 단지 화면만을 자화하고, 하나의 화면일 따름이거나, 그것조차도 아니면 사실은 당신의 머릿속에 즉각적으로 축소된 말단부이다. 당신이 화면이고, 텔레비전이 당신을 바라보고 있다. 즉 당신 머리의 모든 신경절을 트랜지스터로 만들어서 그 속을 마치 자화된 테이프를 통과하듯이 통과한다. 그것은 하나의 테이프이지 이미지가 아니다.

차이나 신드롬

근본적인 문제는 텔레비전과 정보의 層理에 있다. 유태인 학살이 「홀로코스트」라는 텔레비전화된 사건 뒤에서 사라져 버렸듯이, 텔레비전 수상기라는 매체가 그를 통해서 축출할 수 있다고 믿었었던 싸늘한 학살 시스템을 간단히 대체하고

---

74) TV는 사건이나 사실을 그대로 복사하고 재생하기 때문에 실제와 똑같아서 의미가 괴지 않은 투명한 시뮬라크르이지만, 영화에서는 현실을 의미에 따라서 각색하여 현실과 거리가 있는 이미지이다. [역주]

말았다. 마찬가지로 「차이나 신드롬」도, 텔레비전화한 사건이, 가능성도 없어 보이고 어떤 점에서는 상상적으로만 남아 있는 핵사건보다 우위에 있음을 보여주는 좋은 예이다.

이 영화는 우연하게도 그것을 보여준다. 텔레비전이 사건이 터진 거기에 있도록 한 것은 우연의 일치만은 아니다. (75핵 발전소에 TV가 침입한 그 사건이 바로 핵사고와 같은 것이 터지도록 한 것이다. 왜냐하면 TV의 침입은 사건의 예고와 같은 것이고, 일상적 생활에서는 모델이기 때문이다. 실재와 실제세계의 텔레 분열인 것이다. 일반적으로 TV와 정보는 르네 통 René Thom의 형태학적이고 위상학적인 의미에서 즉 어떤 시스템 전체의 근본적인 질적 변화라는 의미에서 하나의 비극형태이기에 그렇다. 또는 차라리 TV와 핵은 같은 성격의 것이다. 에너지에 대한 〈뜨거운〉 개념과 (76정보를 확실도

---

75) TV는 현실을 시뮬라크르로 만드는 기능이 있다. 즉 TV는 일종의 바이러스 혹은 시뮬라시옹의 핵으로서 다른 것들을 시뮬라크르와 같은 것으로 변모시킨다. 가까운 것은 같아진다는 환유 규칙에 따라 TV가 가까이 있다는 사실만으로 주변이 TV화된다. 이러한 핵반응적인 연쇄반응은 실제 세계와 가상적으로 만든 가공의 세계와의 관계에서도 흔히 일어난다. 어떤 사건을 가공적인 시나리오로 꾸몄을 때 실제에서 그와 거의 같은 일이 발생하는 것을 우리는 흔히 관찰할 수 있다. 혹은 대중매체에 실린 어떤 거대한 사건은 잠시 후에 다시 그와 거의 유사한 사건을 불러일으킨다. 하나의 모델이 있으면 나머지는 이상하게도 그 모델화되어 간다. 이것은 또한 유행의 매커니즘이기도 하다. [역주]

76) entropie : 열역학에서는, 한 시스템의 에너지 도수가 떨어지는 것을 가늠할 수 있도록 해주는 크기. 한 시스템의 entropie는 그의 무질서도를 특징짓는다. 정보통신학에서는 각 신호의 출현에 대해 사람들이 느끼는 불확실도.
　néguentropie:부정 entropie, néguentropie의 크기의 변화는 entropie 크기와 반대이다. 제레미 리프킨의 『엔트로피의 법칙』을 참조하기 바람. 최현 옮김, 범우사, 1983. [역주]

라고 믿는 개념에서 생각하는 것과는 달리 그들은 차가운 시스템들이 가진 똑같은 저지 힘을 갖는다. TV도 역시 연쇄적이지만 함열적인 핵반응 과정이다. TV는 사건들의 의미와 에너지를 차갑게 하고 중화시킨다. 마찬가지로 핵도, 그의 추정적인 폭발위험, 즉 뜨거운 대재난 뒤에는 길다란 차가운 대재난을, 저지 시스템의 보편화를 숨기고 있다.

영화의 끝에 가서도 여전히, 신문과 TV의 두번째의 대거 침입이 극적 사건, 즉 강력범죄 대비조에 의한 기술과장의 살해를 유발한다. 이것은 일어나지 않을 핵재난을 대체하는 극적 사건이다.

핵과 텔레비전의 동등성은 이미지 위에서 직접 읽혀진다. TV 스튜디오만큼이나 핵발전소의 통제 및 원격조정 장치의 심장부에는 닮은 것이 없다. 그리고 핵발전소의 정보 송수신 장치도 TV의 정보기록 및 전파발송 스튜디오와 똑같은 상상 속에서 서로 섞인다. 따라서 모든 것이 이 두 극점들 사이에서 일어난다. 원칙적으로 이 사건의 진짜 심장부인 원자로라는 다른 〈심장부〉에 대해서 우리는 아무것도 알 수 없다. 이부분은 실재와 같은 것으로서, 깊이 파묻혀 읽혀질 수 없다. 그리고 근본적으로 영화 속에서는 중요성이 없다(사람들이 곧 재난이 일어날 그 부분을 우리에게 환기시키려 할 때, 이 일은 상상의 평면에서는 안 된다. 극적 사건은 화면 위에서 연출되지 다른 어디서도 아니다).

[77]〈하리스버어그〉〈워터게이트〉〈네트워크〉, 이들은 〈차이나 신드롬〉의 3부작이다. 어떤 것이 다른 것의 효과 혹은 징후인지 더 이상 알 수 없는 복잡하게 얽힌 3부작인 것이다.

---

77) 이 영화가 나오자 곧이어 Three Miles Island의 원자력 발전소에서 일어난 사건. [역주]

이데올로기적인 논쟁(워터게이트 효과)은 핵사건(하리스버어그 효과)의 징후 혹은 정보모델(네트워크 효과)의 징후일 따름인가? 실재(하리스버어그)는 상상세계(네트워크와 차이나 신드롬)의 징후 혹은 그 반대인가? 감탄할 만한 비구분, 시뮬라시옹의 이상적인 접합이다. 따라서 이 「차이나 신드롬」은 아주 훌륭한 제목이다. 왜냐하면 징후들이 되돌아오고 이 징후들이 동일한 과정 속으로 집중함으로 하여 우리가 아주 정확히 증후군이라고 부르는 것을 형성한다. 증후군이 중국적이라는 것 또한 고역과 고통의 시적이고 정신적인 향기를 더한다.

「차이나 신드롬」과 하리스버어그의 강박적인 접합, 그러나 이 모든 것은 비의지적인 것인가? 시뮬라크르와 실재 사이의 마술적인 연결을 계산하지 않더라도, 이 증후군이 하리스버어그의 〈실제〉 사건에 전혀 낯선 것은 아니라는 것이 명백하다, 이는 인과의 논리에 의한 것이 아니고, 실재를 모델들과 시뮬라크르들에 연결하는 전염과 유사성의 관계에 의한 것이다. 영화 속에서 TV에 의한 핵사건의 유발에 대해, 불안케 하는 명백성으로, 하리스버어그 핵사건의 영화에 의한 유발이 대답한다. 우리 앞에서 일어난 가장 놀랄 만한, 영화로부터 실재로의 이상한 자전 précession인 것이다. 대재난의 정지적이고 미완성적인 성격까지도 포함하여(핵폭발이 영화에서나 실제에서도 일어나지는 않았다는 말이다 : 역자), 실재는 시뮬라크르에 하나하나 대답한다. 그런데 이것은 저지의 관점에서는 본질적인 것이다. 대재난적인 시뮬라시옹을 생산하기 위하여 실재는 영화의 이미지에 따라 정돈된다.

그에 따라, 우리의 논리를 뒤집고, 그래서 차이나 신드롬 속에서 진짜 사건을 보고 하리스버어그에서 시뮬라크르를 보기 위하여는, 가볍게 한발짝만 넘으면 된다. 왜냐하면 영화에서 핵의 사실성이 텔레비전 효과로부터 유래된 것과, 하리스버어그가 〈현실성〉 속에서는 「차이나 신드롬」이라는 영화에서 유래한다는 것은 동일한 논리에 의한 것이기 때문이다.

그러나 「차이나 신드롬」 또한 하리스버어그의 본래 원형은 아니다. 하나가 실재이고 다른 것은 그의 시뮬라크르가 아니다. 시뮬라크르들만이 있다. 그리고 하리스버어그는 제2단계의 시뮬라크르이다. 그러니까 어딘가에 연쇄반응이 있고, 우리는 아마도 그것 때문에 죽을 것이다. 그러나 이 연쇄반응은 결코 핵 연쇄반응이 아니고, 시뮬라시옹과 시뮬라크르들의 연쇄반응이다. 이 연쇄반응 속에서 실재의 모든 에너지는 화려한 장관을 보이는 핵폭발 속으로가 아니라 비밀스럽고 지속적인 함열 속으로 실제로 빨려 들어간다. 이 연쇄반응은 오늘날 우리를 현혹한 모든 폭발들보다도 훨씬 치명적이다.

왜냐하면 폭발은 항상 하나의 약속이고, 우리의 희망이다. 하리스버어그에서와 같이 영화에서도 사람들이 얼마나 그것이 폭발하기를 기다리는지 보라. 파괴가 자신의 이름을 말함으로서, 너무 무서워 이름조차 정해 줄 수 없는 이 저지의 공포로부터, 파괴가 핵이라는 보이지 않는 형태 아래에서 행사하는 저지의 공포로부터 우리를 떼어내 주기를 기다리는지 보라. 원자로의 〈심장부〉가 마침내 그의 따뜻한 파괴의 힘을 나타내 보여주고, 비록 그것이 대파멸적인 것이라 하여도 에너지의 현존에 대하여 우리를 안심시켜 주기를, 그의 장관으로 우리를 만족시켜 주기를 기다린다. 왜냐하면 불행은, 핵의, 그 자체로서의 핵 에너지의 장관이 없다는 것이다(히로시마, 이건 끝났다). 그렇기 때문에 에너지는 거부된다. 만약 에너지가 그전 에너지의 형태들처럼 장관을 제공해 줄 수가 있다면 에너지는 완전히 받아들여질 것이다. 이는 대파국의 재림 : 우리의 메시아적인 무의식 충동의 실체적 영양물이기에 그렇다.

그러나 정말 그것은 더 이상 와주지 않을 것이다. 오게 될 것은 결코 폭발이 아니라 함열일 것이다. 장려하고 비장한 형태의 에너지는 결코 다시는 없으며, 그렇게도 많은 매력을 가졌으며 동시에 혁명의 매력이었던 폭발의 모든 낭만주의, 그러나 정보의 싸늘한 시스템 속에서 시뮬라크르의 싸늘한 에너지와 이 에너지를 유사요법적인 분량으로 방울방울 떨어뜨림만이 남는다.

  대중매체들은 그들의 존재로 하여 사건을 자극하는 외에 다른 무엇을 꿈꾸겠는가? 모든 사람들이 이것을 개탄한다. 그러나 모든 사람들은 내밀하게는 이 잠재성에 의하여 미혹된다. 이것이 바로 시뮬라크르들의 논리이다. 더 이상 신적인 미리 운명지어짐이 아니고, 모델들의 자전이며 또한 가차없는 것이다. 그 때문에 사건들은 더 이상 의미가 없다. 이는 사건들이 자체로서 의미가 없어서가 아니라, 모델에 의해 미리 선행되어 있고, 사건들의 진행은 이 모델과 정확히 일치할 따름이기 때문이다. 프랑스 전기공사가 기자들에게 방문을 허용했을 때, 대중매체의 유발적인 참석, 즉 마술적인 눈과 연결된 사고가 발생하고, 「차이나 신드롬」의 시나리오가 페스넹 Fessenheim에서 반복되었다면 아주 멋졌을 것이다. 애석히도 아무 일도 일어나지 않았다. 아니 그래도 뭔가 일어났다! 시뮬라크르들의 논리는 이렇게 강하다. 일주일 후에 조합은 원자력 발전소에서 결함들을 발견하였다. 전염의 기적, 유사적 연쇄반응의 기적!

  따라서 이 영화의 본질적인 것은, 결코 제인 폰다 그 개인에 있어서 워터게이트 효과도 아니고, 핵의 나쁜 점들을 밝혀내는 TV도 아니며, 반대로 쌍둥이 궤도로서, 핵반응과 쌍둥이인 연쇄반응으로서 TV이다. 게다가 맨 마지막에——여기서도 이 영화는 자신의 논증을 위하여는 가차가 없다——제인 폰다가 생중계로 진실을 터뜨릴 때(극대의 워터게이트 효과), 그녀의 이미지는 취소할 수도 없이 그 뒤를 이어 화면 위에 놓여지고 그를 지워버릴 이미지인 그렇고 그런 광고 플래시와 나란히 놓여진다. 네트워크 효과는 워터게이트 효과보다 월등히 우세하고, 하리스버그 효과 속에서, 즉 핵적인 위기가 아니라 핵적 재난의 시뮬라시옹 속에서 신비롭게 만개한다.

따라서 효율적으로 힘을 행사하는 것은 시뮬라시옹이지 결코 실재가 아니다. 핵적 재난의 시뮬라시옹은 총칭적이고 보편적인 저지 기획의 전략적 원동력이다. 이것은 국민들을 절대적 안전의 이데올로기와 규율 아래, 그리고 핵분열과 핵결합의 형이상학 아래 길들인다. 그러려면 결함은 허구이어야만 한다. 실제의 대재난은 일을 늦출 것이고, 폭발적인 유형의 퇴보적인 사건을 만들 것이다. (일의 진행에는 아무것도 변화시키지 않는다. 히로시마가 저지의 보편적 진행을 저지하거나, 눈에 띄게 늦추었는가?)

이 영화 안에서도 실제 사고가 나면, 이 영화를 퇴보적인 대재난 영화의 수준으로 떨어뜨리는 좋지 않은 논증이 될 것이다. 일들을 그들의 순수한 사건으로 되돌려 보내기 때문에 이 논증은 설득력이 약하다. 「차이나 신드롬」은 그 힘을 대재난의 여과에서, 정보의 어디나 존재하는 헤르츠 중계를 통하여 핵망령을 방울방울 떨어뜨림으로 하여 그 힘을 찾는다. 이 영화는 우리에게 (또한 자신이 원하지도 않게) 핵재난은 일어나지 않았으며, 냉전초기의 핵충돌에서는 말할 것도 없고 실재상에서도 핵재난이란 일어나기 위하여 만들어진 것이 아님을 가르쳐준다. 공포의 균형은 핵충돌을 영원히 정지시킨 위에 세워져 있다. 원폭과 핵은 저지의 목적으로 살포되기 위하여 만들어진다. 대재난의 힘은 야만스럽게 폭발하는 대신에, 정보의 연속적인 그물 속에서 유사요법적인, 분자적인 양으로 살포되어야 한다. 여기에 진짜 전염이 있다. 전혀 생물학적이고 방사선적인 오염이 아니라, 대재난의 정신적 전략에 의한 정신적인 탈구조이다.

자세히 들여다보면 이 영화는 우리를 그곳으로 유도하고, 더 멀리는 우리에게 워터게이트가 가르쳐준 것과는 정반대의 것을 가르쳐준다. 만약 오늘날의 전략이 대재난의 정지와 영원한 시뮬라시옹에 연결된 저지와 정신적인 공포라면, 이러한 시나리오에 일시적으로나마 대처할 유일한 수단은 대재난이 오도록 하는 것, 실제의 대재난을 생산하거나 재생산하는 것이다. 이것은 때때로 대자연이 봉사하는 것이다. 영감이 고취된 순간에, 신은 대이변을 통해서, 그 속에 인간들이 스스로 간힌 공포의 균형 매듭을 풀어준다. 더 가까이는, 테러리즘이 여기에 봉사한다. 안전의 눈에 보이지 않는 폭력에 대항하여, 실제적인, 만질 수 있는 폭력이 솟아나게 한다. 고로 여기에 테러리즘의 모호성이 있다.

Apocalypse now(세계의 종말 지금)

　코폴라 Coppola는 마치 미국인들이 전쟁을 하던 식으로 영화를 만든다. 이런 의미에서 그는 가능한 가장 좋은 증언자이다. 동일한 과도함, 동일한 수단의 과다, 동일한 괴물 같은 천진성…… 그리고 동일한 성공. 환각 같은, 기술적이고 환각적인 공상과 같은 전쟁, 특이 효과들의 연속과도 같은 전쟁, 촬영되기 이전의 영화가 된 전쟁, 이러한 전쟁은 기술적 시험 속에서 폐지된다. 그리고 미국인들에게 전쟁은 우선 이런 것이었다. 일종의 시험대, 즉 그들의 무기와, 방법과 힘을 시험해 보는 거대한 영역이었다.

　코폴라도 똑같이 한다. 영화 개입의 힘을 시험하고, 특이 효과들의 과도한 기계류가 된 영화의 충격을 시험한다. 이런 의미에서 그의 영화는 아무튼 다른 수단에 의한 전쟁의 연장이고 이 끝나지 않은 전쟁의 완성이며 그의 종말이다. 전쟁은 영화가 되었고 영화는 전쟁이 된다. 둘은 기술 속에서 공통의 심정을 토로하며 하나가 된다.

　진짜 전쟁은 웨스트모어랜드 Westmoreland에 의해서처럼 코폴라에 의해서도 행해졌다. 베트남의 지옥과 같은 모습을 다시 만들기 위하여 필리핀의 숲과 마을을 네이팜 탄으로 쓸어버리는 천재적인 아이러니는 계산할 것도 없고, 영화에 의해 모든 것을 다시 취해서 모든 것을 다시 한다. 촬영의 잔인하고 터무니없는 즐거움, 수십억 달러나 되는 장비들의 불태움과 많은 돌발사건들의 희생적 즐거움, 그리고 처음부터 이 영화를 세계적이며 역사적인 사건으로서 생각하였던 명백한 편집증이 그렇다. 이 사건 속에서는 그리고 창조자의 정신 속에서는 베트남 전쟁은 지금 이 영화로 된 것이었을 따름이고 결국 근본적으로는 존재하지도 않았을 것이다. 그리고 우리는 이렇게 믿어야만 한다. 베트남 전쟁은 아마도 〈그 자체로서는〉 결코 일어나지 않았을 것이라고. 이것은 하나의 꿈, 네이팜 탄과 열대의 이상한 꿈이다. 승리나 정치를 그 목적으로 가지고 있던 것이 아니라, 그 전개중에 이미 스스로를 영화화하고, 이 전쟁의 집단연출 효과를 완성해 줄 어떤 초대형 영화로 봉헌되어 지기만을 기다리고 있던 어떤 힘, 즉 과도하고 제물바치기적인 전개를 목적으로 하던 열대정신병의 꿈이다.

전쟁에 대하여 어떠한 실제적 거리도, 어떠한 비평적 의미도, 어떠한 〈의식 포착〉의 의지도 없다. 어떤 점에서는 이것이 바로 이 영화의 무지막지한 장점이다. 전쟁에 대한 도덕적 심리에 의해 부패되지 않는다는 것 말이다. 코폴라는 헬리콥터 조종사들에게 경기병대의 모자를 씌워, 바그너의 힘찬 음악에 맞춰 베트남 촌을 뭉개버리도록 할 수 있다──그러나 이것은 비평이라는 의미에서 거리를 둔 기호들이 아니라, 기계류 속에 잠기는 것으로, 이는 특이한 효과에 속한다. 이 효과 자체도 똑같은 과대복고증과 함께, 똑같은 의미 없는 발광과 함께, 거대 허수아비처럼 과도증폭된 효과와 함께, 같은 방식으로 영화를 만든다. 그러나, 바로 이 점이 우리에게 충격을 주며 당혹스럽게 하는 것이다. 그럼 사람들은 자문하리

라. 어떻게 그런 공포가 가능하지? (엄밀히 말하여 전쟁의 공포가 아니라 영화의 공포?) 그러나 대답은 없다. 거기에 대한 가능한 판단도 없다. 그리고는 이 괴물 같은 것에 대하여 기뻐 날뛸 수조차 있다(정확히 바그너에 대해서처럼). 그렇지만 사람들은 아주 조그만 생각을 가질 수 있다. 이 생각은 심술 궂은 것도 아니며 가치 판단도 아니지만, 당신에게 베트남 전쟁과 이 영화는 동일한 재료로 재단되었고, 아무것도 이 둘을 가를 수 없으며 이 영화는 전쟁의 일부분이라는 것을 말해 준다——비록 미국인들이 (외면상으로는) 실제 전쟁에서 졌지만, 그들은 확실히 이 전쟁을 이겼다. 「아포칼립스 나우」는 전세계적 승리이다. 산업적, 군사적 기계들의 힘과 동등하고 우월한, 펜타곤과 정부들의 힘과 동등하거나 우월한 힘 때문에.

단번에 이 영화는 관심을 끄는 것이 된다. 이 영화는 회고적으로(왜냐하면 이 영화는 끝나지 않은 이 전쟁의 한 국면이기 때문에 회고적이 아니기조차 한다), 이 전쟁의, 벌써 광기가 탈진한 후의 모습과 비이성적인 모습을 밝혀준다. 미국인들과 베트남인들은 이미 화해하였고, 적대가 끝나자마자 미국인들은 그들이 정글과 마을들을 근절시켰던 것과 똑같이, 그들이 오늘 영화를 만드는 것과 똑같이 경제원조를 제공하였다. 더 이상 이데올로기적이거나 도덕적인 선악의 비구분이 아니라, 파괴와 생산의 회귀성에 의한 비구분, 그의 혁명 속에 어떤 일이 이미 내재하는 비구분, 융단폭격에서 영화필름에 이르기까지 모든 기술적인 것들의 유기체적 신진대사에 의한 비구분을 포착하지 못했다면 이 전쟁과 영화에서 아무것도 이해하지 못한 것이다.

⁽⁷⁸보부르 효과 : 함열과 저지

　　보부르 효과, 보부르 기계, 보부르 사물——어떻게 보부르
에게 이름을 붙여줄까? 흐름과 기호로, 그물망과 순환으로
된 이 뼈대물의 수수께끼는 더 이상 이름이 없는 어떤 구조를
번역하는 데 있어서의 궁극적 망설임을 일으킨다. 이 망설임
은 표면에서는 환기장치에(활발함, 자동관리, 정보, 중간매체),
깊은 곳에서는 돌이킬 수 없는 함열에 내맡겨진 사회관계들을
번역하는 데 있어서의 궁극적 망설임과 동일하다. 총체적 시
뮬라시옹의 유희를 위한 기념비로써 이 연구소는 모든 문화적
에너지를 흡수하고 삼켜버리는 燒却爐처럼 기능한다. 다소는
2001년의 검은 거석기념비처럼 말이다. 이곳에서 물질화되고,
흡수되고, 절멸되기 위하여 오는 모든 내용물들이 괴상망측하

---

78) Beaubourg : 파리 중심부 레 알 Les Halles에 위치한 공간으로
　　여기에 죠르쥬 퐁피두 국립문화예술관 Centre national d'art et de
　　culture G. Pompidou이 있다. 이 속에 현대예술박물관, 시청각 연
　　구소, 필름보관소, 연극장, 독서실, 산업창조소가 있다(1977년 1월
　　31일 개관). 일반적으로 이 문화예술관을 그냥 보부르라 부르기도
　　한다. 최신의 건축양식은, 곁에서 보면, 수많은 관을 얽어 놓은 듯
　　하여, 마치 짓다 만 건물이나 공장처럼 앙상해 보인다. [역주]

게 대류하는 현상인 것이다.

이 곳의 모든 것은 얼음장처럼 평평할 따름이다. 이를 예증하는 것은 깨끗이 갈고 닦음, 소독, 속물적이고 위생학적인 디자인 등이다. 그러나 특히 정신적으로 보부르는 공허를 만드는 공간이다. 약간은 원자력 발전소처럼 말이다. 원자력 발전소의 진짜 위험은 불안전, 오염, 폭발이 아니고, 발전소를 중심으로 방사되는 극대의 안전 시스템, 모든 영토 안에서 더욱더 밀집하여 펼쳐지는 통제와 저지의 얼음장처럼 평평한 면, 기술적인, 환경 보호론적인, 경제적인, 지정학적인 평면이다. 핵이 중요한 이유는 이렇다. 원자력 발전소는 그로부터 절대 안전의 모델이 세공되는 원틀이며, 이는 사회의 모든 영역에서 일반화될 것이며, 깊은 의미로는 저지의 모델이기 때문이다(핵위협 시뮬라시옹의 그늘과 평화공존의 그늘 아래서 세계적으로 우리를 지배하는 모델과 동일한 것이다).

동일한 모델이 모든 비율을 유지하며 이 연구소에서도 제공된다. 문화 핵분열, 정치적 저지 등이 그렇다.

그런데 유동체들의 순환이 종류에 따라 불규칙하다. 환기장치, 냉방 시설, 전기망들 등의 〈전통적인〉 유체들은 거기서 아주 잘 순환한다. 벌써 인간 물결의 순환은 덜 잘 보장된다(플라스틱 통 속에서 구르는 계단으로 된 해묵은 해결책, 그런데 내가 안다면, 인간들도 바람 같은 것으로 확 빨려지고 뒤에서는 추진되어야 할 것이다. 바로 이 정도의 유동성이, 이 뼈대물에 독특한, 유체들의 기이하고 율동적인 바로크 무대 같은 극장 이미지에 어울릴 것이다). 작품들, 물건들, 책들과 같은 것들에 대해서 말하자면, 그리고 이른바 〈복수가치적인〉 내부공간에 대해서 말하자면, 이건 전혀 순환하지 않는다. 안으로 박히면 박힐수록, 덜 순환한다. 이것은 루와씨 Roissy에 있는 샤를르 드 골 공항과는 반대이다. 비행기 탑승점인 〈위성들〉을 향하여 방사선적으로 퍼져 있는 〈우주공간적〉 미래주의 디자인으로 된 중앙으로부터 밖으로 나갈수록 결국에는 아주 평범하게 전통적인 비행기에 이른다. 그러나 겉과 속의 불일치는 마찬가지이다(다른 유동체인 돈은 어떠한가? 그의 순환양식, 표면과 심층부의 이질양식, 보부르에서처럼 움직임의 급격한 감소양식은 어떠한가?).

사적인 노동공간이 없이 〈복수가치적인〉 공간에 배치된 직원의 행동에서까지도 똑같은 모순이 있다. 서서 돌아다닐 때 사람들은 〈현대적〉 공간의 〈구조〉에 적응하여 서늘한, 더 부드러운, 아주 현대적 기능에 맞는 미적인 행위를 연출한다. 그 구석이 꼭 하나만은 아니지만, 자기들 구석에 앉아서는, 그들은 어떤 인위적인 고독 같은 것을 분비하며 자신들의 개인적 〈밀폐공간〉을 다시 만드는 데 진력한다. 여기서도 역시 저지의 훌륭한 전략이 있다. 사람들은 그들이 모든 에너지를 이러한 개인적인 방어에 소비한다고 비난한다. 희한하게도 이런 동일한 모순을 보부르의 사물에서도 발견할 수 있다. 유동적이고 불안하게 변하며 차갑고 현대적인 외부와 낡은 가치들 위에서 수축경련하는 내부가 그렇다.

속까지 투명한, 복수가치적이고, 상호합의적인, 서로 이웃하는 이데올로기와 연접되나, 안전에 대한 협박에 의해 제재된 이러한 저지의 공간은 오늘날 잠정적으로 모든 사회관계의 공간이다. 모든 사회적 담론이 거기 있다. 그리고 문화취급 면에서와 마찬가지로 사회관계의 면에서도 보부르는 밖으로 내건 목표들과는 완전히 모순이기 때문에 우리 현대성의 천재적인 기념물이다. 이 모순적 생각이 혁명적 정신의 소유자에게서 오지 않고, 기성질서의 논리학자들에게서 이 생각이 왔다는 것을 생각하면 다행이다. 이 논리학자들은 비평적 정신도 없고 그 때문에 진실과 훨씬 가까운 사람들이다. 그들의 고집 속에서, 근본적으로 통제불능의 어떤 기계가, 성공하면서 그들을 빠져나가는 기계가, 그 모순에서까지도 현재 일의 모순된 상태를 정확히 반영하는 기계가 설치되었다.

물론 보부르의 모든 문화적 내용물들은 시대 착오적인 것들이다. 왜냐하면 이러한 건축의 겉봉투에는 내부의 공허함밖에는 상응하는 것이 없을 것이기 때문이다. 일반적 인상은, 여기 모든 것은 이미 철 지난 혼수상태에 있고, 모든 것은 활기를 원하며, 모든 것은 재생의 활기일 따름이며, 이 같은 것은 바로 문화가 죽었기 때문이라는 것이다. 이러한 죽음을 당당하게 받아들이고, 그 당시 에펠 탑의 남근적인 허무함과 등가인 기념물 혹은 반-기념물을 세워야 하는데도 불구하고, 보부르는 감탄할 만큼, 그러나 부끄럽게도 이 죽은 문화를 다시 살려 서술한다. 완전히 토막토막 끊긴 기념물, 파생실재의 기념물, 문화적 함열의 기념물, 이는 사실 오늘날 거대한 급속 절단이 항상 노리고 있는 변환회로로 만들어진 문화이다.

보부르는 이미 [79]쎄자르식의 압축이다. 이미 자기자신의

---

79) César(César Baldaccini) : 프랑스 조각가, 마르세이유 태생 (1921), 1952년에 금속 조각에 접근하여, 환상적인 동물이나 인물을 표현주의적인 격렬한 방식으로 만들었다. 1960년에 그의 첫번째 자동차 「압축들」을 선보였다. 여기에서 산업문명이 제공한 재료들의 조소적인 질감과 표현적인 가능성을 보여주었다. 1960년에 신사실주의 운동에 가입하고, 1967년에는 플라스틱으로 된 거대한 크기의 인간 흔적들을 만들었으며(「엄지손가락」, 「젖가슴」), 폴리우레탄(합성섬유, 합성고무의 원료) 거품을 뿌려서 고형시키거나 주형으로 떠나오는 순간적인 「팽창들」을 제작하였다. 한편으로 조소의 신기법과 새로운 영역의 탐구로 특징되는 그의 시도는, 다른 한편으로는 현대 대중적 통신, 생산, 소비사회에서 대상과 인간과의 관계를 재조명한다. 그의 시도는 고차원적인 정신세계의 표현으로써 저차원적인 물질을 고려 대상에서 제외한 기하학적 추상화에 반대하고 아울러 과

무게에 의하여 으깨진 문화의 상인 이것은 마치 기하학적 고
체입체로 갑자기 굳어진 자동의 동체들과 비슷하다. 이러한
것으로서 쎄자르의 고물차들은 이상적인 사고로부터 다행히
구제된 것들이다. 이상적 사고란 더 이상 외적인 사고가 아니
라, 금속과 기계적인 구조에 내재한 사고로, 자동차들을 수많
은 이상적인 육면체적 쇳덩어리로 만들어버릴 사고로서, 이
쇳덩어리 속에서는, 파이프와 핸들과 기어, 그리고 차체와 금
속과 인간 살로 된 혼돈의 상태가 가능한 최소 공간으로 압축
된 기하학에 따라서 재단된다. [80]이처럼 보부르의 문화는 짓

학적 현상을 변형하고 숭상하며 이를 더 보편적이고 시적인 목적에
적용하려 하였던 소위 1920년대 이후의 모더니즘에 대한 비판을 의
미한다. 1960년대 유럽의 신사실주의나 미국의 팝-아트에 있어서 대
상은 그 자체의 목적으로 본질적인 것이 아니라, 우리가 그 대상에
접근하는 방식에 따라 그 본질을 달리한다. 즉 대상은 현대 현실 속
에서 독특한 방식으로 변모한다. Arman의 「축적」은 〈잉여〉 현상과
상통하고, Christo는 겉봉투가 사물 자체를 대신하는 현상을 의미하
였고, 여기 César의 압축된 자동차들은 현대사회 속에서 영원불변
이란 없으며, 모든 사물들이 마모되고 파괴됨을 말한다.
　다른 방식으로 현대의 사회-경제적인 문맥에 접근한 팝-아트에게
모더니즘은 자연적 현상으로 받아들여져, 근본적인 문제를 제기하지
않았지만, 팝-아트 예술가들은 때때로는 현대성의 부조리한 면을 포
착하였다. Claes Oldenburg는 미국 현대생활의 새로운 가치들을
거대한 과장적 이미지로 부각하여 이를 비하한다. 그는 음식물의 이
미지를 가지고, 〈크면 클수록 좋은 것이다〉라는 등식을 조롱하며,
또 그의 「위생학」은, 〈반짝거리면 반짝거릴수록 많은 부를 만들어준
다〉라고 생각하는 신귀족들의 속성 중의 하나인 깨끗함에 대한 풍자
이다. 그의 거대한 햄버거나 마분지로 만든 세면대는 고상한 재료로
고상한 주제를 표현하는 전통적인 조각개념에 대한 공격이다.
Georges Segal의 작품은 치유불가능하고 무서운 현대세계의 무의
미와 공허함을 표현한다.
　이 모든 것들은 예술을 위대성, 아름다움, 이상이 없는 일상 삶의
수준에 위치시키고자 하는 의지에 의해 자극된 것이다. [역주]
80) 여기서는 모더니즘의 한 속성인 전체와 부분의 관계에 대해서 언

이겨지고, 비틀리며, 잘려지고, 간단한 그 최소의 요소들로 압축된다. 공상과학의 기계와 같은 것처럼 응축되어, 신진대사 같은 불필요한 것은 없이 오직 전달만이 있는 다발이다.

그러나 아무튼 압축의 모습을 띤 이 뼈대물 속에서 모든 문화를 압축하고 깨뜨리는 대신에, 이 보부르에서는 쎄자르를 펼쳐 전시한다. 여기서는 [81]뒤뷔페와 반-문화를 전시한다, 그런데 이 반-문화의 거꾸로의 시뮬라시옹은 사망한 문화에 대한 참조물적인 것으로 사용된다. 기호들의 무의미한 일시적 작용성을 영구히 고착하는 무덤으로나 사용될 이 뼈대물 속에, 사람들은 다시 문화의 영속성의 기호하에 [82]텡글리의 일

급함이 좋겠다, 즉 한 부분은 전체를 대변할 수 있다는 라이프니쯔 단자론에 대한 원거리 호응으로써, 하나의 절대적, 기하학적 부분-모델은 동일 유형의 전체를, 더 나아가서 전체 사회와 문화를 대변한다. 그럼으로 최소로의 압착이 가능하다고 할 것이다. 쎄자르의 사고란 일그러지고 압착된 자동차는 이러한 현상에 대한 저항이다. 이때에 압착이라는 의미는 두 개의 모순적 의미를 함께 가지고 있다. 이상적 압착과 그를 파괴하는 또 다른 압착. 여기서 보부르의 압착은 아직 일차적 의미의 압착에 해당한다. [역주]

81) Jean Dubuffet (1901-1985) : 프랑스의 화가, 디자이너, 작가. 자발적 가치를 존중하여 존재 내부에서 일어나는 현상의 직접적인 투영을 시도하였다. 따라서 모든 세공된 예술에 반대하고, 내적 흔적, 우발적인 것을 표현할 초현실주의적인 자동기법에 호소하였다. 간결하고도 도식화된 성향 속에서 그의 표현주의는 괴상망측하고 익살스러운 것들이 풍부하며, 기묘한 풍자적 성격을 띤다. 1952-1957년의 일련의 작품에서, 그는 긁고 새기고 문지르는 수법과 재료들을 혼용하여, 나무껍질, 피부, 광물질, 땅, 직물, 벽 등처럼 여러 가지 모습을 동시에 주려 하였다. 의도적으로 불명확하게 그려진 이러한 이미지는 여러 가지를 환기할 수 있는 힘을 그가 지시할 대상들의 모호성 자체에서 얻는다. 그러므로 인식의 카테고리를 혼탁하게 하고, 문명이 보지 못했거나, 문명에 의해서는 구분되지 않을 대상과 상을 나타나게 하였다. [역주]

82) Jean Tinguely (1925) : 스위스의 조각가, 다양한 기계 부품, 쇳

시적이고 스스로 파괴되는 기계들을 다시 전시한다. 사람들은 이렇게 모든 전체를 중화한다. 텡글리는 박물관 제도 속에서 박제화되고, 보부르는 소위 예술적 내용물들을 어쩔 수 없이 수용한다.

[83]다행히도, 문화적인 가치들의 이 모든 시뮬라크르는 외적인 건축에 의하여 미리 제거된다. 왜냐하면, 그물망 같은 관들을 가지고, 국제전시회나 박람회건물 같은 모습을 한, 전통적인 모든 정신상태나 기념물의 성격을 저지하는 (계산된?) 연약성을 가진 이 외관은, 우리시대가 더 이상 지속의 시대가 아님을, 우리의 유일한 시간성은 가속된 순환과 재순환의 시간성임을, 유동체회로와 그 통과의 시간성임을 터놓고 선언한다. 근본적으로 우리의 유일한 문화는, 탄화수소와 석유 정제와 석유분해 증류의 그것으로서, 문화분자들을 잘게 부숴 그들을 종합적 산물로 재결합한다. 이것을 보부르-박물관은 감추려 하나, 보부르-뼈대물은 선언한다. 이것이 바로 이 뼈대

조각, 나무, 헝겊을 조립하여, 격렬하고 제멋대로 움직이는 기계를 만들었다. 이 움직임은 때로는 기계 자체를 파괴하기까지 한다(「뉴욕에게 바치는 경의」, 1960). 이 시기에 신사실주의에 가담하여 일시적인 현상들을 창조하는 경향을 보였다. 기존질서 전복적인 정신의 소유자로, 예술의 목적과 방법에 대해 조소적인 방식으로 문제제기를 하였다. 이러한 태도는 다다정신, 특히 뒤샹이나 피카비아에서 유래한 것으로, 예술창작의 유희적인 면을 부각시킨다. 그의 「미친 기계들」은 기술 문명에 대한 익살스러운 비평이며, 동시에 어떠한 실용적 기능도 가지고 있지 않다. 이 기계들은 공허히 움직이며, 신비하고 기괴하다고 할 것이다. 그들의 유일한 목적성은 급작스럽고 삐그덕거리는, 복잡하고 둔탁한 움직임을 생산하는 것이며, 그 예상밖의 효과는 전통적 예술개념을 거부하는 구성의 형식적 가능성과 표현적 힘을 보여준다. [역주]

83) 보부르의 문화적인 계획을 제거하는 또 다른 하나는 그것을 즐기러 몰려오는 대중 그 자체이다(이는 나중에 다시 다루겠다). [원주]

물의 심층적인 미를 이루는 것이고 내부공간들이 실패하도록 하는 것이다. 아무튼, 〈문화적 생산〉의 이데올로기 자체가 모든 문화에 반하는 것이다. 외부에 보이게 하는 이데올로기, 복수가치의 이데올로기도 문화에 반하는 것이다. 문화란 비밀과 유혹과 입문의, 그리고 제한되고 고도로 제례화된 상징적 교환의 장소이다. 여기서는 어떠한 것도 아무것도 할 수 없다. 대중들에게도 안됐지만 할 수 없고, 보부르에게도 안됐지만 할 수 없다.

그러면 보부르에는 무엇을 놓아야 했을까?
아무것도. 의미의 문화, 미학적 감정의 모든 문화가 사라졌음이나 의미했을 공허나 놓았어야 했다. 그러나 이것 역시 너무나 낭만적이고 애절하다. 이 공허도 여전히 반문화의 걸작으로 가치가 있을 수 있다.
어쩌면, 바닥에서는 군중들이 움직이고 있었을 공간을 빛으로 가르는 둥근 회전환등기 빛의 어지러운 난무?
사실, 보부르는, 그전 질서의 알리바이가 있어야만 시뮬라크르들의 질서가 유지된다는 사실을 잘 나타내 준다. 여기서, 흐름과 표면의 연결로 된 이 뼈대물은 깊숙함으로 된 전통적인 문화를 그 내용물로 가지고 있다. 그전 시뮬라크르들의 질서(의미의 질서)는 기호 표시소와 그 의미소의 구별, 용기와 그 내용물의 구별에 대해 더 이상 알지 못하는 차후의 질서에게 공허한 실체를 공급한다.
문제 : 〈보부르에 무엇을 놓았어야 했을까? 〉는 따라서 부조리하다. 안과 바깥이라는 위상적 구별이 더 이상 제기될 수 없을 것이기 때문에 이 질문에 대답할 수가 없다. 이것이 바로 우리의 진실, 뫼비우스의 진실, 틀림없이 실현 불가능한 유토피아이다. 그럼에도 보부르는, 그 모든 내용물들이 의미

거역적이고 미리 그 외적 용기에 의하여 제거되어 버림에 따라, 이 유토피아가 옳다 한다.

그래도, 그래도…… 보부르 속에 뭔가가 있어야 한다면, 그것은 미로적인 것, 무한히 조합적인 도서관, 도박이나 복권에 의해 운명을 아무렇게나 재배치하기가 되어야 할 것이다. 간단히 말해 보르헤스의 소설 세계, 또는 여전히 순환적인 잔해들, 서로가 서로에 의해 꿈꾸어지던 개인들의 감속 사슬연결(꿈의 디즈니랜드가 아니라 일종의 실용적 허구의 실험실) 말이다. 재현과는 다른 모든 과정들의 실험, 이를테면 빛의 꺾어짐, 함열, 감속, 사슬연결과 우연에 맡겨진 사슬해체──약간은 샌프란시스코의 엑스플로러텀이나 필립 딕 Philip Dick의 소설들 속에서처럼──한 마디로 생산과 의미의 문화가 아니라, 시뮬라시옹과 미혹의 문화, 이것이 바로 초라한 반문화가 아닌 것으로 제안될 수 있는 것이다. 이것이 가능할까? 여기서는 물론 아니다. 그러나 이 문화는 다른 곳에서, 도처에서, 어디서도 아닌 곳에서 이루어진다. 오늘부터는, 진정한 유일한 문화적 실행, 대중들의 실행, 우리의 실행은(더 이상 차이가 없다) 기호 조작적이고, 우연에 맡겨지고, 미로적인, 그리고 더 이상 의미가 없는 실행이다.

그렇지만 다른 방식으로는, 보부르 속에서 용기와 내용물 사이에 논리적 불일치가 있다는 것은 사실이 아니다. 만약에 공식적인 문화계획을 신뢰한다면 이 불일치가 있다는 것이 사실이다. 그러나 실제되어진 것은 이와는 정반대이다. 보부르는 기호들의 우연한 질서 속에서, 외면에 나타난 흐름과 관의 질서와 완전히 동질적인 (제3의) 시뮬라크르들의 질서 속에서는, 그 유명한 전통적 의미의 질서를 변환해 버리는 거대한 작업일 따름이다. 그래서 의미와 심층을 향해 대중들을 문명화시킨다는 반대 핑계하에, 이 기호문화적인 신질서에 대중을 길들이기 위해서 그들을 여기 초대한다.

따라서 이 공리로부터 출발하여야 한다 : 보부르는 문화의 저지적 기념물이다. 문화의 인간주의적인 허구를 구제하는 목적에나 사용되는 박물관적 시나리오 밑에서 실제 이루어지는 것은 문화죽음의 작업이며, 대중들이 즐거이 초대받았던 곳은 진정코 문화장례식이다.

그리고 대중들은 그곳으로 몰려든다. 이것이 바로 보부르의 최상의 아이러니다. 대중들이 이곳으로 몰려드는 이유는 몇 세기 전부터 그들이 실망하던 문화에 군침을 흘려서가 아니라, 그들이 근본적으로는 항상 경멸하고 싫어하였던 이 문화의 이 거대한 장례에 대중적으로 참여할 수 있는 기회가 처음으로 주어졌기 때문이다.

그러니까 사람들이 보부르를 대중문화의 사기라고 비난하면 그 오해란 완전한 것이다. 대중들 자신은 여기에 몰려드는 까닭이, 문화의 극도의 예찬에 불과한 모든 반문화까지를 포함하여 마침내 정말로 제거되어 버린 문화의 조작적 매음행위를, 심장 해체를, 이 사형장면을 즐기기 위한 것이다. 대중들은 마치 그들이 대재난이 일어난 장소에 몰리듯이, 똑같은 거역할 수 없는 충동으로 보부르를 향해 몰린다. 더욱 좋은 것은, 대중들이 곧 보부르의 대재난이라는 점이다. 그들의 숫자, 그들의 짓밟음, 그들의 미혹, 모든 것을 보고 조작하고자 하는 그들의 억제할 수 없는 욕구는 객관적으로 모든 사업에 치명적이고 비극적인 행동이다. 단순히 그들의 무게가 이 건물을 위험하게 할 뿐만 아니라, 그들의 가입, 호기심이 이 흥분의 문화내용물 자체를 제거한다. 이러한 러쉬 rush는 더 이상 문화적 목적으로 제시된 것과는 어떠한 공통의 척도가 없다. 이것은 그 과도함과 성공 자체 속에서, 이 목적의 근본적인 부정이다. 따라서 이 비극적 구조 속에서 비극 요원의 역할을 담당한 것은 바로 대중들이다. 대중 자신들이 대중문화에 종말을 가한다.

투명한 공간 속에서 순환하면서 대중은 확실히 흐름으로 변환된다. 그러나 동시에 그들의 불투명성과 무감각으로 인하여 이 〈다목적〉 공간에 종말을 고한다. 사람들은 대중을, 모델들이 되는 데 참여하고 모델들을 흉내내고 모델들과 함께 놀아라고 초대한다. 대중은 더 잘한다. 대중은 참석과 조작을 너무 잘해서 사람들이 이 작업에 준 모든 의미를 지워버리고 구조물의 하부구조 자체를 위험하게 한다. 문화적 시뮬라시옹에 대한 대답으로 이와 같은 일종의 뒤틀린 개작이, 파생 시뮬라시옹이, 문화의 임대된 가축에 불과했던 대중들을 보부르가 부끄러운 화신밖에 되지 않았던 이 문화의 사형집행인으로 변모시킨다.

이렇게 문화를 저지하는 데 성공한 것에 박수를 보내야 한다. 모든 반─예술가들, 좌익들과 문화멸시가들은 보부르라는 이 기념비적 블랙홀의 저지적인 효율성에 비길 만큼 아무리 멀리 떨어져서도 접근하지 못했다. 이는 바로 비의지적이고 맹목적이며 제어되지 않기 때문에 진정으로 혁명적인 작업이다. 반면에 문화에 종말을 가하고자 하는 모든 지각 있는 작업은 아시다시피 이 문화를 다시 부활시킬 따름이다.

정말을 말하자면 보부르의 유일한 내용물은 대중 그 자체이다. 이 건물은 대중을 마치 하나의 변류기로서, 암실로서, 혹은 입력과 출력 용어로서는 정확히 정제소에서 원재료를 가지고 석유 제품이나 하나의 흐름을 만들듯이 취급한다.

지금까지 이렇게도 명백히 내용물이──여기서는 문화, 다른 곳에서는 정보 혹은 상품──중간 매개물이 하는 작업의 유령 같은 버팀지주물이었던 적도 없다. 이 중간 매개물인 건축물의 기능은 항상 대중들로부터, 인간의 그리고 정신적인 동질의 흐름을 끌어내고 생산하는 것이다. 그들 일터에 의해 정확한 시간에 흡수되고 다시 내뱉어지는 도시 근교의 통근자들의 움직임과 비슷한 거대한 왕복운동인 것이다. 그리고 여기서는 정말로 어떤 일이 관계한다. 테스트, 여론조사, 방향지어진 설문 등이 그것이다. 사람들은 그들이 제기할 수 있는 모든 질문들에 대한 대상, 대답을 선택하기 위하여 여기 온다. 또는 차라리 그들 자신은 대상들이 구성하는 기능적이고 방향지어진 질문에 대한 대답으로서 스스로 온다. 연쇄적인 일 이상으로 여기서의 문제는 프로그램화된 규율에 따라야 하는 문제이며, 이 규율에 의한 제약은 대중이 감수해야 하는 얼음처럼 차갑고 평평한 인내의 평면 뒤에서 지워져 버린다. 자본에 의한 전통적인 제도들보다 훨씬 저 너머에, 거대시장, 혹은 〈문화의 거대시장〉인 보부르는 이미 통제된 사회화의 모든 미래형태의 모델이다 : 인간의 육체와 사회생활의(노동, 여가들, 대중매체, 문화) [84]모든 흩어진 기능들을 동질적인 하나의 공간-시간 속에서 다시 전체화하기, 통합된 회로적 용어로는 모든 상호 모순적인 흐름들을 다시 다른 하나의 공존적인 성격의 흐름으로 변환하여 옮기기. 사회생활의 모든 조작적인 시뮬라시옹으로 된 공간-시간.

그러기 위해서는 소비하는 대중집단이 생산되어진 것들로서 집단덩어리와 등가이거나 등질적인 것이어야 한다. 보부르

---

84) 모더니즘이 다름의 끝없는 팽창에 기초한 반면, 그 이후의 사회는 이 다름들을 다시 어떤 전체 속에서 통합하고자 한다. 서로 다르게 되었던 것들이 통합회로 속에서 변환되어 같은 흐름으로 된다. 인간 개개인들은 각자의 개별성보다는 얼굴 없는 전기나 물의 흐름과 같은 것이 되고 이 대중덩어리는 그들이 찾아 온 물질덩어리들과 등가의 것이 된다. 아인슈타인의 일반 상대성이론은 서로 다른 물리학적 규칙들을 통합할 필요에 의해서 만들어졌음에 주목하자. [역주]

와 마찬가지로 거대시장에서 행해지는 것은 바로 이 두 집단 덩어리의 상호대질과 혼동이다. 그런 까닭에 보부르는 문화의 전통적인 장소들과는(기념비 박물관, 화랑, 도서관, 문화관 등) 다른 무엇이 된다. 여기서는 위기적이고 결정적인 변환자로서의 대중집단이 세공되어지고 이 집단의 너머에서는 상품이 파생상품이 되고, 문화는 파생문화가 된다. 즉 확연히 구분되는 교환과 또는 한계로 결정되어진 필요와 연결되어 있지 않고, 일종의 전체 신호세계이거나 혹은 어떤 충동이 여기저기 배회하는 통합회로로 된다. 즉 선택과 독서와 참조, 상표, 해독 등이 끝없이 이동한다. 여기서는 문화적 대상들이, 다른 곳에서는 소비대상들이 그러하듯이, 당신들을 통합된 대중 집단덩어리 상태로, 회로에 적합하게 변환된 흐름의 상태로, 자성을 띤 분자의 상태로 유지하는 외 다른 목적은 없다. 이것이 바로 사람들이 거대시장에서 배운 상품의 파생실재성이며, 바로 보부르에서는 문화의 파생실재성을 배운다.

전통적인 박물관과 함께 이미 문화들의 분할, 재규합, 상호간섭, 그리고 문화를 파생실재성으로 만드는 무조건적인 미학화가 시작된다. 그러나 박물관은 여전히 하나의 기억이다. 결코 여기서처럼 문화가 저장과 기능적 재분배를 위하여 그의 기억을 상실해 버리지는 않는다. 그러면 이것은 더 일반적인 하나의 사실을 번역해 준다. 즉 〈문명화된〉 사회 어디서고 대상들의 저장은 인간들의 저장이라는 부차적인 과정을 유발한다는 사실. 줄서기, 기다리기, 막히기, 집중, 캠프. 이게 바로 〈대중덩어리 생산〉이다, 대량생산이나 대량의 사용이라는 의미에서가 아니라, 대중덩어리를 생산한다는 의미에서이다. [85]모든 사회성의 최종 생산물로서, 그리고는 단숨에 이

85) 사회성이란 서로 다른 개인들 사이의 관계를 규정한 것이다. 그러나 다름이 사라져 버린 미분화의 대중덩어리들 속에서는 사회적인

사회성이라는 것에 종말을 가해 버리는 대중덩어리, 사람들이 우리에게 그것이 바로 사회적인 것이라고 믿게 하려고 하는 이 대중덩어리는 반대로 사회적인 것이 함열하는 장소이다. 대중덩어리는 그곳으로 모든 사회적인 것이 함열하러 오는, 그래서 끊기지 않는 시뮬라시옹의 과정 속에서 그곳으로 삼켜져 버리는 더욱더 촘촘한 영역이다.

그로부터 이러한 오목거울이 나온다. 즉 대중을 대중 안에서 보아야 대중들은 와 몰리고자 유혹되리라는 것이다. 이는 마케팅의 전형적인 수법이다. 투명성에 대한 모든 이데올로기는 여기서 그 의미를 갖는다. 또는, 축소된 이상인 어떤 모델을 무대에 올려야 가속된 인력 같은 것을, 대중들의 자동적인 밀집과 같은 문화의 자동적인 달라붙기를 기대할 수 있다. 이와 똑같은 과정이 연쇄적인 핵반응 작용, 혹은 요술거울 같은 반사작용이다.

보부르는 이처럼 문화적인 차원에서는 처음으로 거대시장의 상품 차원에 상응하는 것이다. 그것은 완전한 순환적 작동 수행자로서, 자기자신의 가속된 순환에 의하여 무엇이든지 (상품, 문화, 군중, 압축공기) 나타내 준다.

그러나 만약 대상의 저장이 인간들의 저장을 유인한다면, 대상 저장에 잠재한 격렬함이 거꾸로 인간들의 격렬함을 유발한다.

저장이란 무엇이든지 격렬하다. 그래서 어떤 인간들의 덩어리에도 그것이 함열한다는 점에서 특수한 격렬함이 있다. [86] 그의 인력에 고유한, 그의 고유한 무감각의 중심 주위에 밀

것이란 사라지게 된다. [역주]

86) 아인슈타인은 어떤 무감각 지시물에 의하여 일반 지시물의 효과가 지워지는 효과를 국지적 상대성의 원칙이라고 하였다. 여기서는 대

집에 고유한 격렬함이 있다. 대중덩어리는 무감각의 중심이고, 그에 의해 폭발적 격렬함과는 다른, 전혀 새로운, 설명할 수 없는 어떤 격렬함의 중심이다.

위기적이고 결정적 변환자로서 대중덩어리, 함열적인 대중덩어리. 30,000을 넘어서면 이 덩어리는 보부르의 구조를 〈휘게〉할 위험이 있다. 구조에 의해 자성을 띤 대중덩어리가 구조 그 자체를 파괴하는 변수가 된다. 만약 그 착안자들이 이것을 바랐다면(그런데 어떻게 그걸 기대하겠는가?), 그들이 단숨에 건축과 문화에 종지부를 찍을 기회를 이렇게 프로그램화했다면, 그러면 보부르는 이 세기의 가장 대담한 대상이고 가장 성공한 해프닝이다.

보부르를 굽혀라! 혁명적 계열의 새로운 말이다. 그걸 방화하는 것은 소용 없고, 보부르에 대해 항의하는 것 역시 소용 없다. 그곳으로 가라! 이것이 보부르를 파괴하는 가장 좋은 방법이다. 보부르의 성공은 더 이상 어떤 신비가 아니다. 사람들은 그 때문에 거기에 간다. 그들은 보부르를 오로지 휘게 하려는 목적으로 이 건물을 향해 달려들고, 이 건물의 연약함은 벌써 대재난을 들이마신다.

확실히 그들은 저지 명령에 복종한다. 사람들은 그들에게 소비할 대상, 삼켜버릴 문화, 조작해야 할 어떤 건물을 준다. 그러나 동시에 그들은 터놓고, 그리고 그걸 알지도 못하며, 이러한 제거를 목표한다. 몰려듦이 대중으로서 대중이 할 수 있는 유일한 행위이다. 보부르에 의해 던져진 문명화라는 도전에, 대중문화의 건물에 도전하는 발사된 대중, 그의 무게로 즉 가장 의미 없는, 가장 바보 같은, 가장 야만적인 모습으로 반격하는, 발사된 대중인 것이다. 척박한 문화에 대량으로 동

중덩어리의 인력이 무감각 지시물로 작용할 때 일어나는 문화제거 효과를 말한다. [역주]

화시키려는 도전에, 대중은 파괴적인, 그리고는 거친 조작으로 연장되는 난입으로 대답한다. 정신적 저지에 대중은 직접적인 물리적 저지로 답한다. 이것은 그 나름의 도전이다. [87]그의 책략이란, 그에게 간곡히 청해진 바로 그 용어 속에서 답하는 것이며, 이걸 넘어서, 그 속에 그를 가둔 시뮬라시옹에, 목표를 훨씬 초과하는 파괴적인 파생시뮬라시옹으로서 작용하는 어떤 사회적 과정으로 답한다.

사람들은 모든 것을 잡고, 모든 것을 약탈하고, 모든 것을 게걸스럽게 먹어치우고, 모든 것을 조작하고자 한다. 보고, 해독하고, 배우는 것은 그들에게 별 관계가 없다. 대중에게 유일하게 와닿는 것은 조작하기이다. 조작자들(그리고 예술가들과 지식인들)은 이 통제불능의 변덕에 질겁을 한다. 왜냐하면 그들은 문화적 광경에만 대중들을 견습시킬 것을 예측하기 때문이다. 그들은 결코 이러한 능동적이고 파괴적인 미혹, 즉 이해할 수 없는 어떤 문화의 선물에다 준 거칠고 원색적인 대답을, 어떤 성스러운 장소를 침입하고 강간하는 것의 모든 특징들을 갖춘 인력을 예측하지 못한다.

보부르는 제막식 다음날 군중에 의해서 해체되고 유괴되어 사라질 수도 혹은 사라져야만 했을 것이다. 이것이 문화의 투명성과 민주주의라는 무모한 도전에 할 수 있는 가능한 유일의 대답이었을 것이다. 각자는 그 자신 물신화된 이 문화의 물신적인 구성 나사를 가져가 버리고서 말이다.

사람들은 만지러 온다. 그들은 마치 그들이 전에 만졌듯이 바라본다. 그들의 시선은 촉각적인 조작의 한 모습일 따름이다. 진정 촉각적인 세계이지, 더 이상 시각적이거나 담론의

---

87) 이러한 위기적 대중에 비해, 그의 보부르에 대한 극단적인 이해에 비해, 제막식 날 저녁에 전위적인 Vincennes대학 학생들이 한 데모는 얼마나 가소로운가! [원주]

세계가 아니다. 그리고 사람들은 직접 어떤 진행에 연루된다 : 조작하다/조작되다, 통풍하다/통풍되다, 순환하다/순환시키다. 이 진행 과정은 더 이상 재현의, 떨어진 거리의, 반사의 질서에 속하지 않는다. 공포에, 공포적 세계와 상통하는 무엇이다.

외적 동기가 없는, 느릿한 공포. 이것이 포화된 전체에 내재한 격렬함이다. 다시 말하면, 함열인 것이다.

보부르는 거의 불탈 수가 없다. 모든 것이 이미 예견되어 있기 때문이다. 방화, 폭발, 파괴는 더 이상 이러한 종류의 건물에 상상적인 대체 수단이 아니다. [88]〈인류 백만 년의〉, 정보통신학적이고 조합적인 세계의 폐지 형태는 함열이다.

전복과 격렬한 파괴는 생산의 양식에 호응하는 것이다. 그 물망의 조합과 흐름의 세계에는 회귀와 함열이 대답한다.

제도와 국가와 권력 등에 대해서도 마찬가지다. 이 모든 것이 거듭된 모순에 의해서 폭발하는 것을 보려고 하는 것은 꿈에 다름아니다. 실제로 일어난 것은 바로, 거듭하는 가지치기와 피이드-백, 과도하게 발달한 통제회로에 의하여 제도들 스스로 함열하는 것이다. 권력은 함열한다. 이것이 오늘날 권력이 사라지는 방식이다.

도시도 마찬가지다. 방화들, 전쟁들, 페스트, 혁명들, 범죄적 부수성격, 대재난들, 이러한 반 도시적인, 도시에 내적이거나 외적인 부정적 모든 문제점은 그 진정한 소멸의 양식에 비하면 고답적인 냄새가 난다.

---

88) 밀집된 공간에서는 시각이 주파할 거리가 없다. 이곳은 시각적인 세계가 아니라 접촉의 촉각적인 세계이다. 마찬가지로 밀집된 대중의 사회는 거리와 관계에 의한 공간이 아니라 촉각의, 만지는, 조작의 공간이다. 결국 거리 없는 전자기적 회로로 전환된 대중은 정보통신학적인 프로그램이나 발생론적인 코드와 등가가 되고 이러한 함열 속에서 형체도 없이 사라지게 될 것이다. [역주]

지하도시의 시나리오조차도——골격은 파묻어서 유지하고 그 표면만 바꾸는 중국식 판——유치한 것이다. 여전히 생산의 일반적 도식에 종속된 재생산의 도식에 따라, 혹은 여전히 재현의 도식에 종속된 닮음의 도식에 따라 도시는 더 이상 반복되어지지 않는다(2차 세계대전 이후에는 여전히 이러한 식으로 회복한다). 도시는, 그 깊은 구조와 같은 것에서조차도 다시는 부활하지 않는다. 도시란 축적된 정보통신학적인 기억에서부터 출발하여 무한의 숫자로 그를 반복가능하게 해주는 일종의 발생학적인 코드에 따라서 다시 반복된다. 영토와 똑같은 크기인, 그래서 그를 완전히 덮는, 보르헤스의 유토피아마저도 끝났다. 오늘날 시뮬라크르는 더 이상 본뜨기나 복제라는 단계를 거치지도 않고 곧장 발생학적인 극소화된 단계를 거친다. 재현이란 끝났고, 여기서도 역시, 어느 특정한 누구의 기억도 아니고, 그러면서도 아무것도 잊어버리지 않는, 극소로 존재조차 하지 않는 어떤 기억 속으로 모든 공간이 함열한다. 돌이킬 수 없는, 내재적인, 더욱더 밀집된, 잠재적으로 포화된, 그리고 다시는 결코 해방적인 폭발을 알지 못할 어떤 질서의 시뮬라시옹이라 하겠다.

　　우리는 해방적인 격렬함의 (합리성) 문화였다. 이것이 자본의 격렬함, 생산적인 힘들 해방의 격렬함, 이성과 가치 영역의 돌이킬 수 없는 팽창의 격렬함, 우주까지 정복하고 식민화한 공간의 격렬함이건——사회와 사회 에너지의 미래 형태를 예견하는 혁명의 격렬함이건——그 도식은 한 가지이다. 느리거나 격렬한 단계로 팽창중에 있는 어떤 영역의 도식, 해방된 에너지의 도식, 즉 방사의 상상인 것이다.

　　이 도식을 동반하는 격렬함은 훨씬 넓은 세계를 잉태하는 격렬함, 생산의 격렬함이다. 이러한 격렬함은 변증법적이고 정력적이며 정화적이다. 이 격렬함이 우리가 분석하는 것을 배웠고, 우리에게 친숙한 격렬함이다. 사회적인 것의 길을 긋고, 사회적인 것의 모든 영역을 포화에까지 이르게 한 격렬함이다. 이것은 한정되고 분석적이며 자유주의적인 격렬함이다.

폭발적인 격렬함의 전통적인 도식을 벗어나기 때문에, 우리가 더 이상 분석할 줄 모르는, 어떤 전혀 다른 격렬함이 오늘날 나타난다. 별모양처럼 사방으로 퍼지는 물리적 시스템이 그러하듯이 어떤 시스템의 팽창으로부터 기인한 것이 아니라, 포화와 수축으로부터 유래한 함열적인 격렬함이 그것이다. 사회적인 과도한 밀집에 뒤이은 격렬함, 과도하게 규제된 시스템의 상태, 과도하게 채워진 (지식, 정보, 권력의) 그물망 상태, 조직의 모든 구석에까지 침투한 비만 통제 상태에 이은 격렬함이다.

이러한 격렬함은 우리의 모든 상상력이 팽창 시스템 논리에 축을 두고 있기에 이해할 수 없다. 한정되지도 않았기에 해독할 수 없다. 어쩌면 이 격렬함은 비한정의 도식에 속하지도 않는다. 왜냐하면 한정과 인과성의 모델들을 뒤이은 우연적인 모델들은 원칙적으로 서로 다르지 않기 때문이다. 이 모델들은 한정된 팽창 시스템으로부터 모든 방위로의 팽창과 생산 시스템으로의 이동을 말해 주기 때문이다. 사방으로 퍼진 별모양이거나 여기저기 자유로이 뻗어나가는 근경적이거나 상관없다. 에너지 해체와 집중도 발산과 욕망의 분자화에 관한 모든 철학은 동일한 방향으로 간다. 조직 구석구석까지, 그물의 끝까지 포화되는 방향 말이다. 질량으로부터 분자로의 이동은 팽창 시스템의 근본적인 에너지 진행에 있어서 아마도 최종적인 조율일 따름이다.

수천 년 동안의 에너지 방사와 폭발국면으로부터 함열국면으로 넘어가면, 일종의 극대방사 이후에 (이러한 의미에서 [89]바

---

89) Georges Bataille(1897-1962) : 프랑스의 작가, 진정한 문학은 인

따이유의 상실과 탕진의 개념들, 끝없는 방사를 하는 태양신화를 다시 보라. 이 신화 위에서 그는 그의 소모적인 인류학을 세운다. 이는 우리 철학의 폭발적이고 방사적인 최종적인 철학, 근본적으로는 어떤 일반경제의 최종적인 인위적 불꽃으로서 우리에게 이제는 의미가 없다), 사회적인 것이 회귀의 국면에 이르면——일단 포화점에 이른 어떤 영역의 거대한 회귀——다른 것으로 된다. 일단 그들의 방사 에너지가 사라져 버리면 별적인 방사 시스템은 더 이상 존재를 중단한다. 이 시스템은 처음에는 느릿하게, 그리고는 가속된 진행에 따라 함열한다. 그것은 환상적인 속도로 수축하여 주변의 모든 에너지를 흡수하는, 내부로 함몰하는 시스템이 되고 결국은 블랙홀이 되며 그 속에서 우리가 에너지의 무한한 잠재와 방사로 이해한, 의미의 세계가 사라져 버린다.

아마도 거대한 도시들이——만약 이 가정이 의미를 가지고 있다면 확실히 이 거대도시들이——자본과 혁명이라는 이중의 개념을 누린 그 황금기가 틀림없이 지나가 버린 사회적인 것

간에게 불을 훔쳐다 준 프로메테우스적인 것이라 생각하여, 인간 존재라는 사실에 대해 이미 알고 있는 바에 대해 문제제기를 하였다. 극동 신비주의자들의 고행적인 기술을 차용하며, 기독교주의, 마르크스주의, 정신분석학 등으로 이동한다. 그는 사회와 역사해석(『라스코, 혹은 예술의 탄생』, 1955), 문학에 대한 신비주의적인 경험과 개념을 위반에(『문학과 악』, 1957) 기초한다. 사회란 죽음과 성을 무질서의 요인이라 간주하여 이들을 금지한다. 여기에 대한 위반으로 종교에서는 희생과 주신제적 향연을 하고, 개인적 반항으로는 Sades나 Gilles de Raies 등의 쾌락이다(『저주받은 부분』, 1947, 1949). 모든 도덕적, 종교적, 신비적인 선결 명제들을 거부하며 (『내적 경험』, 1943 ;『죄인』, 1944 ;『니이체에 대하여』, 1945 ;『C 사제』, 1950), 관능과 혐오가 일치해 버리는 극단에 이르기까지 과도한 욕망과 괴로울 정도의 기쁨을 추구한다. 그는 글쓰기가 자극과 필연적인 격렬함의 도구가 되기를 원하고, 궁극에 이르러서는 최정상에 이른 존재자의 조용한 관조가 언어를 대신하기를 바란다. [역주]

그 자체의 흡수와 제거의 중심이라는 의미로, 함열의 중심이 되었다. 사회적인 것은 천천히 혹은 급격히 이미 정치를 감싸버린 무감각의 영역으로 함몰한다. (반대 에너지?) 혁명과 진화의 반대용어들을 부추겨 언어가 우리에게 강요하듯이, 함열을 부정적이고 무감각하며 후퇴적인 과정으로 생각하는 것을 경계해야 한다. 함열이란 계산할 수 없는 결과를 가진 특수한 진행이다. 68년 5월의 프랑스 학생혁명은 틀림없이 함열적인 첫번째 에피소드, 즉 혁명적이라 하는 과장되고 격렬한 수사학적 용어 속에서 다시 씌어지는 것과는 반대로, 사회적인 것의 포화에 대한 첫번째의 격렬한 반응, 수축, 사회적인 것의 패권에 대한 도전이다. 게다가 사회적인 것 속에서 더 멀리 나아가려고 생각하였던——우리를 지배하는 상상이란 항상 이렇다——참가자들 자신의 이데올로기와는 이율배반적이던 것이다. 비록 68년의 많은 사건들은 여전히 이러한 혁명적인 활력과 폭발적인 격렬함에 속할 수 있었지만 그러나 동시에 다른 것이 거기서 시작되었다. 이런 한정된 점 위에서 사회적인 것의 격렬한 함열과, 아주 짧은 시간 속에서 그러나 그 이후에는 결코 중단하지 않았던 후발적이고 느닷없는 권력의 함열 말이다. 깊숙이에서 계속된 것은 바로 이것, 즉 사회적인 것들, 제도들, 권력의 함열이지 찾을 수 없는 혁명적인 어떤 활력이 아니다. 반대로 혁명 그 자체, 혁명의 개념 역시 함열하고, 이 함열은 혁명 그 자체보다도 그 결과에 있어서는 훨씬 묵직하다.

확실히 68년 이래로 그리고 68년의 덕택에 사회적인 것은 사막처럼 커졌으나——참여, 관리, 일반화된 자동관리 등——동시에 68년보다 훨씬 더 많은 여러 점에서 사회적인 것은 이탈과 완전한 회귀에 접근한다. 역사적 이성에게는 이해되지 않는 느릿한 지진인 것이다.

(90)거대시장과 파생상품

    사방 30km에는 방향 표시판들이 당신을, 거대시장인 커다란 분배의 중심지로, 여러 면에서 새로운 사회성이 제공되는 상품의 거대공간으로 향하게 한다. 이 공간이 어떻게 어떤 전 지역과 인구를 중앙집중시키고 재배치하는지를, 이 공간이 어떻게 시간표들, 왕래들, 그 외 실질적인 것을 집약하고 합리

---

90) 거대시장 Hypermarché : hyper를 파생으로 번역하여 파생시장이라고 하기보다는(물론 전통적인 시장 개념과는 전혀 다르기 때문에 그렇게 하여도 별 무리는 없겠지만), 우선 이 시장의 규모를 생각하여 거대시장이라고 하였다. 백화점을 생각할 수도 있겠지만, 백화점이 주로 대도시 안에서 기왕에 밀집된 지역을 겨냥한 상점이기 때문에 새로운 생활권을 그를 중심으로 형성하지는 않는다. 그러나 거대시장은 대도시 밖에서 오로지 복수의 시장으로 구성되어 있으며 이것이 일단 생기고 나서 나중에 주위에 이것을 중심으로 하여 주거생활권이 형성될 수도 있다. 거대시장은 수십여 개의 백화점 크기의 상점들이 밀집하여 있는 상업권이다. 한국에는 아직 없지만 파리 외곽에는 이와 같은 거대 시장이 군데군데 있다. 여기서는 상품의 분배가 전통적인 시장에서처럼 수요공급에 따라 행해지는 것이 아니라 일방적인 거대 공급과 몰려온 다수 대중의 선택에 의하여 행해진다. [역주]

적으로 만들었는지를 보아야 한다. 일터에 의하여 고정된 시간에 흡수되고 내뱉어지는 대도시 근교 통근자들의 왕복 운동과 완전히 비슷한 거대한 왕복운동을 창조하면서.

깊이 파고 들어가면, 여기서 문제되는 것은 일종의 종류가 다른 작업으로서, 문명화시키고, 비교하며, 시험하는 작업, 코드의 작업 그리고 사회적 판결작업이다. 사람들은 그들이 제기할 수 있는 모든 문제들에 대한 대상-대답을 거기서 발견하고 선택하기 위하여 온다. 혹은 차라리 그들은 대상들이 구성한 기능적이고 방향지어진 질문에 대한 대답으로서 온다. 대상들은 더 이상 상품들이 아니다. 엄밀히 말하면 그들은 더 이상 사람들이 해독하고 그 의미와 메시지를 익힐 기호조차도 아니다. 그들은 테스트이고, 우리에게 질문하는 것은 그들이며, 우리는 그들에게 대답하도록 소환되며, 대답은 질문 속에 포함되어 있다. 대중매체들의 모든 메시지도 이와 비슷하게 작용한다. 정보도 의사소통도 아니고, 국민투표, 영구적으로 고정된 테스트, 순환적인 대답, 코드의 확인이다.

[91]울퉁불퉁함도 원근적인 시야도 시선이 멀리 사라질 위험이 있는 소실선도 없이, 광고판과 끝없이 진열된 생산품들 만이 등가적이면서 연속적인 기호들로써 작용하는 통째로의 화면일 따름이다. 소비자들이 빼내갈 때 생길 수 있는 구멍을

---

91) 상품의 진열이 진열장 위에서 표면적이라는 것은 단지 여기서만 그러는 것이 아니라 현대의 어느 슈퍼마켓에서도 다 그렇다. 평면적으로 나란히 나열되어 있는 상품들은 서로서로 동렬에 놓임으로 하여 그들 상호간에 어떤 우열이 있는 것이 아니라 서로서로 등가이다. 전통적인 가게에서는 좋은 상품과 열등한 상품이 차등을 두어 배열되는 것과 대조적이다. 동일 평면상에 거의 판판하게 나열된 상품들은 하나의 물건으로서가 아니라 기호로서 작용하고 있으며, 구매자들은 물품에 의해 끌리는 것이 아니라 평면 이미지인 그 기호에 끌려오는 흐름이라고 할 수 있다. [역주]

메우기 위하여, 무대의 전면과 표면의 진열을 다시 하는 일에만 전념하는 고용자들이 있을 따름이다. 셀프-서비스는 이러한 깊이의 부재를 더욱 부채질한다. 동질적인, 중개자가 없는, 똑같은 하나의 공간이 인간들과 사물들을 묶는다. 직접적인 조작의 공간이다. 누가 다른 것을 조작하겠는가?

억압조차도 이 시뮬라시옹의 세계에서는 기호로써 통합된다. 저지가 된 억압도 권유의 세계에서는 하나 더해진 기호일 따름이다. 절도 방지 텔레비전의 회로도 그 자체 시뮬라크르들의 장식에 속한다. 모든 지점들에 대한 완벽한 감시는 상점 그 자체보다도 훨씬 복잡한 첨단통제장치를 요구할 것이다. 이것은 이익이 없는 일일 것이다. 따라서 거기에 설치되는 것은 억압 암시, 이러한 질서를 〈신호하기〉이다. 그래서 이 기호는 다른 모든 기호들과 함께, 급기야는 반대의 명령과도, 예를 들어 긴장을 풀고 차분히 고르라고 당신을 초대하는 거대한 판들이 표현하는 기호와 함께 공존할 수 있다. 이 판들은 사실 〈경찰〉 텔레비전만큼이나 당신을 몰래 지켜보고, 그만큼 잘 혹은 그만큼 덜 당신을 감시한다. 경찰 텔레비전은 당신을 바라보며, 당신은 그 속에서 다른 사람들과 섞여서 당신 자신을 바라본다. 이것은 전혀 소비적인 행위의 흔적이 없는 거울이며, 이 세계를 그 거울에 가두는 겹뜨기와 재뜨기의 놀이이다.

거대시장은 도시를 별모양으로 만들고 영양을 공급해 주는 고속도로와, 자동차로 깔아 놓은 주차장과, 컴퓨터에 의한 정보 입출력 기관과——더 멀리서도 여전히, 동심의 원들로서——활동의 기능적 전체 화면으로서 도시 전체와 분리될 수 없다. 거대시장은 커다란 조립공장과 비슷하다. 단지 여기서는 고용인들이(혹은 손님들이) 공장에서처럼 연속된 합리적 제약에 의한 일의 체인에 맺어지는 대신, 동적이고 중심이 없이 항상 유동적인 회로에 따라 체인의 이 점에서 저 점으로 이동하는 인상을 준다. 시간계획, 선택, 구매 역시 작업과는 달리 유동적이다. 그러나 그럼에도 불구하고 체인과, 프로그램화된 규율과 관계되며, 이 규율이 요구하는 금지사항들은 인내와 편의와 파생실재성의 차가운 평면 뒤에서 지워진다. 거대시장은 이미 자본의 전통적인 공장과 제도들을 넘어서서, 통제된 사회화의 모든 미래형의 모델로서 신체와 사회생활의 흩어진 모든 기능들을 동질적인 공간-시간 속에 재규합한다 (노동, 여가, 영양, 위생학, 교통, 대중매체, 문화). 통합된 회로의 용어로써 모순적인 모든 흐름들을 다시 옮겨적는다. 그 결과가 사회생활의 모든 작동적인 시뮬라시옹의 공간-시간, 거주지와 교통의 모든 구조의 공간-시간이다.

방향지어진 예견의 모델인 거대시장은(특히 미국에서는) 대주거단지에 선행한다. 전통시장이 도시와 농촌이 함께 접촉하는 장소인 도시의 한가운데에 있었던 반면에, 거대시장은 대단지를 일으킨다. 거대시장은 농촌뿐만 아니라 도시도 〈대단지〉에 자리를 내주기 위하여 사라져 버린 모든 생활양식을 표현한다. 대단지란 완전히 기능적인 도회지로서 소비적 차원에서 도시와 등가치이며 작은 모델이다. 그러나 그 역할은 〈소비〉를 훨씬 넘어서서, 대상들이란 여기서 더 이상 개개의 특수한 사실성을 갖지 못한다. 여기서 일차적인 것은 그들의 일련의 순환적이고 광경적인 배치인데, 이는 사회관계의 미래 모델이다.

거대시장의 〈형태〉는 이처럼 현대성의 종말이 무엇인가를 이해할 수 있도록 해준다. 약 한 세기 동안에(1850-1950) 거대한 도시들이 탄생했다. 이는 〈현대적인〉 대형 가게의 시대로서(많은 대형 가게들은 이런저런 방식으로 이 현대라는 이름을 달고 있다), 이러한 근본적인 현대화는 교통의 현대화와 연결

되어 있었으며 그렇다고 도시 구조를 뒤집지는 못했다. 도시
는 도시로 남아 있었다. 반면에 신도시들은, 프로그램화된 운
송망에 의해 공급되어 거대시장 혹은 쇼핑센터에 의해 위성화
되고, 대단지가 되기 위해 도시임을 중단한다. 새로운 형태학
적 발생론이 나타났는데 이는 정보통신학적인 유형에 속하며
(즉 대지, 주거, 운송의 차원에서 발생학적 코드의 명령 시나리오
인 분자적 명령 시나리오를 재생산한다), 그 형태는 핵적이고
위성적이다. 거대시장은 마치 핵과 같다. 현대적 도시라 할지
라도 이를 더 이상 흡수하지 못한다. 거대시장이 하나의 궤도
를 설정하고 그 위에서 대단지가 움직인다. 거대시장은 때로
대학이나 공장이 그러하듯이 새로운 집합체를 만들기 위한 이
식조직으로 사용된다. 도시의 궤도를 깨뜨리지 못하고 도시
근교에 세워진 지방분권적인 공장이나 19세기의 공장이 아니
라, 완전히 비대지화된 작업과정과 기능에 호응하는 조립공장
이다. 거대시장 혹은 새로운 대학과 마찬가지로 이러한 공장
과 함께는 더 이상 자율적이고 이동적인 (이건 아직도 도시의
〈현대적인〉 전개를 특징짓는 것이다) 기능들(상업, 노동, 지식,
여가)과 상관이 없고, 기능들의 해체모델과, 기능들 사이의
명확한 한계 제거의 모델, 도시 자체의 해체 모델과 관계된
다. 도시의 밖에 세워져서 파생실재로써 취급되고, 도시와는
전혀 관계없는 종한적 단지의 핵으로 취급된다. 도시 부정적
인 위성들은, 한 사회의 원초적인 종합이며 한정되고 질적인
공간으로서의 도시, 현대 도시조차의 종말을 말해 준다.
　사람들은 이러한 이식이 다양한 기능의 합리화와 상응한다
고 믿을 수 있다. 그러나 사실은 하나의 기능이 극도로 특수
화되어 다른 부분들로부터 떨어져 〈당장에 작동할 수 있는〉
어떤 영역 위로 던져지게 되면, 이 기능은 본래의 고유한 목
적성을 상실하고 전혀 다른 것이 된다 : 다기능의 핵, 다양한

입출력의 〈블랙 박스〉의 총체, 유동체의 대류와 탈구조의 중심. 이러한 공장, 대학은 더 이상 공장도 대학도 아니다. 거대시장도 더 이상 시장의 특질은 아무것도 없다. 그 절대적 모델이 틀림없이 원자력 발전소인 이 이상한 새로운 대상으로 부터, 이 대상들의 외면적 기능 뒤에서, 틀림없이 이 대상들의 진짜 깊이 감추어진 기능을 구성하는, 그 지역에 대한 일종의 중화, 저지의 힘이 방사된다. 진짜 기능이란 이제는 더 이상 결코 외면적 기능핵이 아닌 기능핵들의 파생실재성이다. 이 새로운 대상들은 시뮬라시옹의 극점들로서 그 주위에서는 옛날의 역이나 공장 혹은 전통적 교통망과는 달리, 〈현대성〉 과는 다른 것이 세공된다. 모든 기능들이 과거도 미래도 없는 동시성, 파생실재성, 모든 방향으로 향한 작동성으로 된다. 그리고 또 역시 위기들 혹은 새로운 대재난이 이 주위에서 세공된다. 68년 5월은 소르본느가 아니라 [92]낭떼르 대학에서 시작한다, 즉 프랑스에서 처음으로 지식의 장소가 〈벽 밖으로〉 파생기능화하는 것이, 프로그램화한 신-기능적 총체 속에서 이 지식의 기능과 목적성의 상실, 비대지화, 용도이탈과 등가치가 된다. 여기서 새로운 원초적인 격렬함이 그 참조물이 상실된 어떤 모델(지식, 문화)의 궤도적인 위성화에 대한 대답으로 탄생한다.

---

92) Nanterre : 파리 서쪽 근교. 이 지역에 La Défense라 하는 대표적인 신도시가 건설되어 있음. 68년 5월은 여기 있는 파리 10대학에서부터 시작하였음. [역주]

매체 속에서 의미의 함열

정보는 더욱 많고 의미는 더욱 적은 세계에 우리는 살고 있다.

세 개의 가정 : ——정보는 의미(한 신호에 대해 느끼는 불확실도의 부정)를 생산한다. 그러나 모든 영역에서 의미작용의 거친 흐름을 보충하지는 못한다. 매체를 통해서 아무리 메시지와 내용물을 재주입하여도 소용없다. 의미의 흐름과 함입은 그 재주입보다도 빨리 간다. 이러한 경우에는, 기력이 빠진 매체를 이어 가기 위하여, 근본으로부터의 생산성에 호소하여야 한다. 이것이 자유언론의 이데올로기, 〈반-매체〉(라디오-해적 등)에까지 이르는 수많은 개인적 발신세포로 감속된 매체 이데올로기이다.

——혹은 정보는 의미작용과는 아무 관계가 없다. 이것은 다른 것이며, 의미와 고유한 의미에서 의미의 순환 밖에 있는, 다른 질서에 속한 작동적인 모델이다. [93]이것은 샤논의

---

93) Claude Elwood Shannon(1916-) : 미국의 수학자. 정보이론의 발달에 공헌하여 Weaver와 함께 정보이론의 수학적인 기초를 세웠다(『의사소통의 수학적 이론』, 1949). 한 메시지의 전달성에 관한

가정이다 : 순수하게 도구적인 정보영역에 대한 가정으로, 정보란 어떠한 의미적 목적성도 내포하지 않은 기술적인 중개자이다. 따라서 정보자체도 가치판단에 연루되어서는 안 된다. 정보란 발생론적인 코드와 마찬가지로 코드적인 것이다 : 이 코드는 그것이 그것인 바이고, 그런 그대로 작용하는 것이며, 의미란 다른 것이고, 『우연과 필연』에서 [94]모노의 주장과 마찬가지로, 어떤 점에서는 나중에 온다. 이러한 경우에는 정보의 인플레이션과 의미의 디플레이션 사이에는 간단히 말해 의미작용 관계가 없을 것이다.

——혹은 반대로 이 둘 사이에는 정보가 의미와 의미작용의 직접적인 파괴자 혹은 중화자인 정도에 따라 엄격하고 필연적인 관계가 있다. 의미의 흐름은 정보, 매체, 대중매체의 용해적이고 저지적인 행위와 직접적으로 연결되어 있다.

이 세번째 가정이 가장 재미있는 것이지만, 이 가정은 아래의 모든 일반적인 관념과 정면으로 대치된다. 우리의 일반적인 관념에서는 어디에서든 사회화는 매체의 메시지에 노출됨으로써 측정된다. 매체들에게 불충분하게 노출된 것은 비사회적 혹은 반사회적인 것이다. 어디서든 정보는 의미의 가속된 순환, 자본의 가속된 회전으로부터 오는 경제적인 부가가치와

근본적인 定理를 발표하여, 측정 가능한 속도(정보의 속도)를 정의하였다. 전달 가능성에는 하나의 극대가 존재한다는 것을 보이고, 하나의 의사소통 선의 용량을 나타내는 공식을 만들었다. 그는 또한 생명과 유사한 자동재생산 기계를 상상하여 발생학의 발달에도 공헌하였다. [역주]

94) Jacques Monod(1916-1976) : 프랑스의 생화학자. 발생론적 정보의 전달에 관한 생화학적 메커니즘에 대한 작업으로 F. Jacob, A. Lwoff와 함께 노벨의학상을 수상함(1965). 『우연과 필연』, 1970. [역주]

동질적인 의미의 부가가치를 생산하는 것으로 간주된다. 정보란 의사소통의 창조자로서 주어지고, 비록 그 낭비가 막대하다 하여도, 전체적으로는 의미의 잉여분이 있어서, 이 잉여분을 사회적인 것의 모든 미세 조직에까지 재분배하기를 일반적인 동의는 바란다──물질적 산물에 따르는 역기능과 비합리성에도 불구하고, 물질적 산물이 더 많은 부와 사회적 목적성으로 이르기를, 일반적인 동의가 바라는 것과 똑같다. 우리 모두는 이 신화의 공범자들이다. 이것은 우리 현대성의 기본원리이고, 이것이 없으면 우리 사회조직에 대한 맹신이 무너져내릴 것이다. 그런데, 이 맹신이 바로 이 이유에 의해 무너졌다는 사실이다. 왜냐하면, 정보가 의미를 생산한다고 생각한 그곳에서 반대의 일이 일어나기 때문이다.

정보는 자신의 고유한 내용물을 삼켜버린다. 정보는 의사소통과 사회적인 것을 삼켜버린다. 이것은 두 가지 이유 때문이다.

1 의사소통을 하도록 하는 것이 아니라, 본래 정보는 의사소통을 연출만 하면서 소진되는 것이다. 의미를 생산하는 것이 아니라, 정보는 의미를 연출만 하면서 소진되어 버린다. 우리가 잘 알고 있는 거대한 시뮬라시옹의 과정이다. 꾸밈없는 인터뷰, 자연스러운 말, 청취자 전화, 모든 방향의 참여, 자연스러운 말을 하라는 협박 : 〈당신이 관여되고 있다, 당신 자신이 바로 사건이다, 등.〉정보는 더욱더 이러한 종류의 유령 같은 내용물, 실제가 아닌 어떤 유사한 것을 대체하여 접목하기, 의사소통의 몽유병에 의하여 침범된다. 관객 욕구를 연출하는 순환적 배열에 따라 의사소통의 가장된 연극을 반대한다는 반-연극도 결국은 관객을 배우로 만드는 연극이기에, 이 순환 배열은, 아시다시피, 전통적 제도를 부정으로 다시 개조하는 것이고, 부정적인 것을 통합한 회로이다. 전력을 다해 이 시뮬라크르를 지탱하려면, 우리를 의미상실이라는 명백

한 현실과 맞부딪뜨리게 할지도 모를 거친 반 시뮬라시옹을 피하기 위해서는 이러한 엄청난 에너지의 전개가 필요하다.

이러한 시뮬라크르 속에서 이러한 가격상승을 유발한 것이 의사소통의 상실인지, 혹은 시뮬라크르가 먼저 저지적 목적으로 의사소통의 모든 가능성을 미리 잘라버리기 위하여(실재에 종말을 고한 모델의 자전) 거기 있었는지 자문하는 것은 무익한 일이다. 어느 것이 처음이었는지 자문하는 것은 무익하다. 이는 처음이 없고 순환적인 과정, 즉 시뮬라시옹과 파생실재의 과정이다. 의사소통과 의미의 파생실재성, 실재보다 더 실재적인 것으로 말미암아 사람들은 실재를 폐기한다.

이와 같이 사회적인 것과 마찬가지로 의사소통도 닫힌 회로 안에서 하나의 유혹으로서 작용하는데, 이 유혹에는 어떤 신화의 힘이 부착되어 있다. 발견할 수 없는 실재성을 기호들 속에서 다시 만들어서 체계가 스스로 준 동어반복적 증거에는 정보라는 것이 있다는 믿음과 신념이 부착되어 있다.

그러나 이러한 믿음도 고대사회에서 신화에 부착된 믿음만큼이나 모호한 것이라고 생각할 수 있다. 사람들은 그걸 믿으며, 그리고 또 그걸 믿지 않는다. 사람들은 의문을 제기하지 않는다. 〈나는 잘 안다, 그렇지만.〉 이 체계가 우리를 가둔 이러한 의미와 의사소통의 시뮬라시옹에 대하여, 일종의 반대 방향의 시뮬라시옹이 대중들 속에서 그리고 우리의 각각 속에서 대답한다. 체계의 동어반복에 모호한 이중적 뜻으로 대답하고, 저지에는 이탈 혹은 항상 수수께끼 같은 어떤 믿음으로 대답한다. 신화는 존재한다. 그러나 사람들이 정말 이 신화를 믿는지에 대해서는 경계를 해야 한다. 이것이 비평적 사유의 함정으로, 이는 대중들의 순진함과 바보스러움을 미리 가정한 위에서만 행사될 수 있다.

2 의사 소통을 한다는 이러한 극도로 자극된 연출을 하면서

계속 공격을 하는 대중매체와 정보는 사회적인 것의 저항할 수 없는 탈구조화를 초래하며 뒤쫓는다.

이와 같이 전혀 혁신의 증가를 목적으로 하는 것이 아니라, 반대로 전적인 [95]불확실도를 겨냥하는 일종의 성운 속에서, 의미를 분해하고 사회적인 것을 분해한다.

매체들은 사회화의 수행자들이 아니라, 정반대로 대중들 속에서 사회적인 것을 함열시키는 자이다. 이것은 의미의 함열을 기호의 현미경적인 차원으로 거대하게 팽창하는 것일 따름이다. 의미 함열의 거대한 팽창은 아직 그 결과를 완전히 소진하기에는 먼, 맥루한의 〈매체는 메시지이다〉라는 공식으로부터 출발하여 분석하여야 한다.

이 공식의 의미는, 의미적인 모든 내용물은 매체의 유일 지배적인 형태 속으로 흡수된다는 것이다. 매체만이 사건을 만

---

95) 우리는 정보에 대해서 의사소통의 사회적 항목 속에서만 이야기하였다. 그러나 이러한 가정을 정보에 관한 정보통신학적 이론에까지 가지고 가는 것은 아주 재미있을 것이다. 여기서도 기본적인 논지는 정보는 불확실도 부정, 불확실도에 대한 저항, 의미와 조직화의 증가와 동의어이기를 원한다. 그러나 반대의 가정을 세움이 합당할 것이다 : 정보 = 불확실도, 예를 들면, 어떤 시스템이나 사건에 대해서 사람들이 가질 수 있는 정보 혹은 지식은 이미 이 시스템의 중화이며 불확실도이다(이 예를 일반적인 과학들에, 특히 인문과학과 사회과학으로 확장하자). 거기서 어떤 사건이 반사되거나 혹은 그를 통하여 어떤 사건이 유포되는 정보는 이미 이 사건의 낮춰진 단계의 형태이다. 이러한 의미로 68년 5월에 매체들의 개입을 분석하기를 주저하지 마라. 학생운동의 확장은 총파업을 허용하였다. 그러나 총파업은 엄밀히 말하여 운동의 원래적인 독기를 중화하는 블랙 박스였다. 팽창은 치명적인 함정이었지 긍정적인 확장이 아니었다. 정보에 의한 투쟁의 보편화를 경계하고 모든 방향에서의 단결에 대한 운동, 이러한 전자적이고 동시에 세속적인 단결 운동에 대해 경계하라. 차이들을 보편화하려는 모든 전략은 이 체계를 불확실하게 하는 전략이다. [원주]

든다. 이것은 그 내용이 순응적이건 전복적이건 마찬가지이다. 모든 반-정보에게, 즉 라디오-해적들, 반-매체 등에게는 심각한 문제이다. 그러나 더 심각한 것, 맥루한 자신도 도출하지 못했던 것이 있다. 왜냐하면 모든 내용물들의 이러한 중화 너머에서, 사람들은 여전히 매체가 그 형태 속에서 작업하기를 바랄 수 있을 것이며, 형태로서의 매체가 가한 충격을 사용해서 실재를 변형하기를 바랄 수 있을 것이다. 모든 내용물들이 제거되어도 아마도 여전히 매체는 그 자체로서 혁명적이고 전복적인 사용가치를 갖는다. 따라서──그리고 여기가 맥루한의 공식이 그의 극단에까지 이른 곳인바──매체 속에서는 메시지의 함열만 있는 것이 아니라, 동일한 움직임 속에는, 매체 자신의 정의와 명확한 행위조차도 더 이상 표정할 수 없는 파생실재적 성운 속에서, 매체 자신의 실재 속으로의 함열, 매체와 실재의 함열이 있다.

현대성의 특징인 매체들 자신에 이르기까지 그 〈전통적〉 위상이 문제되지 않는 것은 아무것도 없다. 맥루한의 〈매체는 메시지이다〉라는 공식은, 시뮬라시옹 시대의 핵심적 공식인데 (매체는 메시지이다──발신자는 수신자이다──모든 대립극들의 순환──범시적이고 원근화법적인 공간의 종말──이러한 것이 우리 현대성의 기초적인 공식이다), 이러한 공식마저도 극단에 이르러 재고되어야 한다. 이 극단에 이르면, 모든 내용물과 메시지가 매체 속에서 기화되어 버린 후에, 그러한 자체로서의 매체 자신이 기화한다. 근본을 보면, 매체에게 의사소통의 중개자로서의 구별되고 명확히 한정된 위상을 주는 것은 여전히 메시지이다. 메시지 없이는 매체 자신도, 우리의 판단과 가치의 모든 위대한 체계에 대한 특이한 비정의 속으로 떨어져버린다. 그 효용이 즉각적인 유일한 하나의 모델만이, 동시에 메시지와 매체 그리고 〈실재〉를 생산한다.

전부 말하자면, 〈매체는 메시지이다〉는 단지 메시지의 종말을 의미하는 것이 아니라, 매체의 종말도 의미한다. 글자 그대로의 의미로 매체는 더 이상 존재하지 않는다(나는 특히 대중적인 전자 매체를 말한다). ──즉 한 현실에서 다른 현실로, 실재의 하나의 상태에서 다른 것으로의 매개적 운반체가 더 이상 없다. 내용물에서도 그렇고 형태에서도 그렇다. 이것이 엄밀히 말하여 함열이다. 대립극들이 하나가 다른 하나 속으로 흡수되기, 차이에 의해서 의미를 만들어내는 체계 전체가 극들 사이에서 절단되기, 구별짓던 용어들의 뭉개짐, 매체와 실재 사이의 대비인 구별과 차이들의 뭉개짐, 따라서 둘 사이에서 혹은 하나에서 다른 하나로의 모든 변증법적인 간섭이나 모든 중개작용이 불가능하게 된다. 모든 매체 효과들의 순환성. 하나의 극에서 다른 하나로 인도하는 일방적인 힘의 이동이라는 의미에서의 의미의 불가능성. 위기적이지만 근원적인 이 상황을 끝까지 직면해야만 한다. 이것이 우리에게 남겨진 유일한 것이다. 매체와 실재가 차후로는 그 진실 속에서 서로 분리 불가능한 단 하나의 성운이기에, 내용에 의한 혁명을 꿈꾸는 것은 소용없는 일이고, 형태에 의한 혁명을 꿈꾸는 것도 소용없는 일이다.

내용물들의 함열, 의미의 흡수, 매체 자체의 증발, 모델의 전적인 순환성 속에서 의사소통의 모든 변증법의 흡수, 대중 덩어리 속으로 사회적인 것의 함열 등 이러한 것의 확인은 대재난적이고 절망적으로 보일 수 있다. 그러나 사실 이것은 우리가 정보에 대해 가지고 있는 모든 시각을 지배하고 있는 이상주의의 시선에서나 그렇다. 우리 모두는 의미와, 의사소통과, 의미에 의한 의사소통의 이상주의라는 일종의 광적인 이상주의를 가지고 산다. 그래서 이러한 관점에서는, 우리를 노리고 있는 것은 바로 의미의 대재난이다.

그러나 〈대재난〉이라는 용어는 종말과 절멸이라는 〈대재난적〉 의미를, 시스템이 우리에게 강제로 부여한 생산적인 목적성과 축적이라는 선적인 세계관 속에서만 가질 수 있다는 사실을 알아야 한다. 용어 자체는 어원적으로 곡선으로 휨만을 가리킨다. 이는 사람들이 〈사건의 지평선〉이라 부를 수 있는 것으로, 의미의 뛰어넘을 수 없는 지평선이라 부를 수 있는 것으로 그 너머에는 우리에게 의미를 가질 수 있는 어떠한 것도 일어나지 않는 장소로 인도하는, 어떤 원의 밑바닥을 향해 휘감기는 굽이가 있다. 그러나 대재난 그 자체가 우리 현재의 상상 속에서 작용하는 그런대로의 최종적이고 허무주의적인 기한 만기라는 의미로 나타나지 않기 위하여는 이러한 의미의 최후 통첩으로부터 빠져나오는 것으로 충분하다.

의미 너머에는 의미의 중화와 함열로부터 유래하는 미혹이 있다. 사회적인 것의 지평 너머에는 사회적인 것의 중화와 함열로부터 기인한 대중덩어리들이 있다.

오늘날 본질적인 것은 이 이중적인 도전을 평가하는 일이다. 대중들과 그들의 (결코 수동적인 저항이 아닌) 침묵에 의한 의미에의 도전, 매체들과 그들에 의한 미혹으로부터 온 의미에의 도전이 그것이다. 의미를 부활하고자 하는 주변적인, 교대적인 모든 시도들은 이러한 시선 안에서는 부차적인 것이다.

이러한 대중들과 매체들의 풀 수 없는 결합 속에는 분명 역설이 있다. 의미를 중화시키고 〈비정형의〉(혹은 형이 없는) 덩어리를 생산한 것이 매체인가, 혹은 매체들이 생산한 모든 메시지에 대답하지 않고서 그것들을 우돌리거나 흡수하면서 매체들에 승리적으로 저항한 것이 대중덩어리인가? 전에 〈매체들을 위한 진혼곡〉에서 나는 대답 없는 의사소통의 비회귀적인 모델의 제도로서 매체들을 분석 (혹은 비난)한 바 있다. 그러나 오늘날은? 이러한 대답 부재는 이제는 권력의 전략으로서가 아니라 권력과 맞부딪뜨린 대중덩어리들 자신들의 대항-전략으로 이해될 수 있다. 그렇다면?

매체들은 대중들의 조작에 있어서 권력 편인가, 혹은 의미의 제거에 있어서, 의미에 가해진 폭력 속에서 그리고 미혹 속에서 대중들의 편인가? 매체들이 대중들을 미혹 속으로 끌어들인 것인가, 혹은 대중들이 매체들을 구경거리 같은 것으로 우회시킨 것인가? 모가디시오-스탐하임 Mogadiscio-Stammheim : 매체들이란 정치적인 목적으로 하는 공포 착취와 테러리즘을 도덕적으로 단죄하는 운반체이지만, 동시에 가장 전적인 모호성 속에서, 매체들은 테러적인 행위에 대한 생경한 미혹을 전파하고 그들 자신들이 미혹으로 작용하는 만큼 자신들이 테러주의자들이다. (영원한 도덕적인 딜레마, 움베르토 에코와 비교하자 : 어떻게 테러리즘에 대해서 말하지 않고, 어떻게 매체들을 좋게 사용할 방법을 찾을까——그 방법은 없다). 매체들은 의미와 대항의미를 운반한다. 그들은 동시에 모든 방향으로 조작하며, 아무도 이러한 진행을 통제할 수는 없다, 그들은 절대적으로 뫼비우스적이고 순환적인 어떤 논리에 따라 체계의 내적인 시뮬라시옹과 체계의 파괴적인 시뮬라시옹을 운반한다. 정말 이건 그렇다. 이것에 대한 대안이란 없다. 논리적인 해결책도 없다. 오로지 논리적 신경 돋우기와 대재난적인 해결책뿐이다.

하나의 조정과 함께. 우리는 이러한 체계에 대해서 〈이중구속〉이라는 이중적이고 해결할 수 없는 상황에 있다. 이는 어린아이들이 그들에게 요구된 강요에 대해 어른들 세계에 대해 취하는 것과 정확히 똑같은 것으로서. 어린이들은 자율적이고, 책임을 가지며, 자유롭고, 의식적인 주체로서 자신들을 구성하라고 요구된다. 그리고 동시에 복종하고, 무기력하며, 명령에 무조건 따르고, 순응하는 대상으로서 자신들을 구성하라고 요구된다. 어린이들은 모든 면에서, 그리고 모순적인 요구에 대해서 저항한다. 그들은 또 이중적인 전략으로 대답한다. 대상이 되어라는 요구에는, 불복종, 반발, 해방, 한 마디로 모든 주체적 요구의 실천을 내세우고, 주체가 되라는 요구에는, 마찬가지로 완강하고 효율적으로, 대상으로서의 저항 즉 앞서와는 정확히 정반대로 어린애 티, 과도의 순응, 완전한 의탁, 수동성, 바보 티를 내세운다. 둘 중 어떤 것도 다른 것보다 객관적 가치를 더 많이 가지고 있지 않다. 저항-주체만 오늘날 일방적으로 긍정적인 것으로 간주되고 가치화되었다. 이는 정치적 영역에서 정치적 주체로서 오직 자유와 해방, 표현과 구성의 실천만이 유효하고 전복적인 것으로 간주되는 것과 같다. 이것은, 주체와 의미로서의 위치에 대한 포기, 대상으로서의 모든 실천이라는 동일한 그리고 훨씬 우세한 충격을 잊어버린 것이다. 이 실천은 정확히 대중들이 하고 있는 것인데, 우리는 이를 소외와 수동성이라는 용어로 매장한다. 자유주의적인 해방의 실천은 이 체계의 경사면들 중의 하나에만 반대하여, 우리에게 지속적으로 가해진, 우리를 순수한 대상으로만 만들라는 최후의 통첩에만 반대하여 대답한다. 그러나 이러한 실천은 결코 또 다른 강요에는, 우리를 주체로서 구성하라는, 우리를 해방하라는, 무슨 대가를 치르더라도 우리를 표현하라는, 투표하고, 생산하고, 결정하고, 말하고, 참여하고, 게임을 하라는 강요——다른 것만큼이나 중대한, 오늘날에는 틀림없이 더욱 중대한 협박과 최후의 통첩에는 반대하여 대답하지 않는 것이다. 그의 논증이 억압과 압박인 체계에 대한 전략적인 대응은 주체의 자유주의적인 요구이다. 그러나 이것은 차라리 체계의 전단계를 반영하고 있으며, 비록 우리가 아직도 여기에 직면해 있다 하여도, 이것은 더 이상 전략적인 영역이 아니다. 체계의 현재 논리는 말의 극대화와 의미의 극대생산이다. 따라서 전략적 저항은 의미의 거부와 말의 거부이다. 혹은 시스템의 메커니즘에 대해서조차 극도로 순응하여 버리는 시뮬라시옹에 의한 저항으로 이는 저항이고 비-접견이다. 이것이 대중들의 저항이다. 이는 체계에게 자기자신의 논리를 다시 배가하여서 되돌려 보내는 것이며, 마치 거울처럼 의미를 흡수하지 않고 되돌려 보내는 것과 등가이다. (우리가 여전히 전략에 대해 말할 수 있다면) 이러한 전략이 오늘날 우세한데 왜냐하면 과거에 우세했던 것은 바로 체계의 저 극대 단계였기 때문이다.

전략에 대해 혼동하면 심각하다. 역사적 주체, 집단, 의식의 포착에 대한 말, 더군다나 수많은 주체들과 대중들의 〈무의식 포착〉에 대한 말 등의 자유, 해방, 부활 위에서만 게임을 하는 모든 운동들은 체계가 바라는 방향으로 가고 있다는 사실을 보지 못한 것이다, 오늘날 체계의 명령은 정확하게 의미와 말의 재생산과 과잉생산이다.

절대적 광고, 제로 광고

우리가 살고 있는 시대는 광고양식 속으로 잠재적인 모든 표현양식들이 흡수되는 시대이다. 모든 독창적인 문화형태들, 모든 한정적인 언어들은 광고양식이 깊이가 없고 즉각적이며 즉시 잊어버리기 때문에 광고양식 속으로 흡수 된다. 표면적인 형태의 승리, 모든 의미화들의 최소공약수, 의미의 0도, 가능한 모든 수사적 비유에 대한 불확실도의 승리, 이는 기호 에너지의 가장 기본적인 형태이다. [96]이러한 분절되지 않고,

---

96) 구조주의 언어학에서는 각 기호들이 문장을 만들기 위하여 상호간에 분절 articulation이 있어야 한다. 즉 각 기호들이 어떤 논리적 관계에 따라 잘리고 연결되어야 한다. 그러나 광고에서는 이와 달리 기호들이 순간적으로 일상적으로 허용된 논리를 넘어서서 결합하고 배치된다. 여기서는 기호들이 논리와 의미의 규칙을 따르는 것이 아니라 감각의 규칙을 따른다. 단순화된 여러 이미지들의 혼잡한 나열은 꿈의 이미지들이 일상적 논리와는 다르게 배치되는 것과 같다. 이것이 가능한 이유는 각 이미지들이 고유하게 가지고 있는 의미가 제거되었기 때문이다. 의미는 논리의 세계에 속하기 때문에 의미체들이 결합하기 위하여는 논리의 규칙을 따라야 한다. 그러나 의미가 제거된 기호들은 상호간에 자유로이 결합할 수가 있다. 그러므로 가장 그럴법하지 않은 이미지들이 서로 등가로 놓일 수 있다. 광고는

순간적이며, 과거가 없고, 미래도 없고, 가능한 변형도 없는 형태는 이것이 최종적인 것이기 때문에 다른 모든 것들에 대해 우세하다. 현재 실행되는 모든 형태들은 광고로 향하고 대부분은 거기서 소진된다. 반드시 명명된 광고 즉 광고로써 생산된 광고만 일컫는 것이 아니라, 광고형태 즉 단순화되고 두루 유혹적이며 두루 동감하는 작동양식의 형태(모든 양태들이 완화되고 말초적인 양식으로 그 속에서 혼동된다)까지 포함한다. 〈무거운〉 언술들과 의미의(혹은 문체의) 분절된 형태들의 고유성은 어떤 게임의 규칙들과 마찬가지로 하나가 다른 것으로 상호 번역될 수 없는 반면에, 일반적으로 광고형태 속에서는 모든 독특한 내용물들이 서로서로 번역될 수 있는 순간에 취소되어 버린다.

번역 가능성을 향한 이 긴 도정, 따라서 하나의 전적인 결합, 이는 모든 사물들의 표면적인 투명성의 결합이며 그들의 절대적인 광고의 결합으로(그래서 다시 한 번, 그중 직업적인 광고는 중요치 않은 한 형태일 뿐이다), 이것은 정치선전의 여러 잡다한 사건들 속에서 해석될 수 있다.

광고와 선전은 러시아 10월 혁명과 29년의 세계적 위기에서부터 그의 모든 규모를 가진다. 이 두 대중적 언어는 각자가 이념 혹은 상품의 대중적인 생산으로부터 나왔기 때문에 그들의 장부는 처음에는 분리되어 있었지만 점차 서로 접근한다. 정치선전은 정치이념과 힘, 정치인들, 정당들을 그들의 〈상표 이미지〉를 가지고서 장사하고 상품화한다. 정치선전은 이러한 경쟁사회의 가장 커다란 그리고 진실임직한 이념-힘을 운반하는 모델로서 광고와 접근한다. 상업화와 상표에로의 이러한 집중이 우리 사회를 정의한다. 여기서는 더 이상

기호의 조작인 몽타주이다. [역주]

경제적인 것과 정치적인 것 사이에 차이가 없다. 왜냐하면 동일한 언어가, 엄밀히 말하여 정치적 경제가 마침내 충분히 실현된 사회의 한 쪽 끝에서 다른 쪽 끝을 지배하기 때문이다. 즉 단지 표면적인 집약적 강도만 통과하기 때문에 꿈처럼 모순이 없는 어떤 언어 속에서 흡수되고 해결되며 (사회적 갈등의 역사적 양식으로서) 특이한 역동성으로서 용해되었다.

정치적인 것의 언어 이후에 이번에는 사회적인 것의 언어가 말초적인 언어의 미혹적인 선동과 혼합되려 할 때, 사회적인 것이 광고로 되려 할 때, 그의 상표 이미지를 강요하려고 시도함으로써 다수의 동의에 의해 결정되고자 할 때 후속 단계가 통과된다. 예전에는 역사적 운명이었던 사회적인 것 자체가 모든 방향으로 자신의 광고를 확보하며 일종의 〈집단적인 기획〉의 서열로 떨어진다. 각각의 광고가 어떤 잉여가치를 생산하려 하는지를 보라 : 붐 붐 하는 여자 아나운서의 따뜻하고 핏기없는 목소리 속에서 소리 띠의 묵직하면서도 날카로운 소리 속에서, 우리 눈 아래 어디서나 뛰어다니는 이미지-띠의 다양한 색조들 속에서, 벽들의 어디나 있는 사회적인 것의 선동. [97]어디나 있는 사회성, 절대적 광고 속에서 마침내 실현된 절대적인 사회성 역시 완전히 용해되어 환각에 홀린 사회성의 잔해가 모든 벽들 위에, 광고의 메아리에 의해 즉각적으

---

97) 사회성이라는 것이 예전에는 역사적 필연과 필요에 의하여 자발적으로 탄생하였던 실체였으나 오늘날은 이 실체가 사라지고 없기에 이 실체를 계속 주입하고 강요한다. 사회성을 힘차게 부르짖고 선전하는 사회일수록 그것이 부족하고 일부의 이익을 위하여 절실히 요구된다는 증거이다. 요즈음의 우리 사회처럼 모든 벽면과 스피커, 지면이 광고의 형태로 된 애국, 애족, 질서, 단결, 근면, 도덕 등 무용의 상실된 가치를 선전 선동하는 적도 드물 것이다. 우리 사회에 이미 이러한 것이 실체로 존재하지 않고 오직 이러한 광고로만 존재하고 있다는 외침이다. [역주]

로 만족되어진 사회적인 것의 요구라는 단순화된 형태로 있다. 사회적인 것은 시나리오와 같고 우리는 이 시나리오에 미쳐 날뛰는 관중이다.

이처럼 다른 모든 언어들의 희생 아래서 광고형태는 더욱더 중화되고 등가치적이며 무감한 수사법으로서, 이브 스투르제 Yves Stourdzé 가 말했듯이 우리를 도처에서 감싸는 〈비구문적인 성운〉으로서 강요되고 발달한다(그래서 단숨에 그렇게도 논란의 대상이었던 〈신뢰〉와 효율성의 문제를 치워버린다 : 이 형태는 투여할 의미소들을 제안하지 않으며, 반면에 전에는 서로 차이가 있던 모든 기호들의 등가치성을 제안하며, 바로 이 등가치성에 의하여 이 기호들을 저지한다). 이것은 오늘날 광고의 힘과 아울러 그 소멸의 조건들을 정의한다. 오늘날 광고는 더 이상 뭔가를 기대한 내기가 아니라, 〈사회풍속 속으로의 들어감〉이며 동시에 광고가 20년 전에 대변하던 사회적이고 도덕적인 극적 효과로부터 빠져나오기이다.

그것은 사람들이 더 이상 광고를 믿지 않거나 판에 박힌 것으로 받아들이기 때문이 아니다. 그 이유는 광고가 예전에는 모든 언어들을 단순화시키는 힘에 의하여 매혹시켰다면, 오늘에는 이 힘이 더욱 단순화되고 따라서 더욱 작동적인 다른 언어형태에 의해 강탈되었기 때문이다. 정보적 언어들이 그 예이다. 다른 커다란 매체들과 짝을 이뤄서 광고가 우리에게 제공해 준 몇 개의 장면을 모아 이룬 단위의 모델, 소리의 띠와 이미지 띠의 모델, 광고가 제안하는 모든 담론들을 결합하여 이들을 상호균등하게 하는 모델, 광고가 전체환경으로서 세운 소리와 기호, 신호, 슬로건의 여전히 수사학적인 등질의 전체 등이 그렇다. 그러나 이러한 모델은 이 세기말의 지평선 위에서 현재 행렬하고 있는 전자적인 등질의 전체에 의하여, 자기적 띠에 의하여, 광고 모델의 본질인 바로 그 시뮬라시옹의 기능 속에서 광범하게 추월되었다. 극소진행과 신호적인 속성과 정보통신학의 언어들은 광고가 그 초라한 차원에서, 여전히 상상적이고 공연적인 차원에서 하였던 것보다 진행의 절대적 단순화라는 동일한 방향에서 훨씬 앞서 간다. 이 체계들이 훨씬 멀리 가기 때문에 오늘날 이 체계들은 전에 광고에 귀속되었던 미혹을 극점으로 집약시켜 버린다. 정보학적 의미로 정보가 이미 광고의 지배에 종지부를 찍고 있다. 이것이 바로 두려움을 주는 것이며 정열을 불러일으키는 것이다. 광고적인 〈정열〉은 컴퓨터 위로 그리고 일상생활의 정보적인 극소화 위로 이동되었다.

이러한 변형의 예시적인 삽화는 딕크 K. Ph. Dick의 혹이었는데, 이는 전이된 광고조직을 이식한 것으로 일종의 발산적인 바람구멍, 신체에 붙어서 제거하기 어려운 전자기생충이다. 그러나 이 혹은 여전히 중간적인 형태이다. 이것은 이미 일종의 육화된 인공신체이지만 여전히 광고메시지를 기계적으로 반복한다. 따라서 일종의 잡종이지만 개인들을 자동으로 조종하는 심리처방적이고 정보적인 그물망의 예시이다. 그에 비하면 광고적인 〈상황 설정〉은 감미로운 돌발사건과 같은 모습이다.

현재로서 가장 재미있는 광고의 모습은 특수한 형태로서 혹은 아주 간단히 매체로서 사라지고 묽어지는 것이다. 광고는 더 이상 의사소통 혹은 정보 전달의 수단이 아니다(또 그런 적은 있었는가?). 혹은 광고는 매순간 스스로를 절대적인 것으로 인정되도록 하고, 따라서 자기자신을 우스꽝스럽게 흉내내는 과잉 발달한 시스템들의 특수한 광기에 사로잡힌다. 과거에는 상품이 자기자신의 광고였다면(다른 광고는 없었다), 오늘날에 광고는 자기자신의 상품이 되었다. [98]광고는 자기자신과 혼동된다(그래서 광고를 장식하는 에로티즘은 자기자신을 지적할 따름인 어떤 체계의 자아-에로티즘을 지시할 따름이다. 그 때문에 광고 에로티즘에서 여성신체에 대한 〈소외〉를 보는 것은 무의미한 일이다).

매체가 자기자신의 고유한 메시지가 되는 한(차후로는 광고의 자기자신을 위한 요구가 있을 것이고, 따라서 광고를 〈믿거나〉 믿지 않거나의 문제는 더 이상 제기되지 않도록 한다) 광고는 완전히 사회적인 것과 일치되고, 후자에 대한 역사적 실체로서의 강요는 사회적인 것에 대한 순수 간단한 수요에 의하여 흡수되어 버린다. 어떤 기획이나 서비스 전체, 그리고 어떤 삶 혹은 생존양식이 요구하는 것은 사회적인 것에 대한 기능적 요구이다(마치 자연을 보전해야 하듯이 사회적인 것을 구해야 한다 : 사회적인 것은 우리의 보금자리이다). 그런데 전에는 사회적인 것은 그 계획에서조차도 일종의 혁명이었다. 이건 이제 상실되었다. 사회적인 것은 바로 이 환상의 힘을 상실하였으며 수요 공급의 항목 속으로 떨어졌다. 마치 노동이 자본에 적대적인 힘으로부터 단순한 고용의 지위로, 즉 (경우에 따라서는 혼치 않은) 어떤 재산의 지위로, 다른 것과 마찬가지로 어떤 서비스의 지위로 넘어간 것처럼. 따라서, 사회적인 것을 위하여 광고를 할 수 있듯이, 노동을 위하여, 어떤 노동을 발견한 기쁨을 위하여 광고를 할 수 있다. 그래서 오늘날 진정한 광고는 여기에 있다 : 사회적인 것의 디자인 속에, 그 모든 형태 속에서 사회적인 것을 고취시키는 속에, 거기에 대한 필요가 처절하게 느껴지는 어떤 사회적인 것을 끈질기고 악착같이 환기하는 속에.

지하철 속에서의 민속춤, 안전에 관한 수많은 캠페인, 전에

---

98) 전달매체 자신이 실재나 시뮬라크르로서 실제와 혼동되듯이 일종의 전달매체인 광고가 실재와 혼동되는 현상을 말한다. [역주]

절대적 광고, 제로 광고   159

는 여가에 전속한 미소를 동반한 〈내일 나는 일한다〉라는 슬로건, 노사분쟁 조정위원 선출에 관한 일련의 광고 : 〈나는 아무에게도 나를 위해 선택하도록 내버려 두지 않는다〉——아주 공연적 거짓처럼 들리는 기괴한 슬로건, 그 부정 속에서조차 사회적인 것의 행위를 하는 조롱적인 자유의 슬로건. 〈나는 구입한다, 소비한다, 즐긴다〉라고 근본적으로 끊임없이 말하고 반복하면서 오랫동안 경제적 유형의 암시적인 최후통첩을 운반한 이후에 오늘날은 광고가 그 모든 형태로 〈나는 투표한다, 참여한다, 현장에 있다, 관계되어 있다〉를 반복하는 것은 우연만은 아니다. 그것은 어떤 역설적인 조롱을 나타내는 거울, 모든 공공의 의미에 대한 무관심을 나타내는 거울인 것이다.

반대 방향의 공포 : 사람들은 사회적인 것이 공포스러운 반응 속에서, 통제불능의 연쇄반응 속에서 붕괴되어 버릴 수 있음을 안다. 그러나 각각의 미립자세계가 그 자동조종 속에서 포화되고 자율조절되며 정보를 공급받고 고립되는 반대의 반응 속에서도 즉 무감각의 연쇄반응 속에서도 사회적인 것은 붕괴될 수 있다. 광고는 이것의 서곡이다. 전신 전보기의 밴드처럼, 그 무감각 속에서 각각 고립된 기호들을 끊임없이 연결한 최초의 윤곽이다. 이는 포화된 세계를 알리는 형태, 원래 용도를 상실하고 다른 용도로 변경된, 그렇지만 포화된 것이다. 무감하게 된, 그렇지만 터질듯이 가득 찬 이와 같은 세계 속에서 비릴리오 Virilio 가 사라짐의 미학이라고 부른 것이 힘을 갖는다. 포화의 후속과정으로서 그러니까 자기자신에게 완전히 투명한 어떤 사회의 마비 혹은 욕구불만 표출 과정에 뒤이은 집단적인 반발의 후속적인 결과로서 대상들은 조각조각 갈라지기 시작하고 행태들도 조각조각 갈라져 나타나기 시작하여 각 영역들은 조각조각 균열하기 시작한다. 광고 속에서의 기호들처럼 사람들은 고착되고 깊이 없이 투명해지거

나 무수히 많아진다. 무감각점을 벗어나기 위하여 사람들은
투명체가 되어 통과하거나 根莖이 된다. 사람들은 스스로를
궤도 위에 올려놓고 가지를 치며, 스스로를 위성으로 만들고
스스로를 역사적 문서로 분류한다. 이에 궤적들은 서로 교차
한다. 일상생활 속에 노동-띠, 여가-띠, 운송-띠 등이 있듯
이 소리-띠, 이미지-띠가 있다. 모든 것은 광고-띠 속에 포
함된다. 도처에 서너 개의 궤적이 있고, 당신은 그 교차점에
있다. 그래서 피상적인 포화와 그 미혹에 취한다.

　이것이 가능한 까닭은 미혹이 남아 있기 때문이다. 절대적
인 광고의 도시인 라스베가스를 보기만 하면 된다(50년대의
도시, 광고로 미친 해들의 도시, 도시들을 전혀 다르게 만들어버린
프로그램적인 논리에 의해 광고가 비밀스럽게 단죄되어 버렸기에
어떤 점에서 오늘에 와서는 복고적인 광고의 매력을 간직하고 있
는 도시). 해가 떨어지자마자 광고의 휘황찬란한 빛으로 사막
으로부터 통째로 라스베가스가 솟아오르고, 날이 밝자마자 다
시 사막으로 되돌아가는 것을 볼 때 사람들은 광고가 벽들을
즐겁게 하거나 장식하는 것이 아니라, 광고란 벽들을, 길을,
건물의 정면들을, 모든 건축을, 모든 물적 실체와 깊숙함을
지우는 것임을 보게 된다. 그리고 이러한 제거, 표면 속으로
모든 것의 흡수가(그 표면에서 순환하는 기호들이 무엇이건 중요
치 않다) 바로 우리를 눈이 휘둥그렇게 하고, 파생실재적인
이러한 함열 속으로 빠지게 하는 것임을 알게 된다. 이 함열
을 우리는 이제 다른 어떤 것의 함열과도 바꾸지 않을 것이
며, 이것은 또 매혹의 되돌이킬 수 없는 텅 빈 형태이다.

　언어는 따라서 자신을 자신의 분신에 의해 이끌리게 하고, 그
　공식인 〈모든 사람은 그것을 믿어야 한다〉라는 합리성의 환영을
　위해서 가장 선한 사람을 가장 나쁜 사람과 함께 접합한다. 이

것이 우리를 한덩어리로 만드는 것이 전해준 메시지이다.
　　　— J. -L. Bouttes,「집중성의 파괴자」.

　　광고는 따라서, 정보와 마찬가지로 가치나 의미 집중성의
파괴자, 무감각의 가속자이다. 의사소통 언어의 모든 장치들
과 모든 절차들이, 예를 들어 ([99]접촉 기능 : 내 말 들려요? 날
보고 있습니까? 곧 말할 것이다! ——참조 기능, 시적 기능, 암
시, 역설, 말장난, 무의식) 광고 속에서 의미를 나타내는 것들
과 비-의미적인 모든 인위적인 것들이 무감각하게 반복된다.
어떻게 이 모든 것들이 정확히 포르노에서 섹스처럼, 즉 그걸
믿지 않으면서, 지쳐빠진 동일한 외설성을 가지고서, 연출되
는가를 보라. 그 때문에 차후로는 광고를 언어로서 분석하는
것은 소용없는 일이다. 왜냐하면 거기서 일어나는 것은 다른
것, 즉 언어의 (이미지도 역시) 겹뜨기이기에 거기에는 언어학
도 기호학도 대답할 수 없다. 그 이유는 언어학이나 기호학은
의미의 진짜 작동 위에서 작업하기 때문이다. 그리고 언어의
모든 기능들이 이렇게 희화적으로 과도히 틀을 벗어나는 것을
예감하지 못했기 때문에, 기호들이 이렇게 그 광대한 조롱의
영역으로 열려서, 그들의 조롱 속에서, 어떤 내기도 없는 그
들 게임의 집단적 광경과 조롱 때문에, 흔히 이르듯 〈소비될
줄은〉 결코 예감하지 못했기 때문이다. 마치 포르노가 과장
된 섹스의 허구인데, 섹스는 그 조롱 속에서, 조롱 때문에 소
비되고, 이것은 곧 섹스의 과장되고 기괴한 바로크적 승천 속

---

99) 앞서 야콥슨이 제시한 메시지의 의사소통의 여섯 가지 기능들이다.
　　특히 광고에서는 모든 기능이 과도하게 반복되고 강조된다고 할 수
　　있다. 광고는 우선적으로 쉽게 빨리 눈에 들어와야 하며 (접촉기능),
　　전달하고자 하는 바를 요약적으로 제시하고 (지시기능), 아주 재미있
　　는 형태로 나타내야 한다 (시적 기능). [역주]

에서 섹스의 덧없음에 대한 집단 공연이듯이(종교적인 실신을 조각상들의 극도의 성적 쾌감 속에 고정시켜, 덧없는 외적 장식인 회반죽의 화려한 승리적 조롱을 발명한 것은 바로 바로크이다).

광고적 프로젝트의 황금기는 어디에 있는가? 이미지에 의한 대상의 고취, 사치스러운 광고 비용에 의하여 구매와 소비의 고취? 자본의 관리에의 광고의 예속화가 무엇이었던간에 (그러나 이러한 문제 즉 광고의 사회적 경제적 충격의 면은 항상 해결되지 않으며 근본적으로 해결될 수 없다), 광고는 항상 예속 기능 이상이었고, 정치적 경제와 상품의 세계를 비추는 거울이었으며, 한순간에는 이 세계의 영광스러운 상상세계였으며, 찢기운, 그러나 팽창중의 세계의 상상세계였다. 그러나 상품의 세계는 더 이상 이러한 팽창세계가 아니다. 이 세계는 포화되고 함몰하는 세계이다. 단숨에 이 세계는 그의 의기양양한 상상세계를 상실하였으며, 어떤 점에서는 거울의 단계에서 장례작업으로 넘어갔다.

이제 더 이상 상품의 연출 장면은 없다. 단지 상품의 외설적이고 공허한 형태만 있다. 그래서 광고는 이러한 포화되고 공허한 형태의 삽화이다.

그 때문에 광고는 더 이상 영토가 없다. 표정 가능한 광고의 형태들은 더 이상 의미적인 것이 아니다. 예를 들면 [100]〈레

___

100) Le Forum des Halles:보부르 즉 퐁피두 연구소가 파리 중심부 Les Halles에 위치하고 있다고 말한 바 있다. 마찬가지로 Forum도 Les Halles에 있는 종합상가로서 그 속에 대형서점, 전자상가, 스포츠 전문점, 의류, 가구 등을 갖춘 대형종합백화점인 FNAC 외에도 다른 거대백화점들, 뿐만 아니라 음식점, 가구점, 의류점, 신발점 등이 있다. 포럼은 RER라 불리는, 일반 지하철과는 다른, 고속 지하철의 여러 선들이 교차하고 그 외 다른 일반 지하철 선들의 교차역인 Les Halles과 직접 연결되어 있으므로 교통면에 있어서도 파리의 가장 번잡한 지역이다. [역주]

알의 포럼 Le Forum des Halles〉은 거대한 광고 전체이다
──일종의 광고 조작. 이것은 누구의, 어떤 특정 회사의 광
고가 아니고, 또한 보부르가 원래는 문화 중심이 아니었듯이,
여기도 진짜 상업의 중심지 혹은 건축적인 전체의 위상이 아
니다. 이 이상한 대상들, 이 거대한 괴물체들은 우리의 사회
적 정신 상태가 광고적으로 바뀌었음을 보여준다. 포럼과 같
은 그 무엇이야말로 광고가 무엇이 됐는지, 광고 영역이 무엇
이 됐는지를 가장 잘 보여준다.

   [101]상품은 매장된다. 마치 정보들이 고문서 보관소에, 고문
서 보관소가 벙커들 속에, 로케트가 원폭창고 속에 매장되듯이.

   쭉 펼쳐지고 행복했던 상품은 끝나고, 차후로는 상품은 햇
빛을 피한다. 그래서 단숨에 상품은 마치 자기 그림자를 잃어
버린 사람처럼 된다. 이처럼 〈레 알의 포럼〉은 초상집과 아주
닮았다──매장된, 검은 태양에 투명한 상품의 호사스런 장
례, 그리고 상품의 석관.

   거기서는 모든 것이 무덤처럼 음산하다. 희고 검고 분홍빛
의 대리석들, 부유하고 속물적이며 광택 없는 이 검은 것의
벙커-보석상자, 지하 광물 공간, 여기에는 유동물질들이 완
전히 부재한다. 최소한 눈이라도 속였던 [102]Parly, 1, 2의 물
장막처럼 액체 같은 것조차도 없다. 여기서는 재미있는 핑계
거리조차도 없고, 오직 거만한 장례만이 연출된다. (이 전체
에 대해 할 수 있는 유일한 우스운 생각은 바로, 수직의 매끈한 콘
크리트의 판 위에서, 실물의 착각을 일으키게 그려진 그림이 되어

---

101) 지금은 상점에서 실제 상품을 쌓아놓고 팔기보다는 광고화된 견본,
   이미지, 구성 형식을 제시한다. 상품은 지하 창고나 공장에 쌓여 있
   다. [역주]

102) Parly 1, 2 : 파리시 외곽 서쪽에 있는 거대한 상업지역, 앞서 나온
   거대시장 중의 하나라 할 수 있다. [역주]

걸어가는 인간과 그의 그림자이다 : 콘크리트 수직판은 허망한 공중에 세워진 보기 좋은 회색의 거대한 그림으로, 실물 착각을 일으키게 하는 그림의 틀이며, 이 벽은 그걸 원하지도 않게, 포럼이 구성하는 고급 의상실, 기성복점의 가족유골 지하안치소와 대조되어 생생히 살아 있는 것이 된다. 이 그림자는 아름답다, 왜냐하면 이 그림자는 자신의 그림자를 잃어버린 아래층의 세계에 대한 대조된 암시이기 때문이다.)

한번 이 신성한 공간이 일반에게 공개된 이후에, 마치 라스코 동굴들처럼, 이 공간이 회복 불능으로 손상될 염려가 있으므로(RER로부터 쏟아져 나오는 대중덩어리를 생각해 보라), 사람들이 기대할 수 있을 모든 것, 이것은 즉각 이곳의 통행을 금하는 것이다. 상품의 절정 단계를 지나서 지하 납골 단계에 이른 어떤 문명의 증거를 다치지 않게 보전하기 위하여 이 공간을 영구적으로 수의로 덮어버리는 것이다. 토타발 Tautaval의 인간으로부터 시작하여 마르크스와 아인슈타인을 지나 도로테 비스Dorothée Bis······에 이른 긴 도정을 되새긴 일종의 벽화가 여기 있다. 왜 이 해체의 벽화를 구하지 않는가? 훨씬 훗날에는 동굴학자들이, 영구적으로 자신의 그림자로부터 달아나기 위하여 매장되기를 선택했던 한 문명, 마치 이 문명이 이미 자신의 매력들과 인위적인 것들을 다른 세계에 바치기라도 한 듯이 이것들을 매장하기를 선택한 한 문명과 함께 이 벽화를 다시 발견할 것이다.

동일증식 집단 이야기

신체의 역사를 엮어 나가는 인공신체들 중에서 분신은 틀림없이 가장 오래된 것이다. 그러나 분신은 엄격히 말해 인공신체가 아니다. 그것은 어떤 영혼, 그림자, 거울 속의 이미지와 같이 어떤 주체를 그의 다른 것으로서 망령처럼 붙어다니는 상상적인 형상이며, 이 형상은 주체가 그 자신이면서 동시에 자기 자신과 결코 닮지 않도록 하는 것이고, 또 이 형상은 교묘한 그리고 항상 내쫓긴 죽음처럼 주체에 항상 붙어다니는 것이다. 그렇지만 또 항상은 아니다. 이 분신이 물질화 될 때, 그가 보여지게 될 때는, 그것은 주체의 임박한 죽음을 의미하기 때문이다.

주체가 자기자신에 대해 낯설고 동시에 친밀한 관계를 맺게 되는 분신의 상상적인 풍부함과 힘은 분신의 비물질성 위에, 분신이 환상이고 환상으로 남아 있다는 사실 위에 세워진다. 각자는 그 평생 동안 자기 존재를 완전한 이중으로 하거나, 여러 복수로 하기를 꿈꿀 수 있고 꿈꿔야만 했다. 그러나 이 것은 꿈으로서의 힘밖에 없고, 꿈을 실재 속에서 강제하기를 원하면 파괴되기 마련이다. 매혹의 (원시적) 장면에 대해서도 마찬가지이다. 매혹이란 환상화되기만 하고 다시 회상되기만 하는 데에서, 결코 실제가 아닌 한에서만 작용한다. 다른 것들과 마찬가지로 이 환상을 내쫓기를 바라는 것은 바로 우리 시대에 속한 것이었다. 즉 이 환상을 실현하고 이 환상을 살과 뼈로 물질화시키는 것이다. 어떻게 보면 완전히 반대 의미로서 하나가 죽고 또 다른 하나를 만드는 교묘한 분신 게임 대신에 같은 것의 영속화로 바꾸고자 하였다.

같은 것들의 집단들. 같은 것들의 집단으로 만들기. 끝없는 인간의 꺾꽂이 번식, 한 개별적 유기체의 세포가 동일한 개인의 모체가 다시 될 수 있음으로 하여, 미국에서는 몇 달 전에 한 어린아이가 마치 제라늄처럼(제라늄은 다른 대부분의 화초들과 마찬가지로 그 한 가지만 꺾어 물에 며칠만 담가 두면 새뿌리가 나오고 전과 똑같은 독립체가 된다 : 역자) (원한다면) 태어났을 것이다. 꺾꽂이에 의한 최초의 무성생식-어린아이(식물적 증식에 의한 한 개인의 후손), [103]한 유일 개인의 오직 하나의 세포로부터 처음으로 태어난 아이, 이 아이는 그의 〈아버지〉인 유일한 번식용 수컷의 정확한 부본, 완전한 쌍둥이, 분신일 것이다.

죽음과 연결되어 있는 성적인 생식을 대체할 영원한 쌍생의 꿈. 분열생식적인 세포의 꿈. 이는 부모성의 가장 순수한 형태이다. 왜냐하면 이 형태는 마침내 다름이 없음을 허용해 주고, 동일한 것에서 동일한 것으로 가도록 허용해 줄 것이니까(여전히 여자의 자궁을 그리고 핵이 없는 난자를 통과해야만 한다. 그러나 이러한 지지물은 일시적인 것이고 어떻든 익명의 것이다. 여성의 인공신체가 이를 대신할 수 있을 것이다). 생식을 통해서 복잡한 존재자들을 원생동물들의 운명에 접근하게 하는

---

103) D. Rorvik, 『그의 이미지에 따라서』 중 「한 인간의 복사」를 참조하라. Paris, Grasset, 1978.

단세포적인 유토피아라 하겠다.

성을 가진 존재자들을 성에 의한 생산 이전의 재생산 형태를 향해 후퇴하도록 몰아가는 것은 죽음 충동이 아닌가? (게다가 이러한 분열번식 형태, 순수한 인접성에 의한 이러한 재생과 증식은 우리에게, 우리 상상의 가장 깊숙한 곳에, 죽음이며 죽음 충동으로 있는 것이 아닌가? 이것은 성이 생명의 보유자이기에 즉 재생산을 하는데 중대하고 죽음을 내포한 형태이기에 성을 부정하고, 성을 제거하기를 원하는 것이 아닌가?) 형이상학적으로는, 오직 동질성의 영속화만을 겨냥해서, 실제로는 오히려 다양한 우발적인 변수에 종속되어 있을 생식코드의 기입을 투명하게 단일화하기 위하여 이 죽음 충동은 성을 가진 존재들로 하여금 타자와 다른 모든 성질을, 같은 하나의 다른 것으로서의 변질을 부정하도록 몰아가는 것이 아닌가?

죽음 충동은 그대로 두자. 이것은 자기 스스로를 생산하는 환상의 문제일까? 아니다. 왜냐하면 자신을 생식한다는 환상은 항상 어머니와 아버지의 형상, 주체가 자기자신으로 대체하여 지워버리길 꿈꿀 수 있는 성을 가진 부모들의 형상을 통과하기에, 결코 생식의 상징적 구조를 부정하지는 않는다. 자기자신의 어린아이가 되기, 이것은 여전히 누군가의 어린아이이다. 같은 것의 무성생식은 근본적으로 어머니를 제거하지만, 아버지도, 그들 유전자들의 뒤엉킴도, 그들의 다름들이 서로 얽히는 것도 제거해 버리고, 특히 생식이라는 이원적인 행위를 제거해 버린다. 같은 것의 무성 생식자는 생식을 하지 않으며, 오히려 그의 조각들의 각각으로부터 새로운 가지 치기를 한다. 〈비인간적인〉 성, 인접성과 즉각적인 감속에 의한 성을 위해, 사실상 오이디푸스적인 성의 모든 성격을 해소해 버리는 식물적인 가지 치기들의 풍부함에 대하여 사색할 수 있다──더 이상 자신을 생식한다는 환상의 문제가 아니다라는 것이 남는다. 아버지와 어머니는 사라져버렸다. 주체의 우연에 맡겨진 불확실한 자유를 위해서가 아니라 코드라고 불리는 모체를 위해서. 더 이상 어머니도 아버지도 없고 하나의 모체만 있다. 생식 코드의 모체인 바로 이 모체가 차후로는 우연적인 모든 성의 성격을 축출한 작동적인 양식으로 무한히 〈출산한다〉.

더 이상 주체도 없다. 왜냐하면 동일한 것의 복사는 그의 분할에 종지부를 찍는다. 거울의 단계는 같은 것의 증식 속에서 폐지된다. 혹은 그보다는 거울 단계가 동일증식 속에서 아주 괴물 같은 방식으로 뒤틀려 바뀌어져 있다. 동일증식은, 같은 이유로, 이상적으로 변형된 자아 속으로의 주체의 투영이라는 자아도취적인 아득한 꿈에서도 아무것도 다시 취하지 않는다. 이러한 투영은 여전히 어떤 이미지를 통과하기 때문이다. 그 이미지는 거울 속에서 주체가 자신을 다시 발견하기 위하여 자기자신을 제거한 이미지, 혹은 주체가 거기서 죽기 위하여 자기자신을 보는, 유혹적이며 치명적인 이미지이다. 동일증식에는 그러한 것이 하나도 없다. 더 이상 매체도, 이미지도 없다──산업적 대상이 일련의 연속 속에서 그를 뒤따르는 동일한 대상의 거울일 수가 없는 것처럼. 하나는 결코 다른 것의 이상적인 혹은 치명적인 신기루가 아니다. 그들은 하나에 다른 하나가 보태질 따름이다. 그리고 그들이 보태지기만 한다면, 이는 그들이 성적으로 생산된 것이 아니고 죽음을 모르기 때문이다.

쌍생성에 관한 문제조차도 아닌데, 그 까닭은 쌍둥이에는 둘이라는, 결코 하나가 아니었고 단번에 둘이라는 특이한 특성, 신성하고 특별한 미혹이 있기 때문이다. 반면에 동일증식은 같은 것의 반복을 올려 바친다 : 1+1+1+1, 등.

어린아이도, 쌍둥이도, 자아도취적 반영도 아닌, 동일증식된 집단은 생식적인 길을 통한 분신의 물질화, 즉 타자와 다른 모든 성격과 모든 상상을 제거한 것이다. 이 제거는 성의 경제와 혼동된다. 생산기술의 미친 듯한 클라이맥스.

지렁이와 마찬가지로, 한 조각은 스스로를 재생산하기 위하여 상상적인 매개를 필요로 하지 않는다. 지렁이의 각 조각은 직접 완전한 지렁이로 재생된다. 마치 미국 PDG의 각 세포가 새로운 PDG를 만들 수 있듯이. 이와 똑같이, [104]홀로그램의 각 조각은 완전한 홀로그램의 모체가 될 수 있다. 홀로그램의 흩어진 조각들 각각 속에는, 정보가, 아마도 최소의 정의로서, 완전히 남아 있다.

이와 같이 사람들은 전체성에 종말을 고한다. 만약 정보가 그의 부분들의 각각에 있다면, 전체는 그 의미를 상실한다. 이것은 또한 신체의, 신체라 불리는 이 독특성의 종말이다, 신체의 독특성의 비밀은 신체가 첨가적인 세포들로 쪼개질 수 없다는 것이고, 신체란 나누어질 수 없는 전체적인 구성모습이라는 것으로, 이것의 증명은 신체의 섹스화다(역설 : 동일증식은 영구적으로, 그들의 모델과 유사하기 때문에, 성을 가진 존재들을 만들 것이다. 그런데 섹스는 그 자체로서는 불필요한 기능이 된다. 그러나 바로 이렇게 섹스는 기능이 아니고, 섹스는 신체가 신체이게 하는 것이며, 섹스는 신체의 모든 다양한 기능들을, 그의 모든 부분들을 초과하는 것이다). 섹스는(혹은 죽음 : 이러한 의미에서는 같은 것이다) 하나의 신체에 집합할 수 있는 모든 정보를 초과한다. 그러면, 이러한 모든 정보는 어디에 집합되는가? 생식 모델 속에. 바로 이것이 왜 이 생식 모델이 반드

___
104) holographie : 레이저 광선을 이용하여 대상의 윤곽을 찍어내는 사진 기술. 그러나 오늘날은 이러한 단계를 넘어 실물 같은 이미지가 허공 중에 떠다닐 수 있고 살아 움직일 수 있도록 하는 방법을 지칭한다. [역주]

시, 섹스화와 죽음으로부터 독립한 자동적인 재생산의 길을
뚫으려고 하는 이유이다.

이미 생물리-해부학의 과학은 신체를 기관들과 기능들로
분할하면서, 신체의 분석적인 해체의 과정을 시작한다. 그래
서 미시 분자적인 생식학은 그것의 논리적인 결과일 따름이
다. 그렇지만 추상화와 시뮬라시옹은 훨씬 우월한 수준에서
의 논리적 결과이다. 명령적인 세포의 핵적인 수준, 그 세포
주위에서 이러한 모든 환상적인 것이 구성되는 직접생식 코드
의 수준이 그렇다.

[105]기계 구조적이고 기능적인 관점에서는, 각 기관은 여전
히 부분적이고 다르게 된 인공신체일 따름이다 : 이미 시뮬라
시옹이다. 그렇지만 〈전통적인〉 시뮬라시옹이다. 정보 통신
학적인 관점에서는, 신체 각각의 세포가, 구별화되지 않은 가
장 작은 요소가 이 신체의 〈씨눈적인〉 인공신체가 된다. 모든
신체들의 현대적인 진짜 인공신체가 된 것은 각각의 세포 속
에 새겨진 생식 모델이다. 인공신체라는 것이 공통적으로 무

---

105) 이러한 관점에서는 지금까지 우리의 시스템적 분석에서 흔히 사용
되던 전체와 부분의 관계가 변한다. 일반적으로 부분은 전체 속에서
의미를 갖는다고 얘기된다. 전체적인 관점에서 부분은 다른 부분과
유기적 관계를 유지하고 그에 따라 특수한 기능을 부여받는다. 그러
나 여기서처럼 부분이 전체를 대신하는 경우에는 부분이 곧 전체이
다. 이것은 물론 재현 시스템에서 〈부분이 곧 전체이다〉와 혼동될
수 있겠으나 여기서는 부분이 투영된 이차적 효과로서 전체를 대변
하지 지금처럼 부분이 전체를 직접적으로 대체하지는 않는다. 따라
서 각 기능의 분할에 따른 기능주의적인 용어가 사라지고 그와 유사
한 유기체적이라든가 기관적이라든가 하는 용어도 통용되지 않는다.
  오늘날 현대 회화에서 신체를 그릴 때에 특수한 기능을 수행하는
것처럼 보이던 신체의 각 부분들이 다른 부분들이 수행하던 기능들
까지 한꺼번에 수행하도록 나타내지는 현상도 이와 무관하지 않다.
기능들이 분화되지 않고 혼동된다. [역주]

력한 기관을 대체하는 인공물 혹은 한 신체의 도구적인 연장이라면, 신체에 관한 모든 정보를 포함하고 있는 DNA 분자는 바로 훌륭한 인공신체, 이 신체를 그 자체로서 무한히 연장하도록 허용해 주는 인공신체이다. 신체 자신도 그의 인공신체들의 무한한 연속에 불과하다.

다른 모든 기계적인 인공신체보다 무한히 훨씬 교묘하고, 또 더 인위적인 정보통신학적인 인공신체가 있는데, 이는 생식 코드가 〈자연적인〉 것이 아니기 때문이다. 어떤 전체의 추상적인, 그리고 자율화된 모든 부분이 이 전체에다 자신을 대체하면서 이 전체를 변질시키는 인위적인 인공신체가 되는 것과 같이(인공신체의 어원적 의미는: pro 앞서서, ─을 위하여 ──thésis 놓는 행위이므로, 미리 전체 신체가 생식코드 속에 들어 있다는 말이다), 한 존재의 전체에 관한 〈정보〉가 생식 코드에 담겨 있기에(이것이 바로 생식 시뮬라시옹의 믿을 수 없는 폭력이다), 그 속에 한 존재의 전체가 압축되어 있다고 주장하는 생식 코드는 일종의 인공물, 작동적인 인공신체, 추상적인 모체이다. 그로부터 더 이상 재생산에 의해서가 아니라, 순수하고 간단한 연장에 의해서 동일 명령에 위탁된 존재들이 생겨 나올 수 있을 것이다.

〈나의 생식 유산은 어떤 정자가 어떤 난자를 만났을 때, 일단 영원히 고착되었다. 이 유산은 나를 실현시켰고, 또 나의 기능을 보장하는 생화학적인 모든 과정들의 처방을 포함한다. 이 처방의 복사는 오늘날 나를 구성하는 수십억의 세포 각각에 기입되어 있다. 이 세포들의 각각은 나를 어떻게 만든지를 안다. 내 간이나 피의 세포가 되기 전에 그 세포는 나의 세포이다. 따라서 그들 중 하나로부터 출발하여 나와 똑같은 개인을 만드는 것은 이론적으로 가능하다〉(A. Jacquard 교수).

동일증식은 따라서 신체의 모델화 역사에서 마지막 단계이다. 이 단계에서 개인은 그의 추상적이고 생식적인 모델로 축소되어 연속 시리즈적 고착화에 바쳐진다. 이제 발터 벤야민 Walter Benjamin이 예술작품의 기술적 재생산의 시기에 있어서 예술 작품에 대해 말한 것을 다시 생각해 보아야 한다. 시리즈적으로 재생산된 예술작품에서 잃어버린 것은, 그를 감싸는 전조적인 징후, 여기 그리고 지금이라는 독특한 특질, 그의 미학적인 형태이다(예술작품은 이미 그 전에 그의 미학적 형태 속에서 그의 주술적 제례적인 형태를 상실하였다). 그리고 예술작품은 벤야민에 따르면 그의 피할 수 없는 재생산의 운명 속에서 어떤 정치적인 형태를 띤다. 상실한 것은 원본성으로, 이 원본성은 그 역시 향수적이고 회고적인 역사 속에서만 유일하게 〈원본적〉으로서 회복할 수 있는 것이다. 이러한 경과 중에서 가장 진보되고 가장 현대적인 형태는, 그리고 영화, 사진, 동시대의 대중매체들 속에서 묘사되었던 형태는, 바로 그 속에서 원본성이 결코 더 이상 일어나지 않은 형태이다. 왜냐하면 사물들은 단숨에 그들의 무제한한 재생산의 기능 속에서 인식되기 때문이다.

이러한 것이 메시지의 차원에서뿐만 아니라, 동일증식과 함께 개인들의 차원에서도 일어난다. 이것이 사실상 신체가 더 이상 그 자체 메시지, 정보와 메시지들의 저장, 정보적인 실체 이상으로 인식되지 않을 때에 신체에 일어난 것이다. 벤야민이 산업적인 대상들과 대중매체적인 이미지들에 대해서 사용한 동일한 용어 속에서, 아무것도 자신의 시리즈적인 재생산에 반대하는 것이 없다. 생산 위에서 재생산의 자전, 가능한 모든 신체들 위에서 생식 모델의 자전. 이러한 뒤집기를 명령한 것은 기술적인 폭발이다, 그의 궁극적 결과 속에서 벤야민이 전적인 매체라고 이미 묘사한 기술, 그러나 벤야민의 묘사는 산업사회에 머물러 있었다──아무것도 하나와 다른 하나에 대해 차이를 매길 수 없었던, 동일한 대상들과 이미지들의 생산을 명령한 거대한 인공신체——그래서 벤야민은 아직, 원래 존재로의 회귀가 결코 가능하지 않은 동일한 존재들의 생산을 가능하게 한 오늘의 이러한 기술적 진보를 알지 못했다. 산업시대의 인공신체들은 여전히 외적이고 기술 외면적이다. 우리가 알고 있는 인공신체들은 가지를 치고 내면화된다. 기술 내면적으로, 우리는 부드러운 기술들, 즉 생식적이고 정신적인 소프트웨어의 시대에 있다.

옛 산업시대 황금기의 인공신체들이 기계적인 한, 이들은 신체의 이미지를 변형하기 위하여 여전히 신체로 되돌아갔다. 그들 자신조차도 회귀적으로 상상 속에서 변형되었고, 이 기술적 변형도 또한 신체 이미지에 속하였다. 그러나 시뮬라시옹이 깊어져서 비-전환점에(데드 라인) 도달하면, 즉 인공신체가 더욱 깊어지고 내면화되며, 신체의 익명의 그리고 미시-분자적인 중심에 스며들어 가면, 인공신체가 〈원래〉 모델로서 신체에 강요되어 차후의 모든 상징적인 회로를 뛰어넘고, 모든 가능한 신체란 이 모델의 흔들릴 수 없는 반복일 따름이며, 이것은 신체와 그의 역사, 그리고 그의 우연적 사건들의 종말이다. 개인이란 기본 모델의 암적인 이동 이상이 아니다. X라는 개인의 동일증식에 의하여 나온 모든 개인들이 암적 이동 외에 다른 것이 될 수 있겠는가——암에서 보듯이 어떤 같은 세포의 번식? 생식 코드와 암 병리학 사이에는 밀접한 관계가 있다. 코드는 가장 작은 간단한 요소 즉, 자신과 동일하게 재생산할 수밖에 없는 그 자체로 개인 전체를 축소할 수 있는 미시 모델을 지시한다. 암은 전체적인 유기적 법칙을 고려하지 않고, 기본세포의 무한번식을 지시한다. 동일증식도 마찬가지이다. 아무것도 더 이상 동일한 것의 연장에, 하나의 유일 모체의 제지 없는 번식에 대항하지 않는다. 전에는 성적인 재생산이 한 유일 모체의 무한 재생산에 대항하였지만, 오늘날은 거꾸로 동일성의 생식 모체를 마침내 분리할 수 있게 되어 개인들의 우연적인 매력을 만들어주었던 차별적인 모든 우연적인 사건들을 제거할 수 있을 것이다.

만약 모든 세포들이 우선 동일한 생식모델의 집적소로 인식되면, ——똑같은 개인들 뿐만 아니라, 동일한 한 개인의 모든 세포들——이 세포들은 이 기본모델의 암적 연장 외에 무엇이겠는가? 산업적 대상들과 함께 시작한 전이는 세포적인 조직화 속에서 끝난다. 암이 자본주의시대의 병이 아니냐고 자문해도 소용없다. 사실 오늘의 모든 병리학을 명령하는 것은 이 병이다. 왜냐하면 이 병은 코드의 독성 형태이기 때문이다. 동일한 신호들의 신경과민한 반복, 동일한 세포들의 신경과민한 반복이 그것이다.

신체의 연출장면은 되돌이킬 수 없는 기술적 〈진보〉에 따라 변한다. 태양에 의한 일광욕, 이것은 이미 자연환경의 인위적 사용과 상응한다. 즉 자연환경을 신체의 인공신체로 만드는 것이다(신체 자체가 시뮬라크르로된 신체가 되면, 어디에 신체의 진실이 있겠는가?)——요오드 전등에 의한 가정 일광욕(여전히 기계적인 좋은 옛날 기술)——그리고 마지막으로 생식모델에의 개입을 통한 그을림(비교할 수 없을 정도로 더욱 진보한 단계, 그러나 그럼에도 불구하고 인공신체일 뿐인 이것은 영구적으로 통합되었다. 이 인공신체는 더 이상 신체의 표면이나 구멍들을 통하지 않는다), 이렇게 다른 신체들을 통과한다. 이것은 변형된 전체적 도식이다. 약한 기관을 개조하기 위한 전통적인 인공신체는 신체의 일반 모델을 아무것도 변화시키지 않는다. 기관이식도 여전히 이러한 질서에 속한다. 그러나 심리처리약과 의약품들을 통한 정신의 모델화에 대해서는 무슨 말을 하겠는가? 변한 것은 신체의 연출장면이다. 심리처리적 신체는 더 이상 재현의, 거울의, 담론의 원근법적인 공간을 통하지 않는다. 침묵의, 정신적이며 이미 분자적인 (그리고 더 이상 반영적이 아닌) 신체, 행위나 사건의 중개 없이 직접 변형된 신체, 타자와 다른 성격이 없고, 무대적 연출이나 초월성이 없는 내재적인 신체, 두뇌적이고 내분비선적인 흐름의 함열적인 변화에 바쳐진 신체, 이는 감각 중추적인, 그러나 결코 감성적이지 않은 신체이다. 왜냐하면 오직 그의 내부의 말초부위들 위에만 연결되어 있지 인지대상 위에 연결되어 있지 않기에(이 때문에 이 신체를 〈백지의〉, 무의 감각성 속에 가둘 수 있는데, 그러려면 그를 둘러싸는 세상에는 손대지 않고서 그의 고유한 감각적 말단들로부터 이 신체를 떼내기만 하면 된다), 이미 핵적이고 생식적인 조작에 가까운 즉 이미지의 절대적 상실에 가까워진 이 단계에서, 촉각적인 유연성의, 정신적인 유연성의, 모든 방향으로 향한 심리처리의 단계에서 이미 동질적인 신체, 타자를 위해서나 자기자신을 위해서나 가능한 재현이 없는 신체, 생식공식 속으로의 변모 혹은 생화학적인 종속에 의하여 그들의 존재와 의미에서 떼내어진 신체가 있다. 이는 돌아올 수 없는 점, 그 자신 역시 간극적이고 분자적이 된 기술의 클라이맥스인 것이다.

[참고]

암적인 번식도 역시 위의 생식 코드 조작에서처럼 재래적인 생식 코드 명령에 대한 불복종이라는 것을 고려해야 한다. 암이, 생물체에 대한 정보적인 핵의 관점이라는 논리 속에 있다 하여도, 그래도 암은 또한 생물체의 괴물 같은 과잉증가이고, 그럼으로 하여 전적인 비정보화와 파괴적인 해체에 이르게 하기 때문에 결국은 이 정보 논리의 부정이다. 리샤르 피나스

Richard Pinhas라면 허구들 Fictions 속의 〈신비로운 악에 관한 일람표〉에서, 유기적 해체의 〈혁명적인〉 병리학이라고 말할 것이다. 정보 체계들의 부정 불확실도에 저항하는, 유기 체들의 불확실도의 광란이다. (이것은 구조화된 사회적 정보에 대한 대중들의 상황과 같은 상황이다. 대중들은 그 자신 역시 모든 사회적 유기체성 너머의 암적인 전이들이다.)

　모호성은 동일증식에서와 같다 : 동일증식은 명령적 가정인 코드와 생식 정보적 가정의 승리이면서 동시에, 일관성을 파괴하는 괴상한 뒤틀림이다. 다음과 같은 사실이 그럴 가능성이 있다(그러나 이것은 미래 역사에 남겨져 있다). 비록 〈동일증식적인 쌍둥이〉라도 자신의 원본과 동일하지 않을 것이며, 결코 같은 것이 아닐 것이다. 이것의 이유가 자기 이전에 다른 것이 이미 있었기 때문이라는 간단한 것일지라도. 그는 결코 〈생식 코드가 그를 그 자신으로 변화시킨 그대로서가〉 아닐 것이다. 어떻든 수천의 간섭들이, 새로운 것이 아니고 아주 당연히 그의 아버지의 푸른 눈을 가질 그를, 다른 존재로 만들 것이다. 그래서 동일 증식적인 실험은 최소한, 정보와 코드의 유일한 지배에 의하여 한 과정을 지배하기가 근본적으로 불가능함을 보여주는 유리함을 가질 것이다.

입체 영상들

자신의 근원 위에서 허리를 수그리고 있던 나르시스 Narcisse 이래로, 지속하고 있는 생생함 그대로 위에서 실재성을 포착하려고 하는 것은 환상이다. 그를 고정하기 위하여 실재를 덮치고, 그의 분신의 기한이 만료되는 그곳에 실재를 매달기. 당신들은, 마치 신이 자신의 창조물 위에서 하듯이, 입체 영상 위에서 허리를 구부린다. 오직 신만이 벽을 통과하고 존재자들을 통과할 힘을, 비물질적으로 저 너머에 있을 힘을 갖는다. 우리는 우리 자신을 통과하여 저 너머에 있고자 하는 꿈을 꾼다. 당신의 입체영상적인 분신이 경우에 따라서는 움직이고 말도 하면서 저 공간 속에 있게 될 날, 당신은 이 기적을 실현시킬 것이다. 물론 이것은 더 이상 꿈이 아닐 것이고 따라서 그 매력은 상실될 것이다.

텔레비전 스튜디오는 당신을 입체영상적인 인물들로 변화시킨다. 사람들은 영사기의 빛에 의해서 공간 속에서 물질화된 듯한 인상을 갖는다. 마치 당신의 실제 손이 아무 저항 없이 비실제적인 입체영상을 통과하는 것과 똑같이 대중(수백만의 시청자들)이 통과하는 투명한 인물들로서. 저항은 없어도 결과가 없는 것은 아니다. 실제 손이 비실제적 입체영상 속을 통과하게 되면 그 손 역시 비실제적인 것으로 되기에.

아무것도 당신과 입체영상 사이를 가르지 않도록 입체 영상이 판 앞에 투사되면(그렇지 않으면 그 효과는 사진 혹은 영화적인 것으로 남아 있게 된다), 환각은 완전한 것이 되고 정말로 미혹적인 것이 된다. 이것은 또한 회화와는 다른 방식으로 실제와 착각을 일으키게 하는 영상의 특색이다. 회화처럼 눈만을 위한 투시권 대신에, 여기서는 당신 자신을 투시의 소실점으로 변화시켜서 당신이 거꾸로 깊이감 속에 있게 된다. 입체감이 열차객실과 장기게임의 경우처럼 당신 눈앞에서 바로 튀어나와야 한다. 어떤 유형의 대상들 혹은 형태들이 〈입체 영상적 유전질〉을 가졌는가를 발견하는 일이 남는다. 왜냐하면 영화가 연극 같은 것을 재생산하거나, 사진이 회화의 내용물을 다시 취해서 이득이 없는 것과 마찬가지로, 입체 영상이 3차원적 영화를 생산하는 방향으로 나가서는 이득이 없다.

입체영상 속에서는 동일증식군들의 역사에서처럼 분신에 대한 상상적 후광이 가차없이 위기에 몰린다. 미세한 환상과 상상의 장면이 존재하기 위해서는 유사성이 꿈이고 또 꿈으로 남아 있어야 한다. 꿈이 실재 쪽으로 즉 세상 그 자체 그리고 주체 그 자체와 정확히 닮은 쪽으로 결코 넘어와서는 안 된다. 그렇게 되면 이미지는 사라진다. 결코 분신 쪽으로 넘어가서는 안 된다. 왜냐하면 그렇게 되면 이원적 관계가 사라지고 그와 함께 모든 매력이 사라진다. 따라서, 동일증식군에서와 마찬가지로 입체영상에서는, 주체에 대한 처분 가능한 모든 정보의 물질화된 투사와 물질화된 투명성에 의해서 환상, 무대, 비밀의 종말을 가져오는 거꾸로의 유혹, 거꾸로의 미혹이 있다.

자신을 보는 환상(거울, 사진) 이후에 자기자신을 한 바퀴

돌 수 있다는 환상, 마침내는 특히 자신을 통과한다는, 자신의 스펙트럼 같은 신체를 통해 간다는 환상이 온다. 입체영상화된 모든 대상은 우선 당신 자신의 신체의 빛나는 표피이다. 그러나 이것은 어떤 점에서는 미학의 종말이고 매체의 승리이다. 이는 입체 음향이 그 첨단의 한계에서 음악의 매력과 이해에 그야말로 종말을 고하는 것과 마찬가지이다.

입체 영상은 외양의 규칙에 따라 현존의 암시와 생략으로 작용하는 실물과 같은 착각을 일으키는 수법이나 유혹이 아니다. 입체영상은 반대로 분신 쪽으로 넘어가는 환상에 빠진다. (106마하Mach에 따라서, 만약 세계가 분신이 없고 거울 속의 등가물이 없는 것이라면, 우리는 이미 입체 영상과 함께 잠정적으로 다른 세계 속에 있게 된다. 이 세계의 거울 속의 등가물일 따름인 다른 세계, 그러면 이 세계는 무엇인가?

거기에 대해 우리가 이미 항상 꿈꾸어 왔던(그러나 이 꿈들은 지금의 것에 대한 초라한 잡동사니일 따름이다) 입체 영상은 우리 자리에서 우리 대신 태어난 것이 아니고, 미리 우리에게 일어날 일을 예견하여 주의를 기울이고 있는 분신이며 빛으로 동일증식된 우리이다. 혹은 죽은 쌍둥이 쪽으로, 우리 신체의 다른 쪽으로 통과하는 감격과 현기증을 우리에게 준다.

입체 영상은 완전한 이미지이고 상상의 종말이다. 혹은 이것은 전혀 이미지가 아니다. 진짜 매체는 레이저 광선이다.

---

106) Ernst Mach (1838-1916) : 오스트리아의 물리학자며 철학자. 그의 경험-비판철학은 실체나 인과의 개념을 제거하고, 심리와 물리의 대비 및 이원성을 부정하면서, 감각과 감각을 연결하는 법칙인 감각의 기능으로부터 경험의 전체성을 기술하는 것이다. 레닌은 『유물론과 경험비판론』(1909)에서, 이러한 원리의 주관적 이상주의를 문제삼는다. Mach는 항공역학에서 소리 속도의 역할과, 항공에서 사용되는 소리의 속도와 동일한 속도 단위를 설정하였다. 뉴턴적 역학원리에 대한 그의 비판은 아인슈타인에게 굉장한 영향을 주었다. [역주]

집약된 정수만 뽑은 빛인 레이저는 더 이상 시각적 혹은 반사적 빛이 아니라 시뮬라시옹의 추상적 빛이다. 레이저 광선/해부용 칼. 빛으로 하는 외과수술인 그것은 여기서는 분신의 수술이다. 마치 당신의 종기에 대해 당신을 수술하듯이 당신의 분신에 대해 당신을 수술한다. 이 분신은 당신의(당신 신체의, 당신 무의식의?) 깊숙한 바닥에 숨어 있었으며, 그의 비밀스런 형태는 정확히 비밀로 남아 있다는 조건 아래에서 당신의 상상에 영양을 공급하였다. 그런데 사람들은 이 분신을 레이저로 추출하여서 이것을 종합하고, 당신이 그것을 통해서 그리고 그 너머로 통과할 수 있게끔 이 분신을 물질화시킨다. 이는 역사적 순간인 것이다. 입체 영상은 차후로는, 우리의 운명인 〈지고의 안락〉에 바쳐진 즉, 정신적인 시뮬라크르와 특수한 효과들로 둘러싸인 동화의 나라에 바쳐진 행복의 일부이다. (사회적인 것은 사실 사회적인 환각으로서 아무 목적이나 형태도 없는 공허 위에 운집된 여러 참여들을 집단적 행복이라는 이미지에 따라 재단한 특이한 효과일 따름이다.)

시뮬라크르의 3차원성——왜 3차원의 시뮬라크르가 2차원의 시뮬라크르보다 더 실재에 가까울까? 3차원의 시뮬라크르는 그렇다고 주장한다. 그러나 3차원의 시뮬라크르 효과는 역설적으로, 우리를 반대로, 갑자기 명백한 힘을 갖는 모든 것의 숨겨진 차원인 숨겨진 진실로서 4차원에 민감하게 한다. 사람들이 더욱 완전한 시뮬라크르에 가까워질수록(그리고 이것은 대상들에 대해서도 사실이고, 예술에서의 형상들 혹은 사회적이나 심리적 관계의 모델들에 대해서도 사실이다), 모든 사물이 재현을 빠져나가게 하고 자신의 고유한 분신을 빠져나가며 자신의 닮음을 빠져나가는 것이 더욱 명확히 나타난다(혹은 차라리, 우리 속에 있는 잘 믿지 않는 짓궂은 요정에게, 시뮬라시용의 짓궂은 요정은 여전히 더욱 짓궂다). 한 마디로, 더 이상 실재가 없다. 3차원은 2차원 세계의 상상일 따름이고, 4차원은 3차원 세계의 상상이다…… 연속적인 차원을 더하여 더더욱 실제적인 실재를 생산하는 올라가기. 그러나 반대 움직임의 역공에 의한 신경 돋우기도 있다. 여기서는 더 낮은 차원을 가지고 게임을 하는 것만이 유일하게 진실이고, 정말로 매혹적이다.

　아무튼, 이러한 실재로의, 사실적인 환각으로의 코스는 벽에 부딪힌다. 한 대상이 완전히 다른 것과 비슷할 때는 이 대상은 완전히 비슷한 것이 아니기에 그렇다. 이 대상은 조금 더 비슷하다. 정확성이란 없듯이, 결코 유사성도 없다. 정확한 것은 이미 너무 정확하다, 그걸 주장하지 않고 진실에 접근하는 것만이 유일하게 정확하다. 이것은, 두 당구공이 서로 상대방을 향해 구를 때, 첫번째 공이 두번째 공 이전에 다른 공에 닿았다거나, 혹은 하나는 다른 것에 의해서 자신이 닿아지기 전에 자신이 다른 것을 닿았다고 말하는 공식과 똑같은 역설적 질서에 어느 정도는 속한다. 이것은, 시간의 질서에서는 가능한 동시성조차 없고, 마찬가지로 형상들의 질서에는 가능한 유사성이 없다는 것을 가리킨다. 아무것도 서로 닮지 않는다. 그래서 실재를 정확히 부활하거나 종합한다는 모든 부질없는 생각처럼 (이것은 과학적인 실험에서조차도 유효하다), 입체 영상적인 재생산은 이미 더 이상 실재가 아니고, 이미 파생실재적이다. 그러므로 이는 결코 재생의 (진실의) 가치가 없고, 항상 이미 시뮬라시옹의 가치를 갖는다. 꼭 맞음이 아니라 초과된 진실의 즉 이미 진실의 다른 쪽의 가치 말이다. 거짓인 것이 아니라, 참보다도 더 참이고, 실재보다도 더 실재인 것 속에서, 진실의 다른 편에서는 무엇이 일어날까? 확실히 엉뚱한, 그리고 신성을 모독하는 효과들, 진실에 대한 순수한 부정보다도 훨씬 진실의 질서에 파괴적인 효과들이 있다. 참을 가능하게 하기, 실재를 가능하게 하기의 독특하고 살해적인 힘. 이 때문에 아마도 쌍둥이들이 여러 원시문화에서는 신격화되고 희생양이 되었던가 보다. 과도유사성은 원본의 살해와, 따라서 순수한 비-의미와 등가였다. 어떠한 구분 혹은 의미작용도, 어떠한 의미 양식도 이처럼 X 힘에까지 단순히 논리적으로 상승함으로서 파괴될 수 있다. 마치 사람들이 〈자신의 호적초본을 삼켜〉 자신의 모든 의미를 상실하였듯이, 그리고 어떠한 진실도 극도에까지 밀어부쳐지면, 자기자신의 진실 기준을 삼켜버렸던 것과 같이. 마찬가지로 땅 혹은 세계의 무게도 경우에 따라서는 정확한 용어로 계산될 수 있을 것이다. 그러나 이 무게는 즉각적으로 무의미해진다. 왜냐하면 이 무게는 더 이상 그보다 더 정확한 참조물이, 더 이상 자신을 비춰줄 거울이 없기 때문이다. 실재의 분신인 파생실재 속에서 실재의 모든 차원들을 합하는 것과 등가인 이러한 합산, 혹은 한 개인의 생식적 분신(동일증식군) 속에서 그 개인에 대한 모든 정보의 합과 등가인 이러한 합산은 이 분신을 즉각 [107]〈형이상상적인 것〉으로 만든다. 세계 그 자체도 전체적으로 보면 가능한 재현이, 가능한 거울로 된 보충적인 것이, 의미로 된 등가물이 없는 것이다(그 세계에게 의미를, 의미의 무게를 주는 것은 간단히 무게를 주는 것만큼이나 부

---

107) pataphysique : 형이상학 métaphysique을 본떠 익살스럽게 만든 말로서, 1911년 발표된 프랑스의 극작가 A. Jarry(1873-1907)의 작품 『형이상상적, 의사 포스트롤의 몸짓과 의견 *Gestes et Opinions du docteur Faustroll, pataphysique*』에서 사용됨(1897-1898년에 씌어져 Jarry 사후 1911년에 출판되었다). 이 용어는 Jarry의 작품에 열쇠가 되는 용어이다, 〈상상적 해결의 과학, 이는 잠재성으로 묘사된 대상들의 특성을 그들의 윤곽에다 상징적으로 부여한다〉(A. Jarry). [역주]

조리하다). 의미, 진실, 실재는 국지적으로만, 제한된 지평 위에서만 나타날 수 있다, 이것들은 부분적인 대상들, 거울에 비춰지고, 등가로 전환된 부분적인 효과들이다. 모든 재분신, 모든 일반화, 모든 극단으로의 넘어감, 모든 입체영상적인 확장은(세계를 완전히 고려하겠다는 부질없는 생각) 의미, 진실, 실재를 그 조롱 속에서 떠오르게 한다.

이러한 관점에서 보았을 때, 정확한 과학들조차도 위험스럽게 〈형이상상학〉으로 접근한다. 왜냐하면 이것들도 어느 의미에서는 입체 영상의 성격을 띠고 있다. 즉 그 아주 조그만 용어들 속에서도, 사물이 그 자신에 유사하다는 협약에 대한 완강하고 어리석은 신념에 기초하여, 세상의 파괴와 정확한 재구성이라는 객관주의자들의 부질없는 생각의 성격을 띠고 있다. 실재와 실제대상은 그 자신과 동등하다고 간주된다. 실재는 한 얼굴이 거울 속에서 자기자신에게처럼 스스로를 닮는다고 간주된다——그리고 이러한 잠재적 유사성이 사실은 유일한 실재의 정의이다——그래서 입체 영상적 시도가 그중 하나인 모든 시도는, 이러한 유사성의 정의 위에 세워져 있기에 그의 대상을 결핍하지 않을 수 없다. 왜냐하면, 이 유사성의 시도는 대상의 그림자를(바로 이것에 의하여 대상은 자기자신과 닮지 않는다), 그 속에 대상이 잠겨드는 이 숨겨진 면을, 그의 비밀을 고려치 않기 때문이다. 글자 그대로 말하면 유사성은 자신의 그림자 위로 뛰어올라서, 스스로 그(투명성) 속에서 상실해 버리기 위하여, 투명성 속으로 잠수한다.

충돌

전통적인 관점에서는(정보통신학적인 관점에서조차도), 기술은 신체의 연장이다. 기술은 인체기관의 기능적 첨단화로서, 이 기관이 자연과 동등하고 자연을 압도적으로 개발하도록 허용해 준다. 이는 마르크스로부터 맥루한에 이르기까지, 기계와 언어에 대한 동일한 도구적인 관점이다. 여기서 기계와 언어는 이상적으로 인간의 유기체적 신체가 되도록 운명지어진 자연의 계속, 연장, 매체이다. 이러한 〈합리적〉 관점에서는 신체 자체도 매체일 따름이다.

거꾸로, [108]『충돌』의 바로크적이고 종말론적인 관점에서는, 기술은 신체의 치명적 파괴이며, 더 이상 기능적 매체가 아니고 죽음의 연장이다. 이는 사지의 절단과 조각내기, 주체의 잃어버린 한 신체 단위에 대한 경멸적인 환상 속에서가 아니라(이것은 여전히 정신분석학의 지평이다), 〈상징적 상처〉에 내맡겨진 신체의 폭발적 관점에서이다. 즉 기술의 강간적 그리고 폭력적 차원에서, 기술이 행하는 야만적이고 지속적인 외

---

108) J.G. Ballard, 『충돌』, Paris, Calmann-Lévy, 1974. [원주]

과학에서(절개, 절단, 표피절개, 신체 가르기 등, 〈성적인〉 상처와 쾌락은 이것들의 특수한 경우일 따름이다) 신체와 기술의 혼동(그리고 노동에서 기계적 종속은 이것의 평화스러운 흉터이다)——기관도 없고 기관적 즐거움도 없는 신체, 완전히 표시하기와 자르기, 기술적 흉터에 종속한 신체——참조물도 없고 한계도 없는 성의 번쩍이는 기호 아래에서.

　그녀의 죽음과 사지 절단은 폭발한 기술의 은총을 받아 그녀의 사지 각각과 그녀의 얼굴 각각의 관점에 대한, 그녀 피부의 점과 그녀의 태도 등에 대한 엄숙한 찬양으로 변하였다. 충돌의 연극무대 각 관객들은 이 여인의 격렬한 변형 이미지, 그 속에서 성과 자동차의 무거운 과학이 서로 얽히는 상처들의 그물 이미지를 실어 가지고 갈 것이다. 자신의 자동차 속에서 각자는 이제 바로 이 주연 여배우의 상처 위에다 자신의 환상을 갖다 붙이겠지 ; 각자는 운전하기 위해 여러 정형화된 자세들의 잡탕을 취하면서도 그녀의 부드러운 점액질들, 그녀의 발기성 살들을 애무하겠지. 각자는 자기 입술을 이 피가 뚝뚝 떨어지는 틈새기들 위에 올리겠지, (……) 자신의 눈꺼풀들을 계기의 찢어진 힘줄들에다 누르고, 자기 음경대를 질의 찢어져 부푼 내벽들에다 비비겠지. 교통사고는 마침내 그렇게도 기다렸던 여배우와 관중의 결합을 가능하게 하였다(p. 215).

　기술은 오로지 (자동차) 사고 속에서만, 즉 자기자신에게 가해진 폭력과 신체에 가해진 폭력 속에서만 포착된다. 마찬가지로 모든 충격, 부딪침, 충돌, 사고의 모든 야금술은 거의 신체 야금술 속에서 읽힌다. 해부학이나 심리학이 아니라, 타박상, 흉터, 사지 절단, 신체 위에 열려진 그만큼의 새로운 섹스인 상처의 반야금술이다. 생산의 질서에서 노동력으로서 신체 모으기에, 이처럼 절단의 질서에서는 [109]아나그람으로서 신체의 흩어짐이 대조된다. 〈에로유전자 영역들〉이 끝난다. 모든 것이 반사적인 긴장 해소에 제공되기 위하여 구멍이 된다. 그러나 특히(우리의 것이 아니라, 원시적 입사의식의 고통스러운 고문에서처럼), 전신체가 신체기호들의 교환에 제공되기 위하여 기호가 된다. 신체와 기술은 서로서로 다른 것을 통하여 그들의 광란적인 기호들을 굴절시킨다. 관능적인 추상화와 디자인.

이 모든 것 뒤에는 애정도 심리묘사도, 욕망의 흐름도, 무의식적 성욕도, 죽음 충동도 없다. 당연히 죽음은 신체에 가해진 가능한 무제한적 폭력에 대한 무제한의 탐험 속에 연루되어 있다. 그러나 이것은 사디즘이나 마조히즘에서와는 달리, 고의적이고 변태적으로 폭력을 목표하거나, 의미와 섹스를 뒤트는 것이 아니다. (무엇에 대해서?) 여기에다 여전히 정신분석학적인 모델 위에서 억지로 강제적인 의미를 주입하

---

109) anagramme : 한 단어의 철자 순서를 바꾸어서 다른 글자를 만드는 수법으로 오늘날 기호와 관계된 모든 연구에 있어서 그 중요성이 더욱더 중요해지고 있다. 예로서 불어로 흔한 여성 이름인 Marie의 철자 순서를 바꾸어 aimer, 사랑하다라는 전혀 다른 동사를 만드는 방식이다. Anagramme은 이렇게 한 단어의 전철자를 사용하여 만드는 수도 있으나 그중 일부만 가지고 그 순서를 재배치하여도 여기에 속하는 것으로 간주한다. 따라서 시 작법에서는 시의 제목과 시구 사이에, 혹은 산문적인 글에서는 때때로 혹은 자주 그 제목은 펼쳐진 전체 작품의 소리핵 역할을 할 수 있다. 아나그람의 체계적 분석 시도는 Saussure에 의해 행해졌으며, 이러한 시도는 Saussure의 또 다른 측면, 즉 그가 제시한 기호의 이분적인 나누기라는(기표 signifiant/기의signifié = 기호signe) 딱딱한 고착적 성격 외에, 기호가 가지고 있는 함축적이며, 조합적 성격, 그에 따른 무한한 변환 가능성과 관계된다. 따라서 오늘날은 전자의 형태적, 위상학적, 상징적, 구조주의적 기호개념을 비난하고, 그가 최초로 시도하다 포기해 버린 후자의 유연하고, 모호하며, 자기 파괴적이고, 조합적인 기호 개념 쪽에 더 많은 관심을 기울이고 있음을 밝혀둔다. [역주]

려 하는 제2의 독서에서가 아니라면, 억눌린 무의식적인 것이란(애정들, 재현들) 없다. 비-의미, 즉 신체와 기술의 이러한 섞음의 원시성은 내재적인 것이며, 이 원시성은 하나가 다른 것 속으로 즉각 회귀하는 것이다. 그로부터 전례 없는 성이 나온다——이 신체의 아무것도 아닌 기호들의 순수한 기입과 연결된 잠정적인 현기증의 일종. 뉴욕 지하철 속의 낙서들 속에서처럼, 절개와 흔적의 상징적 의식.

다른 공통점 : 이 『충돌』 속에서, 사람들은 더 이상 체계의 언저리에서 나타나는 사고의 기호와는 관계가 없다. 사고란 더 이상, 여전히 교통사고가 그러한 것인, 주변적 미세 조직 사이에서 행해지는 잡일이 아니다——여가를 찾는 신계급들을 위한 죽음충동의 잔재적인 잡일 말이다. 고물차란 부동적인 가정내 세계의 부속물이 아니다. 더 이상 사적이고 가정적인 세계란 없다. 오직 순환의 끝없는 형상들만이 있을 따름이며, 사고는 도처에 있고, 기본적으로 돌이킬 수 없는 형상이며, 죽음이라는 예외성의 평범성이다. 사고란 더 이상 주변에 있는 것이 아니라, 심장부에 있다. 사고란 더 이상 기세 등등한 합리성에 대한 예외가 아니라, 규칙이 되었으며, 규칙을 삼켜 버렸다. 사고는 더 이상 〈저주의 몫〉, 시스템 자체에 의하여 운명에게 양보되어진 몫, 그리고 체계의 일반적 계산 속에 포함되어진 몫이 아니다. 모든 것이 거꾸로 되었다. 삶에 형태를 준 것은 이제 사고이고, 이 미친 것이 삶의 섹스가 되었다. 세계 전체에 그의 터널을, 고속도로를, 고가도로를, 입체 교차로를 만들고, 세계전체를 보편적 모델로서 유동적인 거주지로 만들고 만 자동차와 자동차의 자기적인 영역은 사고의 거대한 은유일 따름이다.

사고의 세계에서는 가능한 역기능이란 없다. 따라서 변태도 없다. 사고는 죽음처럼 더 이상 신경쇠약의, 억눌림의, 잔재의, 위반의 질서에 속하지 않는다. 사고는 변태적이지 않은 새로운 쾌락 방식에의 입문이고(사고의 새로운 변태적 논리에 대해 서문에서 말하고 있는 작가 자신과는 달리, 『충돌』을 변태로 서 읽고자 하는 도덕적 유혹에 저항하여야 한다), 사고는 죽음으 로부터 출발하여 삶을 전략적으로 재구성하는 것으로의 입문 이다. 죽음, 상처들, 사지 절단들은 더 이상 거세의 은유가 아니다. 그와는 정반대이거나 오히려 반대 이상이다. 오직 한 대상이나 기관에 집착하는 은유만이 변태적이다. 이 변태적 은유는 모델에 의하거나 어떤 강박적인 대상을 중간에 내세워 서 혹은 언어 매체를 통해서 유혹한다. 여기서는, 죽음과 섹 스가 환상, 은유, 문장을 통하지 않고 신체에서 직접 읽혀진 다. 이는 『형벌의 식민지』에서 신체에 비유된 기계와는 다르 다. 후자에서는 신체가 그 상처 속에서 여전히 텍스트 같은 기입장소일 따름이다. 또한 다른 기계, 카프카의 기계는 여전 히 청교도적이며, 억압적이고, 들뢰즈에 의하면 〈의미하는 기 계〉이다. 반면에 『충돌』에 나오는 기술학은 뻣쩍거리고, 유혹 적이거나, 광택 없고 결백하다. 의미가 없기에, 찢긴 신체들 의 단순한 거울이기에 유혹적이다. 그리고 주인공 보강의 신 체도 차례로 뒤틀린 크롬들의, 구겨진 날개들의, 정액으로 더 럽혀진 금속판들의 거울이다. 신체와 기술이 서로 섞이고, 유 혹되며, 풀 수 없게 얽힌다.

보강은 주유소를 향해 비스듬히 나아갔다. 주유소의 네온 간 판은 흉칙한 상처들로 짜여진 이런 사진들 위로 붉그죽죽한 짧 은 광선을 내던지고 있었다 : 계기판에 의해 일그러진 젊은 여자 의 가슴, 가슴의 부분적인 절제…… 계기판을 장식하는 제조회 사명 약자에 의해 조각난 젖꼭지, 여러 축들 덮개와 앞 유리창에 의해 (사출중에) 야기된 생식적 상처들…… 잘려진 음경들, 찢겨진 음문들 그리고 짖이겨진 고환들의 사진이 내 눈 아래 네온의 노골적인 빛에서 열지어 지나갔다…… 이 문서들 중 여럿은 상처를 야기한 기계적 혹은 장식적 부품을 확대해서 보충되었다. 잘려 갈라진 음경 사진은 손브레이크를 재현하고 있는 삽입종이를 동반하고 있었다. 짖이겨진 음문의 확대사진 위에서는 자동차 제조 회사의 마크로 장식된 핸들 통이 보였다. 찢겨진 섹스들과 케이스나 계기판 부분들의 만남은 혼란된 계수들을, 고통과 욕망의 새로운 순환화폐 단위들을 형성하였다 (p. 155).

신체에 남겨진 각 표시, 각 흔적, 각 흉터는 인위적인 절개와 같은 것으로, 원시인들의 피부난자가 그러한 것인데, 이는 항상 신체부재에 대한 격노한 대답이다. 오직 상처 입은 신체만이 존재한다——자신을 위해서 그리고 타인들을 위해서——〈성적〉〈욕망〉은 신체들이 그들의 기호를 혼합하고 교환하는 가능성일 따름이다. 따라서 사람들이 섹스와 성적 행위를 부착하는 관습이 있는 몇몇의 자연적 구멍들은 모든 가능한 상처들, 모든 인위적 구멍들(그러나 왜 〈인위적〉인가?), 모든 틈새들에 비하면 아무것도 아니다. 이것들을 통해서 신체는 역행하며, 어떤 위상학적 공간들처럼 더 이상 안도 바깥도 알지 못한다. 우리가 알고 있는 그러한 섹스는, 신체가 자연에 의해서가 아니라 인위, 시뮬라크르, 사고에 의해 열릴 수 있는 상징적이고 희생적인 모든 실행들의 미세하고 특수한 정의일 따름이다. 섹스는 미리 준비된 지역 위로 욕망이라 불리는 충동이 희박하게 된 것이다. 섹스는 상징적인 상처들이 펼쳐진 부채인 전신체 위에서 일종의 섹스 아나그람화에 의해 훨씬 추월된다. 그러나 바로 그래서 이것은 더 이상 섹스가 아니고 다른 것이다. 섹스는 어떤 특수한 기표와 2차적인 표시들을 기입하는 것일 따름이다. 신체가 할 수 있는 모든 기호들과 상처들에 비하면 아무것도 아니다. 원시인들은 문신, 육체적 고통, 입문 속에서 이러한 목적으로 모든 신체를 사용할 줄 알았다. 성이란 상징적 교환의 가능한 은유들 중의 하나에 불과할 따름이며, 우리가 성을 기관적이고 기능적으로 거듭 수용하고 또 성을 사실주의적이고 강박관념적으로 지적하여 (쾌락을 느끼는 것도 포함하여) 성이 우리에게 된 것과는 달리, 성은 가장 의미있는 것도, 가장 특권적인 것도 아니다.

거기서, 우리가 처음으로 시속 40킬로미터로 달렸기 때문에, 보강은 손가락들을 소녀의 구멍들에서 빼어, 엉덩이에 곧추 세워 뚫고 들어갔다. 고가도로로 들어간 자동차들의 헤드라이트가 우리 앞에서 반짝였다. 백밀러로 나는 항상 보강과 소녀를 보고 있었다. 우리 뒤에 오는 자동차들의 라이트에 의해 비춰진 그들의 신체는 링컨 흑색 트렁크와 내부의 여러 다른 크롬들 위에서 반사되었다. 소녀의 왼쪽 유방은 그 꼿꼿이 선 젖꼭지와 함께 재털이 위에서 넘실거렸다. 보강 허벅지의 일그러진 단편들이 상대방 배와 함께 거울의 가늘고 긴 홈 위에서 묘한 해부학적 형상을 구성하였다. 보강은 소녀를 자기 위에 걸쳐 놓았다. 그래서 그의 음경이 다시 그녀를 관통하였다. 그들의 성행위는 속도계, 시계, 회전계의 빛나는 문자판들 위에서 3면화로 반사되었다……. 자동차는 시속 80킬로미터로 고가도로의 경사면을 내려갔다. 보강은 허리를 활처럼 휘어서 소녀의 신체를 우리 뒤 라이트들의 반짝임에다 노출시켰다. 뾰족한 유방들은 속도를 낸 자동차의 유리와 크롬 홈 안에서 반짝였다. 보강 골반의 격렬한 발작은 길 옆 100m마다 세워진 가로등의 빛나는 섬광과 일치하였다…… 그의 음경은 음문 속에 잠겼고, 그의 손들은 둔부들을 벌려서 운전석을 가득 메운 노란 빛에다 항문을 내비췄다(p. 164).

여기서는 모든 관능의 용어들이 기술적이다. 엉덩이, 자지, 보지라는 용어가 없고 항문, 직장, 음문, 음경, 교미 등이 있다. 속어가 없다, 즉 성적 격렬함과의 내밀성을 나타내는 말이 없고, 기능적인 언어만이 있다 : 한 형태로부터 다른 형태로처럼 크롬과 점액질들의 적응. 죽음과 섹스의 일치에 대해서도 마찬가지다. 이것들은 쾌락에 따라 연결되어 있기보다는 차라리 일종의 기술적 슈퍼디자인 속에서 함께 감싸여 있다. 게다가 쾌락의 문제가 아니라, 단순한 배출의 문제이다. 그리고 이 책을 관통하고 있는 교미와 정액은, 상처들의 데생이 격렬한 의미를 은유적으로라도 갖지 않은 것처럼, 관능적인 가치를 갖지 않는다. 이것들은 사인들일 따름이다. 그러기에 마지막 장면에서, X는 자기의 정액으로 고물차들의 잔해들에 낙인을 찍는다.

쾌락은(변태적이건 아니건), 실재적인 대상들이지만 흔히 환상적인 어떤 기술적 기구에 의하여, 기계에 의하여 항상 중개되어 있었다. 쾌락은 항상 장면들과 같은 어떤 것들의 중간적인 조작을 내포한다. 여기서 쾌락은 오르가즘일 따름이다. 즉 기술 기구의 격렬함과 동일한 길이의 파동 위에서 섞이고, 유일한 기술, 여기서는 단 하나의 대상인 자동차로 요약되는 기술에 의하여 등질화된다.

우리는 굉장한 교통체증 속에 빠졌다. 고속도로 연결선으로부터 그리고 웨스턴 아브뉘로부터 고가도로의 상승 사면에 이르기까지 모든 차선들은 자동차로 꽉 막혔다. 앞 유리창은 런던 서쪽 근교 너머로 떨어지는 해의 불확실한 빛을 반사하고 있었다. 스톱 표지판들은 셀룰로이드로 된 거대한 평원에 난 불들처럼 저녁 공기 속에서 불타고 있었다. 보강은 한 팔을 문 밖으로 내서 초조하게 문짝을 북처럼 두들겼다. 우리 오른쪽 이층 고속버스의 높은 벽이 얼굴로 된 절벽의 인상을 주었다. 차창 뒤에서 우리를 보고 있는 승객들은 비둘기집 속에 죽은 자들을 열지어 놓은 것 같았다. 우리를 더 온화한 별 주위의 궤도에 발사시키기에 충분한, 20세기의 이 믿을 수 없는 에너지가 이러한 보편적인 정체를 유지하기 위하여 소모되었다(p. 173).

내 주위, 웨스턴 아브뉘를 쭉 따라서, 고가도로의 회랑 위에, 사고에 의해 야기된 체증이 끝없이 펼쳐졌다. 그리고 나는 이러한 얼어붙은 강한 선풍의 한가운데에 서서, 사람들이 마침내 나에게 끝없이 이어지는 자동차들에 대한 나의 모든 강박관념을 달래기라도 하였듯이 완전히 고요한 인상을 받았다(p. 178).

그렇지만 『충돌』에서는 또 다른 차원이 기술과 섹스의 (결코 장례작업이 아닌 죽음작업 속에서 서로 합쳐진) 혼동 차원들과 불가분의 관계에 있는데, 그것은 사진과 영화의 차원이다. 순환과 사고의 포화되고 빛나는 표면은 깊이가 없다. 그러나 표면은 항상 보강의 카메라렌즈 속에서 배가된다. 그는 사고 사진들을 마치 인상기록카드처럼 사들이고 저장한다. 그가 선동한 극적 사건의 (엘리자베스 테일러와의 충격, 세심하게 시뮬라크르되고 몇 달 동안이나 초점을 맞춘 충격 속에서 그와 여배우의 동시 죽음) 일반적인 반복은 영화를 촬영할 때 일어난다. 이 소설 세계는 이러한 파생실재적인 사건의 터짐이 없다면 아무 것도 아닐 것이다. 제 2 단계의 시각적 매체의 배가, 전개만이 기술, 섹스, 죽음의 혼용을 수행할 수 있다. 그러나 사실, 사진은 여기서 매체도, 재현적인 질서에 속하는 것도 아니다. 이미지의 〈부차적인〉 추상화나 공연적인 강제에 관한 문제가 아니다. 보강의 위치는 남의 성행위를 훔쳐보는 자나 변태의 위치가 아니다. 사진필름은(자동차나 아파트 속에서 변환된 음악처럼) 순환과 그 흐름의 보편적이고 파생실재적이며 금속화되고 육체적인 필름의 일부이다. 사진은 기술이나 신체 이상의 매체가 아니다. 사건의 예견이 그의 사진으로 재생되는, 더욱이 그의 〈실제적인〉 생산과 일치하는 세계에서는 모든 것이 동시적이다. 시간의 깊이 또한 더 이상 없다. 과거와 마찬가지로 이번에는 미래도 존재를 멈춘다. 사실 카메라의 눈이 시간을 대체하고 이와 같이 하여 다른 모든 깊이, 애정, 공간, 언어의 깊이를 대체한다. 카메라의 눈은 다른 차원이 아니다. 그것은 단순히 이 세계가 비밀이 없음을 의미한다.

마네킹은 뒤로 잘 고정되었고 그의 턱은 공기압에 의해 치켜올려졌다. 그의 손은 가미가제의 손들처럼 기계조종장치에 연결되어 있었고 그의 동체는 측정기구로 덮여 있었다. 정면에는, 그만큼이나 무감각한 네 마네킹이——그 가족——자동차에서 기다리고 있었다. 그들의 얼굴은 불가사의한 기호들로 칠해져 있었다.

채찍소리 같은 것이 우리 귀를 습격했다. 측정 케이블이 펴지고 레일 옆 잔디 속에서 감겨 돌았다. 금속적 폭발 속에서 오토바이는 자동차의 앞을 들이받았다. 이 두 기계들은 놀란 관객들이 있는 제1열로 운반되었다. 오토바이와 조종사는 자동차 앞 덮개 위를 날아 앞 유리창을 때리고, 빛나는 검은 덩어리인 지붕 위로 올라가 춤을 추었다. 자동차는 레일을 통한 달리기를 마치고 견인 밧줄 위에서 3m 뒤로 물러났다. 앞 덮개, 앞 유리창, 지붕은 움푹 패였다. 내부에서는 가족들이 다른 이들 위로 뒤죽박죽 던져졌다. 여자의 갈린 동체는 파열한 앞 유리창으로부터 튀어나왔다…… 자동차 주위의 유리조각 융단은 은빛의 눈이나 죽음의 종이 조각 눈과 같이 마네킹의 얼굴과 어깨에서 빼내진 유리섬유 부스러기로 점점이 뿌려졌다. 마치 어린아이에게 정신적인 마비를 극복하도록 도와주기 위하여 하듯이 엘렌느는 내 팔을 잡았다. 〈우리는 암펙스 시스템으로 모든 것을 다시 볼 수 있다. 그들은 사고를 슬로우 모션으로 다시 돌릴 것이다〉(p. 145).

『충돌』에서는, 모든 것이 파생기능적이다. 그 까닭은 순환과 사고, 기술과 죽음, 섹스와 시뮬라시옹은 하나의 거대한 동시적 기계와 같기 때문이다. 이것은 거대시장과 동일한 세계로서 거기서는 상품이 〈파생상품〉이 된다. 즉 상품 역시, 그리고 그와 함께 모든 분위기가 순환의 끝없는 형상들 속에 이미 잡혀 있다. 그러나 동시에, 『충돌』의 기능주의는 자기자신의 합리성을 삼킨다. 왜냐하면 이 기능주의는 더 이상 역기능을 알지 못하기 때문이다. 이것은 철저한 기능주의로서 그의 역설적인 한계에 도달하여 그것을 태워버린다. 이것은 단숨에 정의할 수 없는 따라서 정열적인 대상이 다시 된다. 좋은 것도 나쁜 것도 아닌 반대감정 양립적이다. 죽음이나 유행처럼, 이는 단숨에 비스듬한 대상이 다시 된다. 반면에 고리타분하고 허울좋은 기능주의는, 비록 논박되어도, 결코 그렇지가 못하다──즉 대로보다도 더 빨리 이르게 하는 노선, 혹은 대로가 이르게 하지 못하는 곳으로 이르게 하는 노선, 혹은 더 잘 말하자면, 〈형이상상적〉 방식으로 『리트레 *Littré*』 사전을 흉내 내자면, 〈아무 곳에도 이르게 하지 않는 노선, 그러나 그곳에 어떤 다른 것들보다도 더 빨리 이르게 하는 노선.〉
 이것이 바로 『충돌』을 다른 모든 혹은 거의 모든 공상과학과 구별지우는 것이다. 공상과학은 여전히, 대부분의 시간을, 이 낡은 기능 / 역기능이라는 짝 주위를 맴돌고 있으며, 따라서 동일 힘선들에 따라서, 그리고 정상적 세계의 목적성인 동일한 목적성에 따라서 이 대비 짝을 미래에 투사한다. 여기서는 허구가 현실을 넘지만(혹은 거꾸로이다), 동일한 게임 규칙에 따라서이다. 『충돌』에서는 더 이상 허구도 현실도 없다.

파생실재성이 이 둘을 함께 제거한다. 가능한 비판적 후퇴도 없다. 시뮬라시옹과 죽음으로 변환되고 전환되는 이 세계, 격렬히 섹스화된, 그러나 욕망이란 없이, 강간당하고 격렬한 그러나 중화된 것 같은 신체들로 가득 찬 이 세계, 크롬적이고, 강도 높은 금속적인 세계, 그러나 관능성이 빈 세계, 목적성 없이 초기술적인 이 세계——이것은 좋은 것인가 나쁜 것인가? 우리는 이에 대해서 결코 알 수가 없다. 이 세계는 단순히 미혹적이다. 이러한 미혹이 어떤 가치판단을 내포하지도 않는다. 이것이 바로 『충돌』의 기적이다. 어디서도 이러한 도덕적 시선, 여전히 낡은 세계의 기능성의 일부인 비판적 판단을 스치지 않는다. 『충돌』은 초비판적이다(여기서도 역시 이 작품의 작가와는 반대된다. 작가는 서문에서, 〈기술적인 풍경 주변에서 항상 더욱 압력적인 방식으로 우리를 부르는 떠들썩한 빛들의 이 난폭한 세계에 반대하여 주의를 환기하는 전조적인 기능〉에 대하여 말하고 있다). 이 정도까지 모든 비판적인 목적성 혹은 부정성을 해소해 버린, 이 정도까지 평범성 혹은 격렬함의 창백한 빛에 이른 책들과 영화들도 없다. 단지 『나스빌 *Nashville*』, 『기계 오렌지 *Orange mécanique*』가 있다.

보르헤스 이후에, 그러나 다른 항목에서, 『충돌』은 시뮬라시옹 세계의, 앞으로는 우리가 도처에서 관계하게 될 세계 최초의 걸작이다. 비상징적 세계가 대중 매체적인 실체의 되돌아옴에 의하여(네온, 콘크리트, 고물차, 관능적 기계류), 신비 입문의 밀도 짙은 힘에 의하여 주파되어진 것처럼 나타난다.

마지막 앰뷸런스가 사이렌을 울리면서 멀어져갔다. 사람들은 다시 자기 자동차로 돌아갔다. 청바지 차림의 젊은 여자 하나가 우리 앞을 지나갔다. 그녀를 동반한 사내는 한 팔을 그녀의 허리로 뻗어 손가락으로 젖꼭지를 부비며 그녀의 오른쪽 유방을 애무하였다. 둘은 노랗게 칠해진 케이스에 판박이들이 덕지덕지 덮인 무개차에 올라탔다. …… 성의 밀도 짙은 향내가 공중에 맴돌았다. 우리는, 우리에게, 친구건 모르는 자들이건, 거대한 성의 제전에 우리를 맡기라고 명령하는 설교를 들은 후에 성소로부터 나오는 일종의 종교단체의 일원들이었다. 우리는 방금 참석하였던· 피 흐르는 성찬식의 신비를 가장 기대하지 않은 상대들과 함께 다시 창조하기 위하여 어둠 속을 달려갔다(p. 179).

시뮬라크르들과 공상과학

　시뮬라크르의 세 가지 질서 : 이미지, 모방, 위조 위에 세워지고, 조화로우며 낙관주의자적이고, 신의 이미지에 따라 자연의 이상적인 회복과 그 이상적인 제도를 목표로 하는 자연적이고, 자연주의자들의 시뮬라크르들,

　에너지와 힘 위에, 기계에 의한 물질화 위에, 그리고 모든 생산 시스템 속에 세워진 생산적이고 생산주의자들의 시뮬라크르들——끝없는 에너지의 해방과, 세계화 그리고 지속적인 팽창의 프로메테우스적인 목표(욕망은 이러한 질서의 시뮬라크르들에 상관적인 유토피아들 중의 일부이다),

　정보, 모델, 정보통신학적 게임 위에 세워진 시뮬라시옹의 시뮬라크르들——완전한 조작성, 파생실재성, 완전한 통제 목표.

　첫번째 질서에는 유토피아의 상상력이 대답한다. 두번째에는 그 본래 의미로의 공상과학이 상응한다. 아직도 이 세번째 질서에 대답할 어떤 상상이 있는가? 가능한 대답은, 공상-과학이라는 이 선량한 늙은이는 죽었고, 다른 무엇이 솟아나고 있는 중이라는 것이다(소설적인 것 속에서뿐만 아니라, 이론에서도). 유동적이고 비한정적인 동일한 운명이 공상-과학에 종말

을 가한다. 또한 특수한 장르로서의 공상-과학과, 이론에 있어서도.

실제로 상상은 어떤 거리에서만 존재한다. 이 거리가, 실재와 상상 사이의 거리도 포함하여, 오직 모델만을 위하여 사라지고 흡수되려 하면 무엇이 되겠는가? 따라서, 하나의 시뮬라크르들의 질서에서 다른 시뮬라크르들의 질서로의 이전 경향은 이 거리, 이상적 혹은 비평적인 투영 여지를 주는 이 떨어짐의 흡수 경향이다.

유토피아에서는 이 거리가 극대이다. 여기서는 초월적인 세계, 근본적으로 다른 세계가 그려진다(낭만적인 꿈은 여전히 이 세계의 개인화된 형태이다. 여기서는 초월성이 무의식적인 구조들 속에서까지도 깊숙함으로 그려진다. 그러나 아무튼 실제 세계와의 유리는 극대이며, 이는 실제 대륙과 대비되는 유토피아의 섬이다).

거리는 공상과학에서 뚜렷이 줄어든다. 공상과학은 아주 흔히 생산의 실제 세계를 과도하게, 그러나 결코 질적으로 다르게가 아니게, 투영한 것일 따름이다. 기술적인 혹은 에너지적인 연장들, 속도들과 힘들은 n의 힘으로 넘어간다, 그러나 도식들과 각본들은 기술, 야금학 등의 그것들과 같다. 로보트의 투영적인 대체(전기-산업사회의 제한된 세계에, 유토피아는 이상적인 대체 세계를 대비시켰다. 잠정적으로 무한한 생산의 세계에, 공상-과학은 그에 고유한 가능성들의 확대를 더한다).

거리는 모델들의 함열적인 시대에는 완전히 흡수된다. 모델들은 더 이상 초월성이나 투영을 구성하지 않으며, 더 이상 실재에 대한 상상을 구성하지 않는다. 그들은 그 자신들이 실재의 예견이며, 따라서 허구적인 어떠한 종류의 예견 여지도 남겨 놓지 않는다. 이 열려진 영역은 정보통신학적인 의미로 시뮬라시옹의 영역, 즉 이러한 모델들의(각본들, 가장된 상황들을 올리기 등) 모든 방향으로의 조작의 영역이다. 그런데도 아무것도 이러한 조작을 실제 자체의 관리 및 조작과 구별하지 않는다. 더 이상 허구는 없다.

과거에는 실재가 허구를 추월할 수 있었다. 실재는 상상이 한술 더 뜨게 하는 가장 확실한 기호였다. 그러나 이제 실재는 모델을 추월할 줄 모른다. 실재는 모델의 부재를 말해 주는 알리바이일 따름이다.

현실성의 원칙이 지배하는 세계에서 상상은 실재의 알리바이였다. 오늘날 시뮬라시옹의 원칙이 지배하는 세계에서는 실재란 모델의 알리바이가 되었다. 역설적으로 실재가 우리의 진정한 유토피아가 되었다. 그러나 이는 더 이상 가능한 것의 질서에 속하는 유토피아가 아니라, 상실된 대상으로서 거기에 대해 꿈만 꿀 수 있는 유토피아이다.

아마도 정보통신학과 파생실재의 시대에서 공상과학은 〈역사적〉 세계를 〈인위적으로〉 부활하는 데만 소진될 수도 있다. 즉 이전 세계의 우발적인 것들을, 그 의미와 원초적인 진행이 이제는 텅 빈, 그렇지만 회고적인 진실로 환각적인 이미 지난 이데올로기들을, 사건들, 인물들을 아주 세세한 곳에까지 시험관 내에서 복원하려고 시도할 수밖에 없을 수 있다. 딕크 Ph. Dick의 「시뮬라크르들」이라는 작품에서 미국 남북전쟁이 그것이다. 3차원으로 된 거대한 입체 영상, 거기서는 허구가 더 이상 결코 미래로 향한 거울이 아닐 것이며 대신 과거의 절망적인 재환각일 것이다.

우리는 다른 세계를 상상할 수 없다. 초월성의 은총도 거기서는 이미 사라져버렸다. 고전적인 공상과학은 팽창세계에 대한 공상과학이었다. 게다가 이 공상과학은 19세기와 20세기의 탐험과 식민지화라는 훨씬 더 지구상적인 형태의 공범자인 우주탐험이야기 속에서 그 반복적으로 되풀이되는 현상을 발견하였다. 이러한 것에는 원인과 결과의 관계가 없다. 지구공간이 오늘날 잠재적으로 코드화되고 지도화되며 다시 조사되고 포화되었기 때문이며, 따라서 어떤 점에서 스스로 세계화되면서 스스로 자체 내로 밀폐되었기 때문은 아니다. 즉 상품 뿐만이 아니라 가치, 기호, 모델의 보편적 세계가 상상에 어떠한 여지도 남겨 놓지 않기 때문은 아니다. 공상과학의 (기술적, 정신적, 우주적) 탐험세계가 그 자신 역시 기능을 멈춰버린 것은 바로 이러한 이유 때문이 아니다. 그러나 이 둘은 엄밀하게 연결되어 있다. 그리고 지나간 세기들의 특징인 폭발과 팽창의 거대한 과정에 후속적인 동일한 일반 함열 과정의 두 경사면이다. 하나의 시스템이 그 자신의 한계에 도달하여 포화되면, 회귀가 일어난다. 상상 속에서도 역시 다른 것이 일어난다.

지금까지 우리는 항상 상상의 여지를 가지고 있었다. 현실성 계수는 그에게 특수한 무게를 주는 상상의 여지에 비례한다. 이것은 지리학적인 그리고 우주적인 탐험에서도 역시 사실이다. 처녀지, 그러니까 상상이 관여할 수 있는 영역이 더 이상 없을 때, 지도가 모든 영토를 덮을 때, 현실성의 원칙과 같은 그 무엇이 사라진다. 이러한 의미에서 우주공간의 정복은 지구상의 참조물의 상실을 향한 돌이킬 수 없는 문턱이다. 제한된 세계의 한계가 무한으로 물러나면, 이 세계의 내적 일관성으로서의 현실성이 출혈을 한다. 지구상의 정복 이후에 온 우주공간의 정복은 인간의 공간을 비현실화하거나, 시뮬라시옹의 파생실재 속으로 다시 확장된다. 최근의 달 착륙선과 함께, 궤도 위로, 말하자면 우주의 힘에로 올려진 이 두 칸 방/부엌/샤워장이 증거이다. 우주적인 가치의 서열로 올려진, 우주공간 속에서 대체된 지구 거주지의 일상성 자체, 우주공간의 초월성 속으로 실재의 위성화, 이것은 형이상학의 종말이고 환상의 종말이며, 공상과학의 종말이고 파생실재성 시기의 시작이다.

여기서부터 뭔가가 변해야 한다. 투영, 연역, 공상과학의 매력을 이루었던 이러한 종류의 과도한 환상적 영상은 불가능하다. 실재로부터 출발하는 것, 실재의 주어진 바로부터 출발하여 비현실, 상상적인 것을 만드는 것은 이제 가능하지 않다. 그 과정은 이제 차라리 거꾸로일 것이다. 이는 집중화되지 않은 상황, 시뮬라시옹의 모델을 놓고서, 그들에게 실재적인 것과 평범한 것과 경험된 것의 색깔을 주려고 애쓰는 것이며, 바로 실재가 우리 생활에서 사라져버렸기 때문에 시뮬라크르로서의 실재를 다시 발명하는 것일 것이다. 실재와 경험된 것과 일상성의 환각, 그러나 이들은 때때로 불안하게 할 정도로 이상하게 세세한 데에까지, 마치 동물 혹은 식물의 보호지구처럼 재구성되어, 투명한 정확성으로 보여지도록 제공된다. 그러나 실체는 없게, 미리 비현실화되고 파생실재화되어서이다.

공상과학은 더 이상 이러한 의미에서 발견의 매력이 그에게 주었던 모든 자유와 〈유치한 순진성〉을 가진 팽창 속의 소설적인 것이 아닐 것이며, 차라리 함열적으로, 시뮬라시옹의 단편들을, 우리에게 이른바 〈실제적인〉 세계가 된 이러한 보편적인 시뮬라시옹의 조각들을 다시 생기 있게 하고 다시 현실화시키며 다시 일상 생활화하기를 시도하면서, 세계에 대해 우리가 현재 가지고 있는 개념의 이미지에 따라서 진화할 것이다.

차후로 이러한 역전, 상황 회귀에 대답할 작품들은 어디에 있을까? 외양적으로 딕크의 단편들이 이 새로운 공간 속에서 말하자면 〈인력으로 선회한다〉(그러나 더 이상 그렇게까지 말할 수 없다. 왜냐하면 엄밀히 말하여, 이 새로운 세계는 〈반중력적〉이거나, 만약 이 세계가 여전히 중력으로 돌고 있다면, 그것은 실재의 구멍 주위에서, 상상의 구멍 주위에서이다). 여기서는 반복적인 우주나 민속, 그리고 우주적 이국취향이나 은하계의 모험도 목표하지 않는다. 단번에 근원도 없고, 내재적이며, 과거도 없고 미래도 없는 시뮬라시옹 속에, (정신적, 시간적, 공간적, 기호적인) 모든 상관요소들의 부유 속에 있게 된다. 평행한 세계, 이중적인 세계, 혹은 가능한 세계의 문제도 아니다. 그것은 가능한, 불가능한, 실제의, 비현실의 세계가 아니라, 시뮬라시옹의 세계이다. 또 그것은 딕크가 일부러 시뮬라크르들에 대해서 말을 하기 때문이 아니다(공상-과학은 항상 시뮬라크르를 만든다, 그러나 공상과학은 이중 위에서, 인위적 혹은 상상적인 겹뜨기 혹은 대역 위에서 게임을 한다). 여기서 이중은 사라져버렸다. 더 이상 이중은 없고, 사람들은 항상 이미 같은 것의 다른 것이 아닌 다른 세계, 이 세계를 반영할 거울도 투영도 유토피아도 없는 다른 세계 속에 있다. 시뮬라시옹은 뛰어넘을 수 없고 극복되어 질 수 없으며 광택이 없고 외향성이 없다. 우리는 더 이상 여전히 초월성의 황금기였던 〈거울의 다른 편으로〉 갈 수가 없을 것이다.

아마 더 설득력 있는 예는 발라르 Ballard와 그 진화의 예일 것이다. 초기의 아주 〈환상적이고〉 시적이며, 밤 같고 낯선 느낌을 주는 단편들로부터(『IGH』나 『콘크리트 섬』보다도 더), 더 이상 공상-과학이 아닌, 이러한 공상-과학의 현재 모델인 『충돌 Crash』에 이르기까지. 『충돌』은 우리의 세계이다. 거기서는 아무것도 〈발명되지〉 않았다. 파생기능적이며, 순환과 사고, 기술과 죽음, 섹스와 사진 목표 등 모든 것이 마치 동시적이고 시뮬라크르된 거대한 기계와 같은 것이다. 우리를 감싸고 있는, 허공 속에서 섞이고 파생조작적인 모든 모델들, 우리 자신들의 모델들의 가속화인 것이다. 여전히 대부분의 시간을 기능/역기능이라는 (기계적이고 기계주의자적인) 낡은 짝 주위에서 돌고 있으며, 이 낡은 짝을 〈정상적〉 세계의 목적성과 똑같은 목적성과 선에 따라 미래에까지 투영하는 대부분의 공상과학들과 『충돌』을 구분짓는 것은 바로 이것, 즉 다른 공상과학들에서는 허구가 현실을 추월할 수 있다는 점이다(혹은 거꾸로 현실이 허구를 추월할 수 있는데, 이는 훨씬 교묘한 것이다). 그러나 항상 동일한 게임 규칙에 따른다. 『충돌』에서는 허구도 현실도 더 이상 없다. 오직 파생현실이 이 둘을 폐지한다. 여기에, 혹시 있다면 우리시대의 공상과학이 있다. 『쟉 바론 *Jack Barron* 혹은 영원성』, 『모두 자니바르에 *Tous à Zanibar*』의 몇몇 구절들이 그것이다.

사실 이런 의미에서 공상-과학은 더 이상 아무 곳에도 없다. 그리고 모델들의 순환 속에, 여기 그리고 지금, 주위의 시뮬라시옹의 공리적인 것 속에, 어디에나 있다. 공상과학은 원색적인 상태로, 예를 들어 이 조작적인 세계에서 무기력한 상태로 솟아날 수 있다. 서독의 시뮬라크르공장들, 즉 전통적인 작업과정의 모든 역할들 속에서 그리고 모든 부서에서 실업자들을 다시 고용하는 공장들, 그러나 아무것도 생산하지 않는 공장들, 한 공장에서 다른 공장에 걸치는 넓은 그물망 내에서, 명령, 경쟁, 글쓰기, 회계하는 데 그의 모든 활동이 소모되는 공장들의 현실을 어떤 공상-과학 작가가 상상할 수 있겠는가(엄밀히 말하여 이러한 것은 더 이상 〈상상되지〉 않는 것이다)? 공허 속에서 두 배로 되는 모든 물질적 생산(이 시뮬라크르 공장들의 하나가 두번째로 자기자신의 실업자들을 해고하면서 〈실제로〉 파산까지도 하였다), 이것이 바로 시뮬라시옹이다. 이 공장들이 거짓말이어서가 아니라, 바로 이 공장들이 사실적이고 파생실재적이기 때문이며, 단숨에 이 공장들은 모든 〈진짜〉 생산을, 〈심각한〉 공장들의 생산을 동일한 파생현실로 보내기 때문이다. 여기서 미혹적인 것은, 진짜 공장들/가짜 공장들이라는 대비가 아니라, 반대로 이 둘의 비구분이며, 모든 생산의 잉여도 이러한 기업 〈시뮬라크르〉 이상의 실제 지시나 깊은 목적성이 없다는 사실이다. 이러한 파생현실적인 비차이가 이러한 에피소드의 〈공상-허구적인〉 진짜 질을 구성한다. 사람들은 이 에피소드를 고안할 필요가 없음을 보게 된다. 이 에피소드는 거기, 깊이도 없고 비밀도 없는 세계로부터 솟아나와 있다.

오늘날 공상과학의 복잡한 세계에서 분명 가장 어려운 것은 여전히 두번째의 질서에 속하는 상상 즉, 생산적/투영적인 질서의 상상에 속하는 것(이것이 대부분이다)과 이미 상상의 비구분에 즉, 시뮬라시옹의 세번째의 질서에 고유한 이러한 *浮流*에 속하는 것을 가리는 일이다. 두번째 질서의 특징인 기계적인 로봇 기계들과 그 축에 있어서 세번째 질서에 속하는 정보통신학적이고 컴퓨터적인 기계들 사이의 차이를 로봇과 컴퓨터로 명확히 할 수는 있다. 그러나 하나의 질서는 다른 질서를 아주 잘 오염시킬 수 있다. 그래서 컴퓨터는 두번째 질서의 시뮬라크르들을 생산하는 천재성을 내보이는, 기계적인 슈퍼머신으로, 슈퍼-로봇이나 초능력의 기계로서 작용할 수 있다. 여기서 컴퓨터는 시뮬라시옹의 과정으로서 작용하는 것이 아니라, 여전히 목적성이 주어진 세계의 반영들을 증언한다(『모두 자니바르에 *Tous à Zanibar*』에서 2001년의 컴퓨터 혹은 샬마느저 Shalmanezer처럼, 반대감정 양립과 폭동도 포함하여).

첫번째 질서에 상응하는 오페라적인 것 l'opératique(극장적이고 환상적인 기계류, 극장적인 위상과 기술의 〈거대한 오페라〉), 두번째 질서에 상응하는 수행적인 것(힘과 에너지의 산업적, 생산적, 효율적인 위상), 세번째 질서에 상응하는 조작적인 것(〈상위기술적인〉 것의 정보 통신학적이며, 언제 어찌 될 줄 모르고 부유하는 위상), 이들 사이의 간섭은 오늘날 여전히 공상과학의 수준에서 일어날 수 있다. 그러나 오직 마지막 질서만이 여전히 진정 우리의 관심을 끌 수 있다.

동물들 영역과 변형들

　종교재판의 도살자들은 무엇을 원했을까? 그것은 악과 그
원칙의 자백이었다. 피고들에게 그들이 사고에 의해서만, 신
의 질서 속에 악의 원칙이 끼어들어 와서만 그들은 죄가 있다
고 말하도록 하여야만 하였다. 이처럼 자백은 그들을 안심시
켜 주는 인과성을 회복시켜 주었다. 그래서 체형과 그 속에서
의 악의 근절은 원인으로서 악을 생산한 사실에 대한 (가학적
이거나 속죄적인 것이 아닌) 승리적인 월계관 수여일 따름이었
다. 그렇지 않으면 아주 경미한 이단이라도 모든 신적인 창조
를 의심쩍은 것으로 만들고야 말리라. 마찬가지로 우리가 실
험실에서, 로케트 속에서 과학이라는 이름으로 이러한 실험적
인 잔인성을 가지고서 동물들을 이용하고 남용할 때, 우리는
해부도와 전도체들 밑에서 그들에게서 어떤 자백을 끌어내려
고 하는가?
　거기에 대해 과학이 결코 확신하지 못한 객관성의 원칙, 과
학이 비밀히 그에 대해 발버둥치고 있는 객관성의 원칙을 자
백케 하는 것이 바로 그것이다. 동물들에게 그들이 동물이 아
니라는 것을 자백하게 해야 한다. 그들이 내포하고 있는 이성

에 대한 이해 불가능성, 철저한 이상함과 함께, 야수성, 야만성이란 존재하지 않고, 반대로 가장 야수적인, 가장 독특하고 비정상적인 행동은 과학 속에서, 생리학적 메커니즘으로, 두뇌적인 연결 등으로 해결될 수 있음을 자백하게 해야 한다. 동물들에게서 동물성, 그리고 그 불확실의 원칙을 죽여야 한다.

따라서 실험은 끝을 향한 어떤 수단이 아니다. 실험은 현재의 어떤 도전이자 체형이다. 실험은 어떤 이해에 기초하는 것이 아니라, 옛날에 사람들이 신앙의 자백을 끌어내듯이, 과학의 자백을 끌어내는 것이다. 외부로의 뚜렷한 일탈들, 즉 병, 광기, 야수성이란 인과성의 투명성에 일시적으로 가해진 갈라진 금일 따름이다는 자백 말이다. 옛날에 신적 이성의 증명처럼 이 증명을 계속해서 그리고 도처에서 거듭해야 한다. 이러한 의미에서 우리 모두는 동물들이다. 최종 심의기관으로서 그만한 수의 합리성의 자백인 반사적인 행동들을 그들로부터 끌어내기 위하여 사람들이 계속하여 실험하는 실험실 속의 동물들인 것이다. 도처에서 야수성은 반사적 동물성에 자리를 비켜줘야 한다. 그리하여 동물들이 그들의 침묵에 의하여 우리에게 구현하고 있는 야만의 질서, 해결할 수 없는 질서를 축출하여야 한다.

동물들은 그러니까 과거의 자유주의적인 제거의 운명 위에서는 우리를 앞서가고 있었다. 동물들에 대한 현대적인 취급의 모든 양상들은, 인간에 의한 조작이나 실험으로부터 사육지에서의 산업상의 무자비한 약탈에까지 이르는 우여곡절들을 기록하고 있다.

리용에서 열린 모임에서 유럽의 수의사들은 산업적인 사육지에서 발생하고 있는 병과 심리적인 혼란에 대해 우려하였다.
———《과학과 미래》, 1973년 7월)

토끼들은 질병 걱정을 높인다. 그들은 대소변을 먹고 새끼를 못낳게 되었다. 토끼는 천생이 〈불안해 하고〉 〈적응을 못하는〉 것처럼 보인다. 전염병과 기생충장애에 대해서는 더 큰 예민한 감수성을 드러낸다. 항체는 효율성을 상실하고 암컷들은 새끼를 낳지 못하게 된다. 이것이 사실이라면, 자연히 사망율은 증가한다.

암탉들의 히스테리는 그룹 전체에 이르러, 〈심리적인〉 집단긴장은 위기의 문턱에까지 이를 수 있다. 모든 동물들이 사방으로 날기 시작하고 소리치기 시작한다. 위기가 끝나면, 이제는 히스테리가 푹 꺼져 두려움이 일반화된다. 동물들은 구석으로 피신해서 마비된 듯이 벙어리가 된다. 아주 조그만 첫번째의 쇼크에도 위기가 다시 시작된다. 사람들은 그들에게 신경안정제를 주려고 시도하였다.

돼지들에게서는 잔인성이 있다. 그들은 서로서로 상처를 입힌다. 송아지들은 그들 주위에 있는 모든 것을, 때로는 죽을 때까지 핥는다.

〈사육지의 동물들이 심리적으로 고통을 받고 있음을 인정해야 한다…… 동물-정신의학이 필수적이 된다…… 좌절심리는 정상적인 발전의 장애를 표현한다.〉

어둠, 붉은 빛, 어떤 이상한 것, 안정제들, 이 아무것도 거기서는 소용없다. 사육하는 동물들에게서는 먹을 것에 접근하는 서열, 쪼는 순서가 있다. 그들의 과밀 조건에서는 순서에서 맨 마지막인 것들은 전혀 먹지 못하게 된다. 그래서 사람들은 쪼는 순서를 깨뜨려서, 다른 분배 시스템에 의하여 먹이에의 접근을 민주화하려고 하였다. 이러한 상징적인 질서의 파괴는 동물들에게서 완전한 혼란, 그래서 만성적인 불안정을 야기한다. 이처럼 무모한 부조리성에 대한 좋은 예를 사람들은 알고 있다. 부족사회에서 민주적인 선한 의지가 하였던 유사한 폐해가 그것이다.

동물들은 심적 병을 육체적 병으로 만든다. 이는 놀랄 만한 일인데, 생쥐들, 돼지들, 암탉들에게서 암, 위궤양, 심근경색증을 발견할 수 있다.

결론으로, 작가가 말하길, 유일한 치료는 공간인 것 같다 ──⟨조금 더 넓은 공간을 주면, 관찰된 많은 혼란들이 사라질 것이다.⟩ 아무튼 ⟨이 동물들의 운명은 훨씬 덜 불행하리라.⟩ 따라서 작가는 이 모임에 대해 흡족했다. ⟨사육 동물들의 운명에 관한 현재의 관심사들은 따라서, 한번 더, 정신적인 것과 아울러 이익 감각이 서로 결합하는 곳을 본다⟩. ⟨자연을 가지고 아무것이나 할 수 없다⟩. 여러 혼란들이 기업의 수익성에 해를 끼칠 정도로 심각하기에, 이 소득감소는 동물들에게 훨씬 정상적인 생활조건을 주도록 사육자들을 인도할 수 있다. ⟨건전한 사육을 하기 위해서는, 앞으로는 동물들의 정신적인 균형에 대해서도 관심을 기울여야 할 것이다.⟩ 그래서 작가는 사람들이 이러한 정신적인 균형을 회복하기 위하여 사람들처럼 동물들도 시골로 보내게 될 시대를 예상한다.

⟨인간주의⟩⟨정상성⟩⟨생활의 질⟩이란 것들이 얼마나 수익성의 우여곡절에 불과한 것이란 것을 더 잘 말해준 적이 없었다. 잉여적인 병든 동물들과 산업집중화시대의 인간 즉 노동과 채널화된 공장들의 과학적 조직화시대의 인간 사이에는 이 빛나는 평행관계가 있다. 여기서도, 자본주의적인 ⟨사육사들은⟩ 착취양식에 대한 가슴 아픈 재점검을 하도록 인도되어서, ⟨노동의 질⟩⟨업무의 풍부함⟩을 혁신하고 재고안하고, ⟨인문⟩과학과 공장의 ⟨심리-사회적⟩ 차원을 발견하였다. 오직 돌이킬 수 없는 죽음만이 동물들을 사슬에 묶인 인간들의 경우보다 더 빛나는 것으로 한다.

산업화한 죽음의 구성에 대항하여 동물들은 자살 외에는 다

른 수단이, 다른 도전이 없다. 앞에서의 모든 비정상들은 필
사적인 것들이다. 이러한 저항들은 산업적 이성의 실패이다
(소득이 감소하기 때문이다). 그러나 특히 사람들은 이러한 저
항들이 논리적 이성 속에 있는 전문가들을 거역하고 있음을
느낀다. 반사적 행위와 기계-동물의 논리 속에서는, 합리적
논리 속에서는 이러한 비정상들은 규정될 수가 없다. 그래서
사람들은 동물들에게 심리현상을 부여할 것이다. 비합리적이
고 고장난 심리현상, 죽음이라는 최종 목적은 결코 변하지 않
고, 자유주의적이고 인간주의적인 치료법에 바쳐진 심리 현상
이다.

　동물이 그에게 준비된 죽음에 잘 적응하지 못할 때, 사람들
은 이처럼 재주있게 새롭고 지금까지 개척되지 않은 과학의
영역으로 동물의 심리현상을 발견한다. [110]마찬가지로 사람들
은, 죄수들을 순수 간단하게 가둘 수 없을 때, 죄수들의 심리
학, 사회학, 성을 다시 발견한다. 산업적인 동물들이 정상적
으로 죽기 위하여는 어떤 〈생활의 질〉을 필요로 하는 것처럼
죄수도 감옥을 견디기 위해서는 자유, 성, 〈정상성〉을 필요로
함을 발견한다. 그리고 여기서는 아무것도 모순적이지 않다.
노동자 자신도 생산의 강제명령에 더 잘 응하기 위하여는 책
임과 자율관리를 필요로 한다. 적응하기 위하여 모든 인간은
심리현상이 필요하다. 의식적이건 무의식적이건 심리현상의

110) 따라서, 텍사스에서는 사백 명의 남자와 사백 명의 여자들이 세계
　　에서 가장 유순한 감옥생활을 시험한다. 지난해 유월 거기서 어린아
　　이가 하나 태어났고, 이년 동안에 세 건의 탈옥사건밖에 없었다. 그
　　룹별 심리학 주간 중에는, 남자들과 여자들은 함께 식사를 하고 서
　　로 만나게 된다. 각 죄수들은 자기 개인 방의 하나밖에 없는 열쇠를
　　소유한다. 그래서 커플들이 텅 빈 방에 각각 격리되게 된다. 바로
　　이날 삼십오 명의 죄수들이 탈옥을 했지만, 대부분이 스스로 되돌아
　　왔다. [원주]

도래에는 다른 이유가 없다. 지금도 계속되고 있는 심리현상의 황금기는 모든 영역 속에서 합리적인 사회화가 불가능하다는 점과 일치할 것이다. 만약에 인간을 그의 〈합리적인〉 행동으로 축소할 수 있었다면 결코 인문과학이나 정신분석학은 없었을 것이다. 그 복잡성이 무한히 개화될 수 있는 심리학적 모든 발견은, 다음의 엄밀한 등가율의 법칙에 따라, (노동자들을) 죽도록 착취할 불가능성, (죄인들을) 죽도록 가둘 불가능성, (동물들을) 죽도록 살찌게 할 불가능성으로부터 오는 것일 따름이다 :

    ——그만큼의 열량 에너지와 시간 = 그만큼의 노동력
    ——그러한 위반 = 동등의 그러한 벌
    ——그만큼의 영양 = 최적의 무게와 산업적인 죽음.

  모든 것이 고장난다. 그래서 심리 현상, 정신적인 것, 신경증, 사회-심리적인 것 등이 태어난다. 그러나 이는 이러한 정신착란적인 등식을 깨부수기 위하여가 아니라 타협된 등가의 원칙들을 다시 회복하기 위해서다.
  마소처럼 죽도록 짐을 나르던 동물들은 인간을 위하여 일해야만 하였다. 실험을 위한 동물들은 과학적인 질문에 대답하기 위하여 불려졌다. 소비를 위한 동물들은 산업적인 고기가 되었다. 정신적 질환이 신체질환으로 바뀐 동물들은 오늘날 〈심리〉 언어를 말하도록, 그들의 심리현상과 그들 무의식에 있어서 잘못된 것에 대하여 대답하도록 요구된다. 그들에게 일어났던 모든 것은 우리에게 일어난 것과 같다. 우리의 운명은 결코 그들의 운명과 분리되어 있지 않았다. 이것은 동물에 대한 인간의 절대적인 특권을 온 힘을 다해 세웠던 인간이성에 대한 일종의 쓸쓸한 복수이다.

게다가 동물들은 이성과 인간주의의 진보선에 따라서만 비인간성의 위상으로 넘어갔다. 이는 종족주의 논리에 상응한 논리인 것이다. 인간이 존재한 이래로만 객관적인 동물 〈界〉가 존재한다. 그들의 상대적인 위상 변천의 계보를 다시 일일이 열거하기란 너무 길 것이다. 그러나 오늘날 그들을 따로 떼어놓은 심연, 우주공간과 실험실의 무시무시한 세계에 우리 대신 대답하라고 동물들을 보내길 허용한 심연, 아프리카의 동물보호구역이나 지옥 같은 동물원에다 견본으로서 동물들을 저장하면서 종족들을 제거하길 허용해 온 심연——왜냐하면 우리 문명 속에는 죽은 자들 이상으로 그들을 위한 자리가 없기에——등은 종족주의적 감정으로 덮여진다(아가 바다표범들, [111]브리지트 바르도). 마치 진정한 종족주의가 노예제도 이후에 있었던 것처럼, 이들을 분리한 심연도 길들이기 이후에 있는 것이다.

옛날에는 동물들이 인간보다 훨씬 성스럽고 신성한 성격을 지녔다. 원시인들에게는 〈인간〉이란 界조차도 없었다. 그래서 오래도록 동물의 질서는 참조의 질서였다. 오직 동물만이 신으로서 제물이 될 자격이 있으며, 인간의 제물화는 등급단계가 낮아짐에 따라 그후에야 온다. 인간들은 동물로의 합병에 의해 성격이 규정된다 : 보로로스 Bororos 인들은 아라라스 araras〈이다〉. 이것은 인간중심적으로 전-논리적이거나 정신분석학적인 질서가 아니다. 레비-스트로스가 그곳으로 동물의 초상을 축소시켰던 정신적인 분류질서도 아니다(여전히, 동물들이 무언가를 나타내는 언어로서 사용될 수 있었다는 것은 이미 인간화되어 우화적인 것이지만, 이것 또한 따지고 보면

---

111) Brigitte Bardot (1934~) : 프랑스 영화배우. Bardot는 암탕나귀와 수말 사이에서 태어난 노새새끼를 말한다. [역주]

그들의 신성의 일부에 속한다). 이것은 보로로스와 아라라스가 하나의 원의 일부임을, 그리고 이 원의 수사법은 종족의 분할이나 지금 우리가 그 위에서 살고 있는 변별적인 대립을 배제한다는 것을 의미한다. 구조주의적인 이러한 대립체계는 악마적인 것이다. 이는 서로 구별되는 동질성들을 분할하고 대치시킨다. 이것이 인류가 행한 분할로서, 동물들을 비인간적인 것으로 집어 던지는 원이다. 그리고 이것은 상징적인 것으로서 회귀적인 연쇄 속에서 각 위치들을 제거한다. 보로로스 인들은 아라라스〈이다〉는 이러한 의미 속에 있는 것으로 이것은 하와이 및 남양군도의 카나크인이 죽은 자들이 산 자들 사이에서 돌아다닌다라고 말하는 것과 동일한 의미이다(들뢰즈가 그의 동물-되기 속에서 그리고 〈장미빛 표범이 되시오〉라고 말할 때 그는 이와 같은 어떤 것을 겨냥하고 있는가). 아무튼 동물들은 항상, 우리에게서까지도, 모든 신화들이 그 자취를 밟고 있는 신성한 혹은 제물적인 고상함을 가지고 있었다. 사냥에서의 살해도, 실험적인 해부와는 반대로, 여전히 하나의 상징적인 관계이다. 길들이기조차도, 산업적인 사육과는 반대로, 하나의 상징적 관계이다. 이 점은 농촌사회에서 동물들의 위상을 보기만 해도 된다. 동물들이 그의 일부인 땅, 집단 패거리, 친족체계를 전제하고 있는 길들이기의 위상과, 동물보호구역과 사육지 밖에서 우리에게 남아 있는 유일한 종류의 동물들인, 개, 고양이, 새, 암스테르 등 그 주인의 애정 속에 푹 싸여 있는 내실 동물의 위상을 혼동해서는 안 된다. 동물들이 겪었던 궤적, 신적인 제물에서 분위기 있는 음악과 함께 무덤으로까지, 신성한 도전에서 자연보호론적인 감상성에 이르기까지, 이 궤적은 인간의 위상 자체의 저속화를 잘 말하고 있다. 이것은 여전히 인간과 동물 사이의 예기치 않은 상호성을 다시 한 번 기술한다.

우리가 동물들에 대해서 갖는 감상성은 특이하게도 우리가 그들에게 갖는 경멸의 확실한 기호이다. 동물을 책임 없는 束으로, 비인간적인 것으로 유배하는 정도에 따라, 마치 어린아이가 그의 순결성과 유치의 위상으로 유배됨에 따라서 그러하듯이, 동물은 애정과 보호라는 인간적인 대우를 받을 자격이 있게 된다. 감상성은 짐승성이라는 아주 낮은 등급으로 된 형태일 따름이다. 종족적인 연민, 우리는 이것으로 짐승들을 장식하여 그들을 아예 감상적으로 만들기에 이르렀다.

옛날에 동물들을 제물로 바치던 사람들은 그들을 짐승으로 보지 않았다. 동물들을 단죄하고 그들을 여러 형태로 벌하던 중세에서조차도 그러했다. 바로 이 때문에 그들은 이러한 중세적 수행에 전율을 느끼는 우리보다는 예전에 제물로 바치던 사람들에 더 가까웠다. 제물로 바치던 사람들은 동물들이 죄가 있다고 생각하였다. 이는 그들에게 영광을 주는 것이다. 우리는 동물들을 아무것도 아닌 것으로 생각한다. 이러한 전제 위에서 우리는 그들에 대해 〈인간적〉이다. 우리는 그들을 더 이상 제물로 바치지 않고, 벌하지 않는데, 이에 ·대해서도 우리는 자부심을 갖는다. 그러나 그것은 간단히 말해 우리가 그들을 길들였다는 것이다. 더 나쁜 것은 그들을 종족적으로 열등한 세상으로 만들었다는 데 있다. 이 세상이 보다 더 우리의 정의에 어울린다 해도 그것은 바로 우리의 애정과 사회적 자비며, 보다 더 징벌과 죽음을 받는 세상이라 하여도 이는 실험과 도살장의 고기로서의 실험이다.

오늘날 동물들의 괴물성을 만든 것은 그들에 대한 모든 폭력을 흡수함으로서이다. 〈내밀성〉(Bataille에게서)의 폭력인 제물로서의 폭력에, 떨어진 거리의 폭력인 감상주의적인 폭력이 뒤를 잇는다.

괴물성이란 그 의미를 바꾸었다. 원래는 공포와 미혹의 대상인 짐승들의 괴물성이란 결코 부정적 의미가 아니라 항상 이중적인 의미를 가지고 있었으며, 제물과 신화, 家紋의 맹수와 격투하는 투사, 그리고 우리의 꿈과 환상 속에서 교환과 은유의 대상인 짐승들의 괴물성이었다. 이러한 괴물성은 모든 위협과 변형에 있어서 풍부하고, 인간들의 살아 있는 문화 속으로 내밀히 녹아 들어갔으며 그래서 인간과 동물들 사이의 결연의 한 형태인 이 괴물성을 우리는 공연장의 괴물성과 교환해 버렸다. 자기 정글에서 빼내져 음악-강당의 주연배우가 된 킹콩의 괴물성이 그것이다. 단숨에 문화적인 각본이 거꾸로 되었다. 옛날에는 영웅이 짐승, 용, 괴물을 죽였다. 그러면 그 흘러 퍼진 피로부터 식물들이, 인간들이, 문명이 탄생하였다. 오늘날은 짐승인 킹콩이 산업적인 대도시들을 박살내려 오고, 실제적인 모든 괴물성이 축출되어 버리고 괴물성과의 계약을 파기하였기에(이 계약이 이 영화에서는 여자의 원시적인 증여로 표현되었다) 죽어버린 우리의 문명으로부터 우리를 해방하기 위하여 온다. 이 영화의 깊은 매혹은 이러한 방향의 전도에서 온다. 모든 비인간적인 것은 인간의 쪽으로 넘어가고, 모든 인간적인 것은, 포로가 된 동물성 쪽으로, 여자와 짐승 상호간의 유혹 다시 말해 인간과 동물 즉 한 계의 다른 계에 의한 유혹 쪽으로 넘어간다. 킹콩은 한 계의 다른 계로의 변신 가능성을 되살리고, 상징적이고 제의식적인 양식 위에서가 아니면 결코 실현되지 않을지라도 인간과 동물 사이의 이러한 근친상간적 불륜의 뒤죽박죽을 유혹에 의하여 되살렸기 때문에 죽는다.

근본적으로 동물들이 겪은 단계는 광기, 유아기, 성, 또는 흑인들의 성격이나 사고방식이 겪은 단계와 다르지 않다. 배제, 유폐, 차별의 논리 그래서 필연적으로 거꾸로 되돌아오는 회귀의 논리이며, 사회전체가 결국은(예전에 배제되고 제거되었을 때 그들이 제기하여 무겁게 짓누르던 어떤 근원적인 질문 같은 것은 이제는 없어져 버린) 광기, 유아기, 성, 그리고 열등한 종족들의 공리 위에 정렬하도록 하게 하는 회귀의 폭력이다. 문명 과정의 집중은 눈부시다. 죽은 자들과 마찬가지로 동물과 여타의 많은 것들이 근절에 의한 합병이라는 끝없는 과정을 겪었다. 이 과정은 우선 제거하고 다음에는 사라진 종족들로 하여금 말하도록 하는 것이며, 그들의 사라짐에 대한 자백을 제출하도록 하는 것이다. 마치 사람들이 미친 사람들, 어린아이들로 하여금 섹스를 말하도록 하던 것처럼(푸코 Foucault), 동물들을 말하게 한다. 동물과 인간과의 결연이 단절된 이래로, 동물들이 인간 위에 짓누르게 한 불확실의 원칙은, 동물들이 말하지 않는다는 사실에 있기에, 동물들에게 있어서 그들이 말하도록 한다는 것은 그만큼 더 환각적인 것이다.

광기의 도전에는 역사적으로 무의식이라는 가정에 의하여 대답하여졌다. 무의식이란 비-의미에까지 확장된 의미의 시스템 속에서 광기를(그리고 더욱 일반적으로 모든 이상하고 비정상적인 것을) 생각하도록 허용해 주는 상징 논리적인 장치이다. 이 논리적 장치는 의미로 해결 안 되던 미친 것에 대한 공포들에서 즉, 차후로는 심리현상, 충동, 억압 등의 담론으로 이해된 공포들에서 자신의 자리를 만들 것이다. 우리에게 무의식이라는 가정을 강요했던 것은 미친 사람들이다. 그러나 거꾸로 우리는 그들을 무의식에다 얽어매었다. 왜냐하면, 처음에 무의식이 이성에 반대하여 되돌아가고, 그래서 이성을 근본적으로 뒤집는 타격을 가하는 것처럼 보였더라도, 무의식이 여전히 광기가 가진 단절의 잠재력을 장전하고 있었더라도, 잠시 후에는 무의식은 광기에 반대하여 되돌아간다. 그 까닭은 무의식이란 광기를 고전적 이성보다 더욱 보편적인 이성에 합병하도록 허용해 주는 것이기 때문이다.

미친 사람들은 전에는 벙어리로 말이 없었다. 오늘날은 모든 사람들이 그들의 말을 듣는다. 사람들은 예전에는 부조리하고 해석할 수 없었던 그들의 메시지를 수합할 틀을 발견하였다. 어린아이들은 말한다, 그들은 이제 더 이상 어른들의 세계에 대해 동시에 이상하고 무의미한 존재자들이 아니다. 어린아이들은 의미한다. 그들은 의미하는 것이 되었다. 이는 그들의 〈말〉의 어떤 해방에 의해서가 아니라, 어른들의 이성이 스스로에게 어린아이들의 침묵의 위협을 추방할 훨씬 절묘한 수단들을 주었기 때문이다. 원시인들도 또한 들려진다. 사람들은 그들에게 요청을 하고, 그들을 듣는다. 그들은 더 이상 동물들이 아니다. 레비-스트로스는 그들의 정신적 구조도 우리들의 정신적 구조와 똑 같았다고 말하였다. 정신분석학은 그들을 오이디푸스 컴플렉스와 무의식적 성적욕구인 리비도에다 정렬시켰다. 우리의 모든 코드는 잘 기능하였으며, 그들은 거기에 대답하였다. 사람들은 그들을 예전에는 침묵 속에다 매장하였지만, 오늘날은 그들을 말 밑에다, 물론 〈다른〉 말 밑에다 매장한다. 그러나, 마치 예전에는 이성이라는 단위의 단어 밑에서였듯이, 지금은 〈다름〉의 질서 단어 밑에서이다. 이 점에 있어서 혼동하지 말아야 한다. 앞으로 나아가고 있는 것은 동일한 질서이다. 이성의 제국주의, 다름의 신-제국주의인 것이다.

본질적인 것, 이것은 아무것도 의미의 제국을, 의미의 분할 점거를 빠져나가지 못한다. 물론 이 모든 것 뒤에서, 아무것도 우리에게 말하지 않는다. 미친 사람들도, 죽은 사람들도, 어린아이들도, 미개인들도, 우리에게 말하지 않는다. 그래서 근본적으로 우리는 그들에 대해 아무것도 알지 못한다. 그러나 본질적인 것은 이성이 체면을 살렸다는 것이고, 모든 것이 침묵을 벗어났다는 것이다.

동물들은 말하지 않는다. 점점 더 커가는 말의 세계에서, 자백과 말을 하라고 조이는 세계에서, 동물들만이 벙어리로 남아 있다. 그래서 이러한 사실로부터 그들은 우리로부터 멀리, 진실의 지평으로부터 멀어져 물러나는 것처럼 보인다. 그러나 이것이 우리를 그들과 내밀하도록 만드는 것이다. 중요한 것은 그들의 환경보호론적인 생존문제가 아니다. 중요한 것은 여전히 그리고 항상 그들의 침묵문제이다. 오직 말만 하도록 하는 도상의 세상에서, 기호와 담론의 패권에 연합한 세상에서, 그들의 침묵은 우리의 의미의 조직 위에서 더욱더 무겁게 압박한다.

물론 사람들은 그들을 말하게 한다. 그리고 어떤 이는 다른 것보다 덜 무고하고 덜 위험한 모든 방법들을 다 동원해서 그렇게 한다. 동물들은 우화 속에서는 인간의 도덕적인 담론을 말하였다. 그들은 토테미즘의 이론에서 구조적인 담론을 지탱하였다. 그들은 매일 실험실에서는 해부학적인, 심리학적인, 발생학적인, 이른바 〈객관적인〉 그들의 메시지를 우리에게 넘겨준다. 그들은 차례차례로 덕과 악덕의 은유로 사용되고, 에너지적이고 환경보호론적인 모델로 사용되며, 생물전자학에서는 기계적이고 형태적인 모델로, 무의식에게는 환상적인 항목으로 사용된다. 그리고 최근에는 들뢰즈의 〈동물-되기〉에서 욕망의 절대적인 비영역화의 모델로 사용된다(역설 : 동물이란 놀라우리만치 훌륭히 영역적인 존재인데 동물을 비영역화의 모델로 삼는다).

은유, 실험재료, 모델, 비유, (그들의 영양물로서의 〈사용 가치〉도 잊지 않고) 등, 이 모든 것 속에서, 동물들은 엄격한 담론을 가진다. 그들은 사람들이 그들에게 요구한 대답만 제공하기 때문에 어디서도 그들은 진짜로 말하지 않는다. 이것은 그들 나름으로 인간을 인간 자신의 순환적인 코드로 되돌려 보내는 방식이다. 이 코드 뒤에서 그들의 침묵은 우리를 분석한다.

사람들은 결코, 어떠한 제외의 뒤라도 반드시 따르게 되는 그 코드의 역회귀성을 빠져나갈 수 없다. 미친 사람들에게서 이성을 거부하는 것은 조만간 이러한 이성의 근원을 해체하기에 이른다. 어떤 점에서 미친 사람들은 복수를 하는 것이다. 동물들에게서 무의식, 억압, (언어와 혼동된) 상징적인 것을 거부하는 것을 사람들은 기대할 수 있다. 그런데 광기와 무의식의 분리에 후발적인 일종의 분리 속에서, 그 거부는 오늘날 우리에게 행사되고 있고 우리를 동물들과 구별하는 그러한 개념들의 유효성을 다시 문제삼게 된다. 왜냐하면 예전에는 인간의 특권이 의식의 독점에 있었다면 오늘날은 이 특권이 무의식의 독점 위에 세워져 있기 때문이다.

동물들은 무의식이 없다. 이것은 잘 알려진 것이다. 동물들은 틀림없이 꿈을 꾼다. 그러나 이것은 생체-전자적인 질서의 억측이다. 그들에게는 언어가 없다. 언어만이 꿈을 상징적인 질서에 새겨서 꿈에 의미를 준다. 우리는 동물들에 대해서 환상을 품을 수 있고, 동물들에다가 우리의 환상을 투영할 수 있으며, 이러한 연출을 그들과 공유하고 있다고 믿을 수 있다. 그러나 이것은 우리들 편의대로 해석한 것이다——사실 동물들은 우리에게는 의식의 체제 아래에서나 무의식의 체제 아래에서나 우리에게는 이해될 수 없는 것이다. 따라서 그들을 이곳으로 몰아 부치는 문제가 아니라, 정말 반대로 어떤 점에서 동물들이 이러한 무의식이라는 가정에 대해 문제제기를 하며, 다른 어떤 가정으로 그들이 우리를 몰아넣는지를 보는 것이다. 이것이 바로 그들 침묵의 의미와 비-의미이다.

우리를 무의식의 가정으로 몰아넣은 것, 이것은 미친 사람들의 침묵이었다. 그런데 그 가정을 바꾸도록 우리를 강요하는 것, 이것은 동물들의 저항이다. 왜냐하면 만약 동물들이 우리에게 이해될 수 없고 또 그대로 남을 것이라도, 우리는 어떤 식으로든 그들을 이해하면서 산다. 그리고 우리가 그렇게 산다면, 이것은 확실히 일반적인 환경학의 기호 아래에서가 아니다. 플라톤적인 동굴의 확장된 차원일 따름인 환경학에서는 일종의 지구적인 둥지 안에서 동물들과 자연적인 요소들의 유령들이 정치 경제학으로부터 구사일생으로 살아남은 인간들의 그림자들과 서로 오손도손 살기 위하여 올 것이라는 것이다. 아니다, 동물들과 우리들의 깊은 이해는 비록 사라지고는 있지만 외면적으로는 서로 반대인 변형과 영역이 결합한 기호 밑에 놓여 있다.

어떠한 것도 동물들보다도 그 종의 영속화에 있어서 고정적인 것은 없어 보인다. 그렇지만 동물들은 우리에게는 변형의 이미지, 모든 가능한 변형들의 이미지이다. 외양적으로 동물들보다도 방랑적이고 떠돌이인 것은 없다. [112]그러나 그들의

---

112) 동물들의 방랑은 하나의 신화이다. 그리고 현재의 무의식과 욕망에 대한 방랑적이고 이동적인 재현은 이것과 같은 맥락이다. 동물들은 결코 방랑적이고, 비영역화된 적이 없다. 자유주의적인 모든 환상은 현대사회가 하는 구속들의 반대 편에서 그려진 것이다. 자연과 야성으로서의 동물들의 재현, 〈모든 필요를 충족하고자 하는〉, 오늘날은 〈모든 욕망을 충족하고자 하는〉 자유——왜냐하면 현대의 루소주의는 충동의 비결정형태, 욕망의 방랑과 무한의 이동형태를 취했다—— 그러나 이것은 자기자신의 폭발 외는 다른 목적성을 가지고 있지 않은, 풀려진, 코드화되지 않은 힘들에 관한 동일한 신비론이다.

따라서 자유롭고, 순결하며, 무한하고, 영역도 없는 자연, 거기서 각자가 마음대로 방랑할 수 있는 자연은, 그와 동등한 거울인 지배 질서의 상상 속에서가 아니면 결코 존재하지 않는다. 우리는 경제 시스템과 자본의 도식인 비영역화의 도식을 이상적인 야성으로서 (자연, 욕망, 동물성, 근경……) 투영한다. 자유란 자본 외의 그 어

법칙은 영역의 법칙이며 또 이 영역의 개념에 대한 모든 반대 의미를 멀리하여야 한다. [113]이것은 결코 한 주체 혹은 그룹

디에도 없다, 자본이 자유를 생산하였고, 자본이 자유를 깊게 한 것이다. 따라서 (도시적인, 산업적인, 억압적인 등의) 가치에 대한 사회적인 합법화와 사람들이 이와 대비시키는 상상적인 야성 사이에는 정확한 상관관계가 있다 : 그들은 둘 다 〈비영역화되어 있고〉, 하나는 다른 것의 이미지에 따르고 있다. 게다가 사람들이 오늘날 보고 있는 〈욕망〉의 근본성은, 문명의 추상화에 따라 성장한다, 그러나 결코 적대적인 것이 아니라, 절대적으로 동일한 움직임에 따라, 동시에 우리의 실재와 상상을 감싸고 있는 항상 더욱 비코드화 되고 더욱 탈중앙적이며, 더욱 〈자유로운〉 동일한 형태의 움직임에 따라서이다. 자연, 자유, 욕망 등은 자본과는 거꾸로의 꿈조차 표현하지 않는다, 이들은 직접 이 문명의 진보 혹은 慘害를 번역한다, 이들은 이 문명을 앞지르기조차 한다. 왜냐하면 이들은 시스템이 오직 상대적인 비영역화만을 강요하는 그곳에서도 완전한 비영역화를 꿈꾸기 때문이다. 〈자유〉의 요구는 시스템보다도 더 멀리, 그러나 같은 방향으로 가려고 하는 요구일 따름이다.

동물들이고 야만인들이고 우리의 의미로 〈자연〉을 알지 못한다. 그들은 영역들만을, 제한되고 표시된, 뛰어넘을 수 없는 상대성의 공간들인 영역들만을 안다. [원주]

113) 이처럼, 앙리 라보리 Henri Laborit는 영역을 본능이나 사유지의 용어로 해석하는 것을 비난한다 : 〈사람들은 결코 신경 중추부 혹은 다른 곳에서, 영역의 개념과 비교하여 다르게 구별되어진 세포그룹이나 신경길들을 명확히 한 적이 없다……제한된 중심영역은 존재하지 않는 것 같다……특수한 본능에 호소하는 것은 유용하지 못하다.〉 그러나 이것은 영역을 문화적 행동들에까지 확장된 욕구들의 기능성으로 더 잘 돌려보내기 위한 것으로, 기능성은 오늘날 모든 경제, 심리, 사회적인 것 등의 공통의 성서이다 : 〈영역은 이처럼 수여적인 행위실현에 필수적인 공간이 되었다, 생명의 공간……폐쇄공간, 영역은 이처럼 유기체와 직접 접촉하는 공간 조각을, 그 속에서 유기체가 자기자신의 구조를 유지하기 위하여 열역학적인 교환을 〈여는〉 공간조각을 대변한다……인간 개인들의 점증하는 상호독립성과 함께, 현대의 거대한 도시들을 특징짓는 뒤죽박죽과 함께, 개인적 폐쇄공간은 굉장히 축소된다……〉 공간적인, 기능적인, 자율기

이 그 자신의 공간에 대해 갖는 확장된 상대성, 즉 개인, 동아리, 혹은 종의 유기적인 사적 소유물 같은 것이 아니며——이러한 의미는 모든 환경론에까지 확장된 심리학과 사회학의 환상이다——욕구들의 시스템 전체가 요약 축소되는 주위를 감싸는 사적 폐쇄공간의 일종인 생체기능도 아니다. 하나의 영역은 이 용어가 우리에게 내포하는 자유와 적응에 관한 것과 아울러 더 이상 하나의 공간이 아니다. 본능도, 욕구도, 구조도 아니다(비록 구조가 〈문화적〉이고 〈행위적〉이더라도). 영역의 개념은 또한 어떻게든 무의식의 개념과도 대비된다. 무의식은 〈매장된〉, 억눌린, 그리고 무한히 가지를 친 하나의 구조이다. 영역은 열려지고 한정되어 있다. 무의식은 주체의 환상과 억제가 무한히 반복되는 장소이다. 영역은 혈족관계와 교환의 제한된 원의 장소이다——주체가 없지만, 예외도 없다 : 동물과 식물의 원, 복리와 부의 원, 혈족관계와 종의 원, 여자들과 제의적인 것의 원——주체가 없지만 모든 것이 거기서는 교환된다. 의무들은 거기서는 절대적이다. 완전한 회귀성이다. 그러나 누구도 거기서는 죽음을 모른다. 왜냐하면 모든 것이 거기서는 스스로 변형하기 때문에. 주체도, 죽음도, 무의식도, 억압도 없다. 아무것도 형태들의 연결을 막지 않기에.

동물들은 무의식이 없다. 왜냐하면 그들은 영역을 가지고 있기에. 인간들은 그들이 더 이상 영역을 갖지 않은 이래로 무의식을 갖는다. 영역과 변형이 동시에 인간들에게 박탈되었다. 무의식은 이러한 상실이 끝없이, 희망없이 연주되는 장례의 개인적 구조이다. 동물들은 이러한 상실된 것들에 대한 향

_____

능적인 기능. 한 그룹, 한 인간, 나아가 한 동물의 내기가 그의 사적 폐쇄공간의 균형, 내적이고 외적인 그의 교환의 자율기능이기라도 하듯이! [원주]

수이다. 동물들이 우리에게 제기하는 질문은 그러니까 이것일 것이다 : 이성의 선적인 성질과 축적의 효과 저 너머에서, 의식과 무의식의 효과 저 너머에서, 우리는 차후로 유한공간 위에서의 무한한 회귀와 원의 생경하고 상징적인 양식 위에서 살고 있지 않는가? 우리의 문화, 아마도 모든 문화의 이상적 도식을 넘어, 에너지의 축적과 궁극적 자유의 이상적 도식을 넘어, 우리는 폭발보다는 차라리 함열을, 에너지 보다는 차라리 변신을, 자유보다는 차라리 의무와 제의적인 도전을, …… 차라리 영역적인 원을 꿈꾸고 있지 않는가? 그러나 동물들은 질문을 하지 않는다. 그들은 침묵한다.

나머지

모든 것을 들어내면, 아무것도 남지 않는다.

이것은 거짓말이다.

전체와 무의 방정식, 나머지의 빼기는 새빨간 거짓이다.

이것은 나머지가 없다는 말이 아니다. 나머지는 자율적인 현실성도 고유한 장소도 갖지 않는다 : 나머지는 분할, 한계, 배제가 그로써 ……다른 무엇?을 지적하는 것이다. ……다른 무엇?이 현실적 힘을 갖고 세워지는 것은 나머지의 빼기에 의해서이다.

이상한 것은 이원적 대비 속에 정확히도 나머지에 대비하는 말이 없다는 것이다 : 좌/우, 같은 것/다른 것, 다수/소수, 미친 사람/정상인 등——그러나 나머지/? 막대기의 다른 쪽에 아무것도 없다. 〈총합과 나머지〉, 더하기와 나머지, 작동과 나머지——이것들은 변별적인 대비들이 아니다.

그러나, 나머지의 다른 쪽에 있는 것은 존재한다. 그것은, 이상하게 비대칭적인 이러한 대비 속에서, 이러한 구조가 아닌 구조 속에서 표시된 용어, 강력한 시간, 특권적인 요소이기조차 하다. 그러나 이 표시된 용어는 이름이 없다. 이는 익명이고, 고정적이지 않고 정의가 없다. 긍정적이지만, 오직 부정적인 것만 그에게 실제의 힘을 준다. 엄밀히 말하여, 나머지의 나머지로만 정의될 수 있을 것이다.

나머지는 이렇게 국지적으로 제한된 두 용어로의 명확한 분할보다는, 회전적이고 회귀적인 구조, 항상 내재적인 회귀구조, 거기서는 어떤 것이 다른 것의 나머지인지 결코 알 수 없는 구조로 돌려진다. 다른 어떤 구조에서도 이러한 회귀를 혹은 이러한 끝없는 동일반복을 작동할 수 없다 : 남성은 여성의 여성이 아니고, 정상인은 미친 사람의 미친 사람이 아니며, 오른쪽은 왼쪽의 왼쪽이 아니다. 오직 아마도 거울에서나 이러한 질문이 제기될 수 있다. 실재와 이미지 중에서 어느 것이 다른 것의 반사냐? 이러한 의미로 나머지에 대해서 거울에 대해서처럼, 혹은 나머지의 거울에 대해서처럼 말할 수 있다. 그것은 이 두 경우에 있어서, 구조적인 경계선, 의미의 분할선이 유동적이기 때문이며, 의미(더욱 글자 그대로 말하자면 : 용어들의 상대적인 위치에 의하여 결정된 힘의 운동방향에 따라 한 점에서 다른 점으로 갈 가능성)가 더 이상 존재하지 않는다. 상대적인 위치가 더 이상 존재하지 않는다. 실재는 실재보다도 더 실제적인 이미지에 자리를 넘겨주기 위하여 사라져버리고, 거꾸로도 마찬가지다. 나머지는 이면에서 솟아나기 위하여, 나머지가 그것의 나머지였던 그 속에서 솟아나기 위하여 그에게 지정된 장소로부터 사라진다.

사회적인 것도 그렇다. 누가 말할까, 사회적인 것의 나머지는 사회화되지 않은 찌꺼기냐고? 혹은 사회적인 것은 다른 무엇의…… 나머지, 거대한 폐기물이 아니냐고? 어떤 과정의 나머지, 완전히 사라져버렸을, 그리고 이름도 없었을 어떤 과정, 사회적인 것은 그럼에도 불구하고 이 과정의 나머지일 따름이었을 것이다. 찌꺼기는 실재의 전체 차원에 있을 수 있다. 하나의 시스템이 모든 것을 흡수했을 때, 사람들이 모든 것을 더했을 때, 아무것도 남기지 않았을 때, 전체 총합은 나머지로 변모하여, 나머지가 된다.

《르 몽드》의 〈사회면〉을 보자. 거기서는 역설적으로 이민 온 사람들, 범법자들, 여자들만 나타난다. 이들은 사회화되지 않았던 모든 것이다. 〈사회적인〉 경우는 병리학적인 경우와 유사하다. 흡수소멸시켜야 할 부분들, 〈사회적인 것〉이 팽창됨에 따라서 고립시키는 조각들이다. 사회적인 것의 지평에서 〈찌꺼기적인 것들〉로 지정된 그것들은 바로 그 지정에 의하여 사회적인 것의 관할 속으로 들어간다. 그래서 확장된 사회성 속에서 자신의 자리를 차지하도록 운명지어져 있다. 바로 이 나머지에 사회적인 기계는 다시 대들어 새로운 에너지를 발견한다. 그러나 모든 것이 흡수되고, 모든 것이 사회화되었을 때, 무슨 일이 일어날까? 그러면 기계는 동작을 멈추고, 역동성은 거꾸로 되어, 사회 시스템 전체가 찌꺼기가 된다. 사회적인 것이 그 진행 속에서 모든 찌꺼기들을 제거함에 따라, 그 자체가 찌꺼기적인 것이 된다. 〈사회면〉으로서 찌꺼기적인 범주들을 지적하면서, 사회적인 것은 스스로를 나머지로 지적한다.

어느 것이 다른 것의 나머지인가를 결정할 수 없음은 변별적 시스템들의 시뮬라시용과 고뇌의 단계를, 그 속에서 모든 것이 찌꺼기이고 찌꺼기적인 것이 되는 단계를 특징짓는다. 거꾸로, 나머지를 ?으로부터 고립시켰던 구조적이며 숙명적인 막대기, 그리고 차후로는 각 용어로 하여금 다른 것의 나머지가 되도록 하여준 구조적이며 숙명적인 막대기가 사라지는 것은 잠재적으로 더 이상 나머지가 없는 회귀적인 단계를 특징짓는다. 이 두 명제는 동시적으로 〈참〉이고 서로 배척하지 않는다. 그들은 그 자신들이 서로 회귀한 것이다.

대비되는 상대용어가 없는 것만큼이나 괴상한 다른 면인 나머지는 웃게 만든다. 이 주제에 관한 어떠한 토론도 섹스나 죽음에 대한 토론과 동일한 말장난, 동일한 모호성, 동일한 외설성을 일으킨다. 섹스와 죽음은 두 개의 반대되는 의미와 웃음을 야기할 수 있는 잘 알려진 주제이다. 그러나, 나머지는 세번째인데, 아마도 유일한 것이다. 그 이유는 다른 둘이 회귀성의 수사형에 끌려오듯이 나머지로 흡수되기 때문이다. 왜 사람들이 웃는가? 사람들은 사물들의 회귀성에 대해서 웃는다. 그리고 섹스와 죽음은 특출하게 회귀적인 수사형이다. 사람들이 섹스와 죽음에 대해서 웃는 것은 그 내기가 항상 남성과 여성 사이에서, 삶과 죽음 사이에서 회귀적이기 때문이다. 반대되는 용어조차도 모르는, 혼자서 모든 순환원을 주파하는, 그리고 [114]피터 슈레밀이 자기자신의 그림자를 쫓듯이,

---

114)『피터 슈레밀 Peter Schlemihl, 그림자를 잃어버린 사람 l'Homme qui a perdu son Ombre』에 대한 암시는 우연한 것이 아니다. 왜냐하면 그림자는, (프라하의 학생에서는) 거울 속에 비친 자기 이미지와 마찬가지로, 훌륭한 나머지 즉, 모든 의고적인 마술에서 그림자와 이미지가 동류로 간주되는 머리카락들, 배설물들, 손톱 부스러기들과 같은, 신체로부터 떨어질 수 있는 그 무엇이다. 그 림자와 거울에 비친 이미지는 또한, 아시다시피, 〈영혼〉의, 숨결의, 존재자의, 본질의 〈은유들〉, 주체에게 깊숙하게 의미를 주는 것의 〈은유들〉이다. 이미지 혹은 그림자 없이는, 신체 그 자체가 투명한 무가 된다, 신체 자신이 나머지 이상이 되지 못한다. 신체는 한번 그림자를 산책로에다 남겨 놓은 투명한 실체이다.
　신체는 더 이상 현실성이 없다. 그림자는 자신과 함께 모든 현실성을 가지고 가버렸다(이처럼 프라하의 학생에서 거울과 함께 부서진 이미지는 주인공의 즉각적인 죽음을 유발한다——환상적인 콩트들의 고전적인 이야기 구성——예로 한스 크리스천 안데르센의 『그림자』를 보라). 이처럼 신체는 자기 찌꺼기의 찌꺼기, 자기자신으로부터 떨어진 것으로부터 떨어진 것만이 될 수 있다. 이른바 실제적인 차원만이 참조물로서 신체를 특권적인 것으로 허용한다. 그러나

자기자신의 분할 막대를 쫓아서, 자기자신의 분신을 쫓아서
끝없이 달리는 나머지는 얼마나 더 웃기는 것이고 회귀적인
것인가? 나머지는 회귀적이고 자체로 교환되기 때문에 외설
적이다. 나머지는 외설적이고 웃게 만든다. 마치 유일하게 남
성적인 것과 여성적인 것의 비구분이, 삶과 죽음의 비구분이
웃게, 깊숙하게 웃게 만드는 것처럼.

　나머지는 오늘날 강력한 형태가 되었다. 새로운 이해성이
나머지 위에 세워진다. 약한 용어가 찌꺼기적인 용어로 작용
하던 어떤 대비논리는 종말을 고한다. 오늘날은 모든 것이 거
꾸로이다. 정신분석학 자체도 찌꺼기들의(무의식적으로 강박적
인 어떤 단어를 피하고 다른 단어로 바꿔 사용하기, 꿈 등) 첫번
째 거대한 이론화이다. 우리를 인도하는 것은 더 이상 생산의
정치경제가 아니고, 재생산과 재순환의 정치경제, 환경론과
오염, 그리고 나머지의 정치경제이다. 오늘날 모든 정상성은
지금까지 정상성의 무의미한 나머지에 불과했던 광기에 비춰
재고된다. 모든 영역에서 모든 나머지들의 특전, 말하여지지
않은 것, 미친 것, 지엽적인 것, 배설물, 예술 폐기물 등의
특전이 있다. 그러나 이것은 여전히 일종의 구조적인 전도,
강한 시간으로서 눌렸던 것의 돌아옴, 의미의 과잉성장과 초
과로서 나머지의 돌아옴(말하자면 과잉은 형태적으로 나머지와
다르지 않다. 그리고 바따이유 Bataille에게서 과잉의 낭비 문제는
계산과 결핍의 정치경제에서 나머지들의 흡수문제와 다르지 않

상징적 차원에서는 아무것도 (신체 혹은 그림자의) 하나가 다른 것
에 우위를 주장하기를 허용하지 않는다. 바로 이 신체에 대한 그림
자의 회귀성, 무의미한 것의 타격을 받아, 본질적인 것의 용어에 본
질적인 것의 다시 떨어짐, 그것이 손톱 부스러기건, 〈소문자 a〉와
같은 대상이건, 의미가 자신의 나머지 앞에서 끝없이 해체되는 것,
이것이 바로 이 이야기의 매력, 아름다움, 불안케하는 이상함을 이
루고 있다. [원주]

다 : 단지 철학들이 다르다)이다. 나머지로부터 출발하여 의미의 가격을 더 높이기이다. 이 점이 막대의 다른 편에 숨겨져 있는 에너지에 대해서 게임을 하는 모든 〈해방들〉의 비밀인 것이다. 따라서 우리는 훨씬 독특한 상황에 직면한다. 단순 간단히 뒤집고, 나머지들의 가치를 올리는 상황이 아니라, 모든 구조와 모든 대비가 유동적인 상황에 직면한다. 그 이유는 나머지가 어디에나 있고, 대비 막대를 가지고 재주를 피우기 때문이다. 그러한 나머지로서 나머지는 스스로 사라진다는 사실로 말미암아, 이 상황에서는 더 이상 나머지조차도 없다는 것이다.

사람들이 모든 것을 제거했을 때 아무것도 남지 않는 것이 아니라, 사물들이 끝없이 다시 부어질 때 그리고 더하기가 더 이상 의미가 없을 때 바로 아무것도 남지 않는다.

탄생은, 만약 새로운 시작에 의하여 상징적으로 다시 취해지지 않으면, 폐기물과 같은 것이다. (동일증식에서처럼 전통적 탄생이 쓰레기이기에 새로이 상징적으로 실재의 환각으로서 다시 재생한다 : 역자.)

죽음은, 만약 장례 속에서, 장례의 집단적인 축제 속에서 해소되지 않으면, 폐기물과 같은 것이다. (죽음은 장례에서 다시 재생되는 쓰레기이다 : 역자.)

가치는, 만약 교환의 원 속에서 흡수되지 않고 기화되지 않으면, 폐기물과 같은 것이다. (가치가 쓰레기이기에 교환에 의해 재생된다 : 역자.)

성은, 성적 관계의 생산이 될 때, 폐기물과 같은 것이다. (사라진 혹은 쓸모없는 성을 재생산해 낸 쓰레기이다 : 역자.)

사회적인 것 그 자체도, 〈사회관계〉의 생산이 될 때, 폐기물과 같은 것이다. (사회관계란 없는데 다시 생산하기에 쓰레기이

다 : 역자.)

모든 실재는 폐기물과 같은 것이다. 그래서 모든 폐기물과 같은 것은 끝없이 환상 속에서 다시 반복되도록 운명지워져 있다.

모든 축적은 원적 결합의 단절이라는 의미에서, 그리고 예전에는 원적 결합의 원에서 수행되던 것을 이제는 누적과 계산의 선적 무한 속에서, 생산과 에너지와 가치의 선적 무한 속에서 보충한다는 의미에서 모든 축적은 나머지이고 나머지의 축적일 따름이다. 따라서, 한 순환원을 주파하는 것은 완전히 모두 수행된다. 반면에 무한 차원에서는 무한의 막대 아래에 있는 모든 것, 영원성의 막대 아래에 있는 모든 것은(이러한 영원이라는 시간의 저장 자체도, 다른 어떤 저장과 마찬가지로, 원적 결합의 단절이다) 나머지일 따름이다.

축적은 나머지일 따름이고 억누름은 축적의 반대의 대칭적인 형태일 따름이다. 애정과 그 억눌린 재현들의 저장, 우리의 새로운 결합이 기초하는 것은 그 위에서이다.

그러나 모든 것이 다 억눌려버리면 아무것도 더 이상 억눌리게 되지 않는다. 우리는 지금 저장들 자체가 해체되고, 환상의 저장들이 무너져 내려앉는 절대적인 억누름점에서 멀리 있지 않다. 저장과 에너지 그리고 남은 것에 관한 모든 상상은 억누름으로부터 온다. 억누름이, 그 명백함이 뒤집어지는 위기적 포화점에 이르면, 그때는 더 이상 에너지들은 해방되고 소비되고 절약되며 생산될 게 없을 것이다. 이것이 스스로 기화해 버리는 에너지 개념이다.

사람들은 오늘날 나머지를 가지고, 우리에게 남아 있는 에너지를 가지고, 나머지의 회복과 보존을 가지고서 인류의 위기적 문제를 만든다. 이 문제는 그러한 한 해결될 수 없다.

해방된 혹은 소비된 모든 새로운 에너지는 새로운 나머지를 남길 것이다. 모든 욕망, 모든 무의식적인 성적 욕망의 에너지는 새로운 억누름을 생산할 것이다. 에너지 자체가 에너지를 저장하고 해방하며, 억누르고 〈생산〉하는 움직임 속에서만, 즉 나머지와 그 분신의 형상 속에서만 이해된다면 뭐가 놀라울 것이 있는가?

에너지 개념을 제거하려면, 에너지의 미친 듯한 소비에까지 밀고 가야 한다. 에너지 개념을 제거하려면, 에너지의 극대의 억누름에까지 밀고 가야 한다. (최후의 환경론자에 의하여) 에너지의 최후의 한 리터가 소비되었을 때, (인종학자에 의하여) 최후의 토착인이 분석되었을 때, 남아 있는 마지막 〈노동력〉에 의하여 마지막 상품이 생산되었을 때, 최종 분석가에 의하여 최후의 환상이 밝혀졌을 때, 〈최후의 에너지와 함께〉 모든 것이 해방되고 소비되었을 때, 그러면 사람들은, 에너지와 생산, 억누름과 무의식의 이 거대한 소용돌이 덕분에 엔트로피방정식과 파국방정식 속에 모든 것을 가두기를 성공하였음을, 이 모든 것은 사실 나머지의 형이상학일 따름임을, 이 형이상학은 단숨에 그 모든 효과 속에서 분해되어 사라질 것임을 알게 될 것이다.

나선형 시신

대학은 可塑性이다 : 문화적 실체도 지식의 목적성도 없으며 시장과 고용이라는 사회적 차원에서 기능적인 것도 아니다.

더 이상 고유한 의미의 권력조차도 없다. 권력도 가소성이다. 그 때문에 68년의 햇불이 다시 돌아올 수 없다. 대학, 그리고(정치적이라기보다는) 상징적인 오염에 의하여, 단숨에 다른 모든 제도적이고 사회적인 질서 속에서, 권력 그 자체에 대한 지식의 문제제기가 다시 오기(혹은, 마찬가지지만, 그 둘의 공모를 밝히기)가 말이다. 왜 학자와 학생이 문제인가를 이 급작스런 선회는 드러내었다. 지식의 막다른 골목, 비-지식의 현기증은(다시 말해 지식의 질서 속에서 가치축적의 부조리와 불가능성) 권력 자체에 반대한 절대적인 무기로서, 권력을 똑같은 포기 시나리오에 따라 해체하기 위하여 되돌아왔기 때문이다. 이것이 바로 68년 5월의 효과다. 그런데 지식 이후에 권력 그 자체도 멀리 달아나버린 오늘날, 권력은 포착 불가능이다. 스스로 포기되어 버렸다. 지식이라는 내용물도 없고, 권력이라는 구조도 없는, 차후로 부유하는 어떤 제도 속에서

(그렇지 않으면 어떤 옛날 식의 봉건제도 속에서, 즉 자신의 운명을 자신이 주재하지 못하고, 자신의 생존도 마치 병영과 극장에서처럼 인위적인, 어떤 시뮬라크르적인 기계를 관리하는 옛날 식의 봉건제도 속에서), 어떤 공격적인 폭발은 불가능하다. 신음하는 지식과 권력게임의 우화적인, 시뮬라크르적인 면을 강조하면서, 부패를 더 급히 하는 것 외에는 더 이상 의미가 없다.

파업은 정확히 그 반대이다. 파업은, 가능한 어떤 대학의 이상을, (발견될 수 없는, 그래서 더 이상 의미도 없는) 어떤 문화로 전체의 접근이라는 허구를 다시 젊게 한다. 파업은 스스로를, 대학기능의 위기적인 대체물로서, 그의 치료제로서, 대학의 기능에 대체한다. 파업은 아직도 실체와 지식의 민주화를 꿈꾼다. 게다가 오늘날 어디서고 좌익은 이 역할을 담당한다. 썩어버린, 해체되는, 그의 모든 합법성의 의식을 상실한, 그래서 거의 스스로 기능하기를 포기한 기구 속에다 좌익의 정의는 정의의 관념, 사회적인 논리와 도덕적 강요를 불어 넣는다. 좌익이 절망적으로 권력을 재생산하고 퍼뜨린다. 왜냐하면 좌익은 권력을 원한다. 따라서 좌익은 체제가 권력에 종말을 고한 그곳에서 권력을 믿고 권력을 부활시킨다. 체제는 모든 공리들 하나하나에, 모든 제도들 하나하나에 종말을 고하고, 좌익은 역사적이고 혁명적인 좌익의 모든 목적들을 하나하나 실현하면서, 자본의 모든 제도적 장치들을 어느 날 다시 재투자하기 위하여 모두 다시 부활시켜야 하는 진퇴유곡에 처함을 본다 : 사적 소유권으로부터 소기업에 이르기까지, 군대로부터 국가적인 위대성에 이르기까지, 정의로부터 대학에 이르기까지──모든 달아나버린 것을 보전해야만 한다. 체제 자체가, 그 치열함 속에서 그러나 그 돌이킬 수 없는 함열 속에서 제거해 버린 모든 것을 보전해야만 한다.

그로부터 모든 정치분석용어의 역설적인 그러나 필연적인

전도가 온다.

 권력은(혹은 권력을 대신하는 것은) 더 이상 대학을 믿지 않는다. 권력은 근본적으로 대학이 연령상으로 여기 이른 한 계층을 유숙시키고 감시하는 지역일 따름임을 안다. 그래서 권력은 선발만 하게 할 따름이다. 권력은 그 엘리트를 다른 곳에서, 혹은 다르게 찾을 것이다. 졸업장은 더 이상 소용이 없다. 권력이 졸업장을 주기를 거부할 이유가 어디 있는가? 오히려 권력은 모든 사람에게 졸업장을 줄 준비가 되어 있다. 그러면, 허구적인 내기에(선발, 작업, 졸업장 등), 이미 죽어버린 그리고 부패하는 참조물적인 것에 에너지들을 결정화하려고 하는 것이 아니라면, 왜 이러한 정책이 있는가?
 썩어가면서, 대학은 여전히 많은 좋지 않은 것을 할 수 있다(부패는 상징적인 장치이다. 정치적인 것이 아니라, 상징적인 것, 그래서 우리에게는 전복적인 것이다). 그러나 그 때문에 바로 이 부패로부터 출발해야 한다. 그리고 부활을 꿈꾸지 말아야 한다. 대학 종말의 의식을 사회전체의 부패 모델, 모든 사회구조의 와해를 전염하는 모델로서 제공하는 복수화된 시뮬라시옹에 의하여, 조롱과 도전에 의하여 이 부패를 격렬한 과정으로, 격렬한 죽음으로 전환하여야 할 것이다. 이 썩어 가는 사회에서는 죽음이 마침내 휩쓸게 될 것이고, 파업은, 체제와 공모하여 이 죽음을 몰아내려 하겠지만, 기껏해야 이 죽음을 연기해서 느릿한 죽음으로 변하게 하는 데나 성공할 것이다. 파업은 더 이상 어떤 전복의 장소, 공격적인 회귀의 장소가 아니다.
 이것은 68년 5월에는 성공하였던 것이다. 대학의 죽음이 아직 다른 문화의 죽음에까지 완전히 이르지 않았던 순간에 학생들은, 상실된 제도들을 구하길 원하는 것과는 거리가 멀게(상실된 대상을 이상적인 양식 위에서 회복시키려 하는 것과는 거리가 멀게), 권력에게 모든 제도의 즉각적이고 완전한 죽음이라는 도전을 흔들어대면서, 체제로부터 오는 비영역화보다도 훨씬 밀도 짙은 비영역화의 도전을 내던지면서 역습을 하였다. 그래서 이러한 지식 제도의 완전한 일탈에 대하여 대답하여 보라고, 어떤 주어진 장소에다 축적하는 것을 완전히 포기한 것에 대하여 대답하여 보라고, 결국 이렇게 원하여진 죽음에 대하여 대답하여 보라고 권력을 소환하였다. 이것은 대학의 위기가 아니다. 이것은 도전이 아니라, 반대로 체제의 게임이다. 그러나 대학의 죽음——이것, 이 대학의 죽음에 대하여는 권력도, 되돌아오는 자기자신의 해체에 의해서가 아니라면, 대답할 수가 없었다(어쩌면 한 순간일지 모르지만, 아무튼 우리는 그걸 보았다).

5월 10일의 바리케이드들은 대학가인 라펭 구역, 이 대학이라는 낡은 가게를 방어하는 것처럼, 그래서 방어적인 것처럼 보였다. 그러나 이는 사실이 아니다. 이 외양 뒤에서, 학생들이 권력을 향해 도전으로서 던진 것은 죽어버린 대학, 죽어버린 문화, 그리고 경우에 따라서는 동시에 그들 자신들의 죽음이었다. 즉 즉각적인 제물로의 변형, 이것은 길게 보아서는 문화와 지식의 제거라는 체제 자체의 작업일 따름이었다. 그들은 소르본느를 구하기 위하여 거기 있던 것이 아니라, 다른 자들의 면전에다 소르본느의 시체를 흔들어대기 위하여 거기 있었다. 마치 와트스 Watts와 디트로이트 Detroit의 흑인들이 자기자신들이 방화를 하였던 그들 구역의 잔해들을 흔들어대듯이.

오늘날은 무엇을 흔들어낼 수 있을까? 지식과 문화의 잔재조차도 더 이상 없다. 잔재 자체들마저도 없어졌다. 우리는 그것을 안다. 우리는 7년 동안 낭떼르 대학의 장례 작업을 하였다. 68년은 죽었으며 단지 장례의 환상으로만 반복될 수 있다. 상징적인 격렬함에 있어서(다시 말해 정치적인 것 너머에서) 68년과 등가물이 될 것, 이것은 비-지식을, 권력에 대항하여 지식의 부패를 격발시켰던 것과 동일한 작업일 것이다. 이러한 환상적인 에너지를 더 이상 동일한 수준에서는 발견하지 못할 것이지만, 상위적인 나선형 위에서는 발견할 것이다. 이는 곧 비-권력에 반대하여 권력의 부패를 격발시키는 것이다. 그런데 정확히 무엇에 대항한다는 것인가? 이것이 바로 문제이다. 이 문제는 아마도 해결되지 않을 것이다. 권력은 상실되고, 상실되어 버렸다. 우리 주위에는 권력의 마네킹 이상은 아무것도 없다. 그러나 권력의 기계적인 환상은 여전히 사회적인 질서를 지배하고, 이 환상 뒤에서는 통제의 부재하는, 읽혀지지 않는 공포가, 우리 모두가 그 미세한 종착점인 최종적인 코드의 공포가 커가고 있다.

재현이나 대변을 공격한다는 것은 마찬가지로 더 이상 의미가 없다. 권력의 대변과 위임을 둘러싼 학생들의 모든 갈등은 (훨씬 광범위하게, 전체 사회적인 수준에서처럼) 동일한 이유로 환상적인 우연한 돌발 사건일 따름임을 사람들은 느끼며, 이 돌발 사건은 그렇지만 여전히 절망에 의하여 무대의 전면을 차지하기에 충분하다. 내가 잘 알지 못하는 어떤 뫼비우스띠의 효과에 의하여, 대변한다는 것도 자기자신의 위로 되돌아가 버렸다. 그리하여 정치의 모든 논리세계도 단숨에 해체되어 버리고, 시뮬라시옹의 무한 세계에 자리를 넘겨주었다. 이 시뮬라시옹의 무한 세계에서는 단숨에 누구도 더 이상 그 무엇에 의해서건 대변되지 못하고 대변할 수도 없으며, 여기서는 모든 축적되는 것이 동시에 비축적되며, 권력축과 비슷한, 지도적인 그리고 구원적인 환상마저도 사라져버렸다. 우리에게는 여전히 이해할 수 없고, 모르고 무시할 수도 있는 세계가 있다. 비평과 역사라는 선적인 무한을 향해 세워진, 직각적인 우리의 정신 좌표들이 격렬히 저항하고 있는 어떤 저주스러운 곡선의 세계 말이다. 그렇지만 바로 여기서, 만약 싸운다는 것이 아직 의미가 있다면, 싸워야 할 것이다. 우리는 시뮬라크르를 하는 것들이고, 시뮬라크르들이며(고전적 의미로 〈외양〉이라는 뜻이 아닌), 사회적인 것에 의하여 방사되어진 오목거울들이다. 빛을 발하는 근원도 없는 방사이며 근원도 없고 거리도 없는 권력인 사회적인 것에 의하여. 그래서 싸워야 하는 것은 바로 시뮬라크르의 이 전술적인 세계 안에서이다. 그렇지만 희망을 가지고 싸워서는 안 된다. 희망이란 나약한 가치이다. 그러나 도전과 미혹 속에서 싸워야 한다. 왜냐하면, 모든 힘의 근원지들의 용해, 가치의 모든 축들의 용해, 정치적인 것을 포함하여 공리적인 모든 것의 용해로부터 발산되는 밀도 짙은 미혹을 거부해서는 안 된다. 자본의 고뇌광경이며 동시에 절정광경인 이것은 상황주의자들에 의하여 기술된 상품광경을 훨씬 추월한다. 이 광경이 우리의 본질적인 힘이다. 우리는 자본에 대해, 더 이상 힘들의 불확실하거나 승리적인 관계 속에 있지 않고, 정치적인 관계 속에 있다. 이것이 바로 혁명의 환상이다. 우리는, 엄밀히 모든 축의 성질이 그를 빠져나갔기 때문에 더 이상 하나가 아닌 이 세계에 대하여 도전과 유혹, 죽음의 관계에 있다. 파렴치하게도 이익의 법칙, 잉여, 생산적인 목적성들, 권력구조들을 청산해 버리고, 그대신 그의 진행의 말미에 이르러 원초적인 파괴의식들의 깊은 부도덕성을(그러나 유혹도 함께) 다시 발견하며 해대는 이 미친 착란상태에서, 자본이 우리에게 던지는 도전, 이 도전을 미친 듯한 더 비싼 경매 속에서 다시 높이 올려야 한다. 자본은 가치처럼 무책임하고 되돌이킬 수 없으며, 피할 수 없는 것이다. 그 혼자서 자본은 그의 해체의 어떤 환상적인 광경을 제공해 줄 수 있다. 가치의 환영만이 고전적인 자본의 구조들이 파괴된 사막 위에서 여전히 날고 있다. 마치 종교의 환영이 이미 오래전에 비신성화된 세상 위에서 날고 있고, 대학 위에서 지식의 환영이 날고 있듯이. 이 사막 속의 유목민, 그러나 가치의 기계적인 환상으로부터 벗어난 유목민이 다시 되는 것은 우리 차례이다. 우리는 이 세상에서 살 것이다. 자본이, 자본의 죽음이 우리를 가지고 만들어버린 방황하는 그리고 시뮬라크르의 동물들, 살아 있는 환영들의 모든 진실성과 함께 이 세계는 우리에게는 사막과 시뮬라크르의 불안케 하는 낯선 이상함을 가진다. 왜냐하면 도시들의 사막은 모래들의 사막과 같기 때문이다. 기호들의 정글은 숲속의 정글과 같다. 시뮬라크르들의 현기증은 자연의 현기증과 같다. 오직 죽어가는 어떤 체제의 현기증나는 유혹만이 지속된다. 거기서는 노동은 노동을 매장하고, 가치는 가치를 매장한다——오싹한, 길닦음도 없는 처녀지, 예컨대 바따이유 Bataille 가 원했던 상태로의 쭉 계속된 공간을 남겨 놓았다, 이 공간에서는 바람만이 모래를 일으키고, 바람만이 염려스럽게 모래를 지키고 있다.

정치적인 질서에서 이 모든 것에 대해서 무엇을 할 것인가? 너무 아무것도 없다.

그러나 우리는 자본의 단말마적 고뇌가 우리에게 행사한 깊은 미혹에 저항하여, 우리가 실제 그 고통자인 자본에 의한 자기자신의 단말마적 고통의 무대화에 저항하여 싸워야 한다. 자본에게 자기 죽음의 주도권을 주는 것은 그에게 혁명의 모든 특권을 주는 것이다. 가치의 시뮬라크르에 의해, 그리고 자본과 권력의 환영에 의해 포위되어서, 우리는 가치와 상품의 법칙에 의해 포위된 것보다도 더 무장해제되고 무력하다.

왜냐하면, 체제는 자기자신의 죽음을 통합할 수 있음이 밝혀졌지만, 우리 생명의 책임이 우리로부터 박탈되어, 그에 따라 우리 자신의 생명의 내기도 우리로부터 박탈되었기 때문이다. 체제의 이러한 최상의 교활함, 자기 죽음이라는 시뮬라크르의 교활함은 모든 가능한 부정성을 흡수하여 제거하여 버렸다. 그 때문에 체제는, 이 죽음 시뮬라크르의 교활함을 통하여 우리를 산 채로 유지한다. 오직 더 우월한 교활함만이 이 시스템의 교활함의 방어를 할 수가 있다. 도전 혹은 상상의 과학, 오직 시뮬라크르들의 형이상상학 pataphysics만이 시스템의 시뮬라시옹 전략으로부터, 시스템이 우리를 가둔 죽음의 막다른 골목으로부터 우리를 빠져 나오게 할 수 있다.

1976년 5월

가치의 마지막 탱고

아무것도 자기가 있을 자리에
없는 곳, 이것은 무질서
아무것도 자기가 원하는 자리에
없는 그곳, 이것은 질서 : 브레히트

〈실제적인〉 공부의 대가도 없이, 등가의 지식도 없이 사람
들이 학위나 졸업장을 배부할 것이라는 생각에 대해 대학 책
임자들의 공포, 이것은 정치적 전복의 공포가 아니라, 가치가
그의 내용물과 분리되어, 혼자서, 자신의 형태만에 따라서 기
능하는 것을 보는 공포이다. 대학의 가치들은(졸업장, 학위
등), 약간은 둥둥 떠다니는 자본들 혹은 유럽 달러들처럼, 계
속 번식할 것이고 계속 유통할 것이다. 이 가치들은 참조물의
기준이 없이, 궁극적으로는 아무 가치도 없이 맴돌 것이다.
그러나 이건 중요한 것이 아니다. 그들의 유통만으로 가치의
사회적인 지평을 창조하기에 충분하고, 그래서 그 참조물적인
것(그 사용가치, 교환가치, 가치가 덮고 있는 대학의 〈노동력〉)이
상실되면 오히려 환영적인 가치의 강박은 더욱 커질 것이다.
등가 없는 가치의 공포인 것이다.
　이러한 상황은 외양적으로만 새로운 것이다. 대학에서 여전
히 노동의 실제적인 행위와 상태가 세공된다고 생각하는 사람
들에게는, 그래서 그 안에다 그들의 실체험, 그들의 신경증,
그들의 존재이유를 투여하는 사람들에게는 이러한 상황은 새

로운 것이다. 〈교육자들〉과 〈피교육자들〉 사이에, 대학에서의 (지식과 문화의) 기호들의 교환은, 이미 얼마 전부터 무관심이라는 씁쓸함마저 덧붙여진 일종의 공모 이상이 아니다(기호들의 무관심은 그와 함께 사회적이고 인간적인 관계의 해체를 동반한다). 어떤 심리극에 의하여 두 배로 된 시뮬라크르(인간적인 따뜻함, 출석, 오이디푸스적인 교환, 교육적인 불륜관계의 부끄러운 수요의 심리적 시뮬라크르로서 공부와 지식의 이미 상실된 교환에 자기자신을 대체하려 하고 있다)인 것이다. 이러한 의미로 대학은 가치의 공허한 형태에의 절망적인 새로운 시작의 장소로 남게 된다. 그래서 몇 년 전부터 거기서 살고 있는 사람들은 이 이상한 일을, 비-작업, 비-지식의 진정한 절망을 알고 있다. 왜냐하면 현재의 세대들은 여전히 읽기를, 배우기를, 경쟁하기를 꿈꾸고 있지만, 가슴은 거기 있지 않다. 전체적으로, 고행적인 문화정신은 선체와 화물전체를 난파해 버렸다. [115]그 때문에 파업은 더 이상 아무것도 의미하지 않는다.

68년 이후에, 모든 사람들에게 졸업장과 학위를 주면서, 우

115) 게다가 현재의 파업은 노동과 똑같은 양상들을 띤다. 어제의 노동에서와 같이 오늘의 파업에서는 동일한 긴박감, 동일한 무중력감, 목적의 동일한 부재, 결정에의 동일한 알레르기, 힘의 근원지의 동일한 둥근 선회, 에너지의 동일한 장례, 동일한 규정되지 않은 순환성이 있으며, 제도에서처럼 반-제도 속에서도 똑같은 상황이다. 오염이 증대되고, 고리는 채워졌다. 그 이후에 다른 곳으로 터져 나가야 할 것이다. 혹은 차라리 이렇다. 이러한 막다른 골목 자체를 근본적인 상황으로 간주하고, 비결정과 목적 부재를 공격적인 상황으로, 전략으로 되돌린다. 어떤 대가를 치뤄서라도 이 죽음의 상황으로부터, 대학의 이러한 정신적인 식욕부진으로부터 벗어나기를 찾아서, 학생들은 지나가 버린 혼수상태의 제도에다 에너지를 다시 불어넣으려고 할 따름이다. 개인들에게 대해서와 마찬가지로 제도들에 대해서 행해지고 있는 것은 강제적인 생존, 절망의 의학이다. 이것은 도처에서 이미 죽음을 직면할 수 없는 무능의 기호일 뿐이다. 니체는 〈무너져 내리는 것은 밀어버려야 한다〉고 말했다. [원주]

리 자신들도 함정에 빠졌고, 스스로 함정에 걸려든 것은 바로 이 때문이다. 전복? 전혀 아니다. 한번 더, 우리는 진보된 형태, 가치가 없는 순수한 형태, 즉 노력 없는 졸업장과 학위들의 촉진자들이었다. 체제는 더 이상 졸업장과 학위들을 원하지 않는다. 그러나 이것을——공허 속에서 작동적인 가치들을——원한다. 그래서 전도된 환상 속에서, 이것을 시발시켰던 자는 바로 우리다.

공부하지 않고 졸업장이 수여되는 것을 보는 학생들의 비탄도 가르치는 사람들의 비탄과 동등하고 또 이것의 보충이다. 이 비탄은 졸업장을 얻는 데 실패하거나 혹은 가치 없는 졸업장을 얻는 데서 오는 전통적인 고뇌보다도 더 내밀하고 더 隱然한 것이다. 내용으로서 지식과 선발의 우여곡절들이 없는, 졸업장에 대한 모든 위험의 제거는 견디기 힘들다. 최소한 어떤 〈실제적인〉 관계와 같은 그 무엇이 있으려면, 알리바이-제공 즉 졸업장의 시뮬라크르와 바꿔지는 공부의 시뮬라크르이라거나, (이수학점 혹은 자동성적처리표를 주는데 가르치는 사람이 소환되거나 하는), 공격적인 형태에 의해서, 혹은 원성의 형태에 의해서 위험제거라는 것이 복잡하게 되어야 한다. 그러나 아무것도 거기서는 행해지지 않는다. 교육자와 피교육자 사이의 격론은, 오늘날에는 그들 교환의 한 좋은 부분인데, 사실은 회고 이상의 아무것도 아니다. 즉 옛날에 하나의 지식 문제 혹은 정치적 문제 주변에서 그들을 대립시켰거나 함께 묶었던 격렬함 혹은 복잡성에 대한 향수일 뿐이다.

〈가치의 엄한 법〉, 〈청동법〉——이 법이 우리를 버렸을 때, 이 슬픔, 이 공황! 그 때문에 여전히 파시스트적이고 권위주의적인 방법들에 호시절이 있는 것이다, 이 방법들은 살기 위해 필요한 격렬함의 그 무엇을 다시 부활시킨다. 이 격렬함이 과해졌거나 혹은 감내되었거나는 중요치 않다. 제의적인 격렬함, 노동의 격렬함, 지식의 격렬함, 피의 격렬함, 권력과 정치의 격렬함, 이건 좋은 것이다! 명백하고, 찬란하다. 힘의 관계들, 모순들, 착취, 압박! 오늘날은 이것이 결핍되어 있다. 그리고 그 필요가 느껴진다. 예를 들어, 대학에서 여전히 (그러나 모든 정치영역도 마찬가지 방식으로 맺어진다), 〈자유로운 말〉, 그룹의 자율관리 그리고 다른 현대적인 잡동사니들을 통해서 교수는 그의 권력을 재투여하는 장난이 행해지고 있다. 누구도 이러한 장난에 속지 않는다. 단지, 역할들, 위상들, 책임성들 그리고 거기서 펼쳐지고 있는 민중선동이 상실되면 뒤따르게 될 깊은 실망과 대파국을 피하기 위하여, 비록 이것이 권력과 지식의 마네킹일지라도, 극좌로부터 온 합법성 조각일지라도 교수 속에서 다시 창조해야만 한다. 그렇지 않으면 상황은 모든 사람들에게 견딜 수 없어진다. 바로 이 공모 위에서——교육자의 인위적인 형상화, 학생의 애매한 공모——바로 이 교육의 환영적인 시나리오 위에서 이들이 계속되고, 그래서 이번에는 무한히 진행될 수 있다. 가치와 노력에 종말이 있기 때문에, 가치와 노력의 시뮬라크르에 종말이 없다. 시뮬라시옹의 세계는 전위실제적이고 무한적이다. 어떠한 실제성도 더 이상 여기에 종말을 고하러 오지 않을 것이다. 그렇지 않으면 완전한 붕괴와 영역의 미끄러짐, 이것은 우리의 가장 광적인 희망으로 남을 것이다.

1977년 5월

허무주의에 관하여

허무주의는 더 이상 세기말적인, 음울하고, 바그너적이며, 스펭글러적이고 음침한 색깔을 띠지 않는다. 허무주의는 더 이상 퇴폐주의의 세계관으로부터도, 신의 죽음으로부터 온 급진적인 형이상학과 그로부터 이끌어내는 모든 결과들로부터도 유래하지 않는다. 허무주의는 오늘날 투명성의 허무주의이며, 이것은 어떤 의미에서는 앞섰던 역사적 허무주의 형태들보다도 훨씬 근본적이고 훨씬 위기적이다. 왜냐하면 이러한 투명성, 이러한 부유는 해소 불가능한 체계의 투명성, 그리고 이 체계를 분석하겠다고 주장하는 모든 이론의 투명성이기 때문이다. 신이 죽었을 때는, 아직 이 사실을 알릴 니체가 있었다──영원과 영원의 시체 앞의 위대한 허무주의자. 그러나 모든 사물들의 시뮬라크르된 투명성 앞에서는, 파생실재성 속에서 세상의 물질주의적 혹은 이상주의적인 수행의 가장 앞에 서는(신은 죽지 않고, 파생실재가 되었다), 더 이상 자신의 것들을 알아볼 이론적이고 비평적인 신이 없다.

세계, 그리고 우리 모두는, 산 채로 시뮬라크르 속으로, 저지의 저주받은, 저주조차도 아닌 무관심의 영역으로 들어간다. 허무주의는 기묘한 방식으로 더 이상 파괴 속에서가 아니라 시뮬라시옹과 저지 속에서 완전히 실현되었다. 역사적으로도 허무주의는 자신이 그러했던 신화적이고 무대적이던, 격렬하고 활발한 환상으로부터, 사물들의 투명한, 거짓스럽게 투명한 기능으로 넘어갔다. 따라서 이론적으로 가능한 허무주의로부터 무엇이 남았는가? 그 곳에서 도전으로서, 내기로서, 무와 죽음이 다시 연기될 수 있을 어떤 새로운 무대가 다시 열릴 수 있겠는가?

허무주의의 전 형태들에 대하여 우리는 새로운, 틀림없이 해결할 수 없는 위치에 있다.

낭만주의는 허무주의의 첫번째 커다란 출현이다 : 낭만주의는 계몽의 빛의 혁명과 함께 외양적인 질서들의 파괴와 상응한다.

초현실주의, 다다주의, 부조리, 정치적 허무주의는 의미의 질서 파괴에 상응하는 허무주의의 두번째 커다란 나타남이다. 첫번째는 여전히 허무주의의 미학적 형태이며(멋부리기), 두번째는 정치적, 역사적, 형이상학적 형태이다(테러리즘).

이 두 형태는 우리에게 부분적으로만 혹은 전혀 관계되지 않는다. 투명성의 허무주의는 더 이상 미학적이고 정치적이지 않다. 이것은 또 외양의 제거와 의미의 제거로부터 최후의 불들 혹은 세상종말의 최후의 뉘앙스들을 빌려오지 않는다. 더 이상 세상의 종말은 없다(단지 불확실한 테러리즘만이 이를 반영하려 시도한다. 그러나 테러리즘은 더 이상 정치적인 것이 아니다. 테러리즘은 동시에 사라짐의 한 양식인 나타남의 한 양식만을 가지고 있을 따름이다 : 매체들——따라서 매체들은 거기서 뭔가가 연출되는 무대가 아니다——이것은 하나의 테이프, 궤적, 우리가 더 이상 그의 관객들, 수용자들조차도 아닌 구멍 뚫린 카드이다). 세상의 종말론은 끝났다. 오늘날 이는 중성과 무관심의 형태

들의 자전이다. 나는 한 낭만주의, 어떤 중성의 미학이 있을
수 있지 않나 하고 생각할 여지를 남긴다. 그러나 나는 그렇
게 생각지 않는다. 남아 있는 모든 것은 사막처럼 황량하고
무관심한 형태들에 대한 미혹, 우리를 제거한 체계의 작동 자
체에 대한 미혹이다. 따라서 미혹은(외양에 집착하였던 유혹과
는 반대로, 의미에 집착하였던 변증법적 이성과는 반대로) 훌륭하
게 허무주의적인 정열이다. 이것은 사라짐의 세상에 고유한
정열이다. 우리는 모든 사라짐의, 우리들의 사라짐의 형태들
에 의하여 미혹되었다. 우수적이고 미혹된, 이것이 비의지적
인 투명성의 시기에 일반적인 우리의 상황이다.

나는 허무주의자이다.
나는 19세기의 주요한 사실인 의미(재현, 역사, 비판 등)를
위하여 외양들이(그리고 외양들의 유혹이) 거대하게 파괴됨을
확인하고, 받아들이며, 짊어진다. 19세기에 근대성의 진짜 혁
명, 이것은 외양들의 근본적인 파괴, 세상의 미혹으로부터 깨
어나기, 해석과 역사의 격렬함에 세상 자신을 방기하기라 하
겠다.
나는 그 이전의 외양들의 파괴와 동격인, 의미의 거대한 파
괴 과정인 제2의 혁명, 20세기의 혁명, 포스트-모더니티의
혁명을 확인하고, 받아들이며, 짊어진다. 의미로 두둘긴 자는
의미에 의하여 죽는다.
변증법적인 무대, 비평적인 무대는 공허하다. 더 이상 무대
가 없다. 그래서 의미의 치료법 혹은 의미에 의한 치료법은
없다. 치료법 자체도 일반화된 비구분 과정의 일부이다.
[116]분석 자체의 무대조차도 불확실하고, 우발적인 것이 되

---

116) 그의 근원에 대해서만 상상을 가지고 있고, 그의 종말에 대해서는
어떠한 상상도 가지고 있지 않은 문화들이 있다. 그 둘 모두에 의해

었으며 이론들도 부유한다(사실, 허무주의는 불가능하다. 왜냐하면 허무주의는 여전히 절망적인 그러나 한정된 하나의 이론, 종말의 상상, 대파국의 세계관이기 때문이다).

분석은 아마도 그 자체가 의미의 거대한 빙결과정에서 결정적인 요소이다. 분석이 가져온 의미의 과도증가와 의미차원에서 분석들의 경쟁은, 세밀한 해부와 투명성으로 된 빙하기, 최근 약 100만 년의 제4기 작용 속에서의 그들의 동맹에 비교하여 보면 완전히 부차적인 것이다. 분석이 어떠한 방식으로 작용하건 간에, 분석은 의미의 빙결화를 향해서 작용하며, 분석은 시뮬라크르들과 비구분된 형태들의 자전을 돕는다는 것을 의식해야만 한다. 그래서 사막이 커진다.

매체들 속에서 의미의 함열. 대중덩어리 속에서 사회적인 것의 함열. 체계의 가속기능 속에서 대중 덩어리의 무한한 성장. 에너지의 막다른 골목. 무기력점.

포화된 세상의 무기력 운명과 무기력 현상들이(그렇게 말할 수 있다면) 가속된다. 정지된 형태들이 증식하고, 증식이 과도성장 속에서 움직이지 않게 된다. 이것이 바로 이상발달의 비밀, 자기자신의 목표보다도 더 멀리 간 것의 비밀이다. 이것은 우리에게 고유한 목적성들의 파괴양식일 것이다 : 동일 방향으로 더 멀리, 너무 멀리 가기——시뮬라시옹에 의한 의미의 파괴, 과도 시뮬라시옹, 이상발달. 과도 목적성에 의하여 자기자신의 목적을 부정하기(([117]빠끄 Paques 섬의 조각상들, 갑

서 강박적으로 잡혀 있는 문화들도 있다…… 다른 두 경우의 형상들도 가능하다…… 자신의 종말에 대해서만 상상을 가지고 있다(허무주의적인 우리의 문화). 더 이상 근원에 대해서고, 종말에 대해서고 어떤 상상도 가지고 있지 않다(우발적으로 다가오는 문화). [원주]
117) 동태평양 폴리네시아 섬. 칠레령. 인구 약 2,000의 화산 폭발섬으로, 거석 조각들과 기념물이 유명함. [역주]

각류) ──이것 역시 암의 비밀이 아니겠는가? 증식에 대한 과잉 증식의 복수, 무기력 속에서 속도의 복수.

대중덩어리들도 또한 가속화에 의한 이 거대한 무기력 과정 속에서 포착된다. 덩어리들은 모든 증식을 그리고 모든 의미의 과잉증가를 취소시키는 동시에 삼켜버리는 과잉증식의 과정이다. 덩어리들은 괴물 같은 목적성에 의하여 갑자기 단절된 회로이다.

오늘날 미혹적이고 도취적인 것은 바로 이 무기력 점 주위에서 일어나고 있다(따라서 변증법의 은밀한 매력은 끝났다). 다시 되돌아오지 못하는 점에까지 이른 체계의 이러한 비회귀성의 분석과 무기력점에 우선을 두는 것을 허무주의적이라고 한다면, 그렇다면 나는 허무주의자이다.

더 이상 생산의 양식이 아니라, 사라짐의 양식에 의해 강박적으로 사로잡혀 있는 것이 허무주의적이라 한다면, 그렇다면 나는 허무주의자이다. 사라짐, 소실, 함열. 줄어짐의 격노. 정치를 넘어선 전이정치가(실재의, 의미의, 무대의, 역사의, 사회적인 것의, 개인의) 사라짐 양식의 선택적인 영역이다. 사실을 말하자면 이것은 그렇게까지 허무주의적인 것이 아니다. 사라짐 속에서, 사막적인, 불안한 돌발성의, 비구분적인 무차별의 형태 속에서는, 더 이상 비장, 허무주의의 비장함조차도 없다──이 여전히 허무주의의 힘을 만드는 신화적인 에너지, 근본성, 신화적인 부정, 극적인 예견. 이것은 깨어났을 때 느끼는 유혹적이고 향수적인, 홀렸던 때의 음조 그 자체를 아직 가지고 있는, 미망에서 깨어나기조차도 아니다. 이것은 아주 단순한 사라짐이다.

사람들은 이미 이러한 사라짐의 근본성의 흔적을, 변증법에 대한 향수적인 연습으로서, 아도르노와 벤야민에게서 발견한다. 왜냐하면 변증법에 대한 향수가 있기 때문이다, 그리고 분명 가장 교묘한 변증법은 단번에 향수적이다. 그러나 더 깊숙하게는, 벤야민과 아도르노에게서는 다른 음조가 있다. 체계 자체에 매달려 있는 우수의 음조, 모든 변증법을 넘어서는, 그리고 치유할 수 없는 우수 말이다. 오늘날 우리를 둘러싸고 있는, 아이러니컬하게도 투명한 형태들을 통하여 그 밑을 잡고 있는 것은 바로 이 체계들의 우수이다. 이 우수가 우리의 기본적인 열정이 되었다.

더 이상 세기말의 영혼에게 찾아오는 우울이나 모호한 공허가 아니다. 또한 어떤 점에서는 모든 것을 파괴에 의하여 정상으로 만들고자 하는 허무주의나 원망의 정열도 아니다. 아니다. 우수, 이것은 기능적인 체계에, 시뮬라시옹과 프로그램화, 그리고 정보화 체계에 기본적인 음조이다. 우수, 이것은 의미의 사라짐 양식에, 작동적인 체계들 속에서 의미의 기화 양식에 내재하는 질이다. 그래서 우리 모두는 우수적이다.

우수는 포화된 시스템들의 유대가 난폭하게 끊긴 결과이다. 선과 악을, 참과 거짓을 균형지을 희망이, 더욱이 동일한 질서의 몇몇 가치들을 서로 대치시킬 희망이, 힘의 관계와 내기의 더 일반적인 희망이 사라졌을 때, 체계는 너무나 강하다. 그것은 패권주의적이다.

체계의 이러한 패권에 대항하여, 사람들은 욕망의 교활함을 고취시킬 수 있고, 일상에 대한 혁명적인 미생물학을 해볼 수 있고, 분자적인 일탈을 고취하거나 요리의 변호조차도 할 수 있다. 그러나 이는 체계가 아주 분명히 실패하도록 해야 하는 절대적인 필연성을 해결하지는 못한다.

이것은 오직 테러리즘만이 한다.

이것은 나머지를 지우는 반전행위이다. 마치 냉소적인 유일한 미소가 모든 담론을 지우듯이, 마치 노예의 경우 부인하기라는 유일한 섬광이 주인의 모든 힘과 즐김을 지우듯이.

한 체계가 패권적일수록, 그의 이면들의 아주 조그마한 것에 의하여서 상상은 더욱 타격을 받는다. 도전은, 비록 극미하다할지라도, 연쇄적인 기력 쇠약의 이미지이다. 오직 공통의 척도 없는 이러한 회귀성만이 정치의 허무주의적이고 유대 끊긴 무대에서 오늘날 사건을 만든다.

허무주의자라는 것이, 이 냉소와 격렬함의 근본적인 특색을, 체계가 자기자신의 죽음으로서 대답하라고 소환되는 이 도전을 패권적인 체계들의 견딜 수 없는 한계에까지 가지고 가는 것이라면, 그렇다면 나는 이론상으로, 마치 타인들이 무기에 의하여 그러한 것처럼, 테러리스트이고 허무주의자이다. 진실이 아니라, 이론적인 격렬함이 우리에게 남은 유일한 방편이다.

그러나 이것은 유토피아이다. 왜냐하면 어떤 근본성이라는 것이 여전히 있기만 한다면, 허무주의자가 되는 것은 좋은 것일 것이다. 마치 죽음이, 테러리스트의 죽음도 포함하여, 여전히 어떤 의미를 가지고 있기만 한다면, 테러리스트가 되는 것이 좋은 것일 것처럼.

그러나 바로 거기는 일들이 해결될 수 없도록 된 그곳이다. 왜냐하면 근본성의 이 활발한 허무주의에, 체계는 자기자신의 허무주의, 중성화의 허무주의를 내세운다. 체계 자체도 허무주의자이다. 이러한 의미에서 체계는 모든 것을, 자신을 부정하는 것도 포함하여, 비구분과 무관심 속에 다시 부어넣는 힘이 있다.

이 체계 속에서는, 죽음 자체도 그의 부재를 통하여 반짝인다. ([118]볼론뉴 역, [119]뮌헨의 10월 대축제 Octoberfest : 죽음들은

---

118) 볼론뉴 역 : 이탈리아의 볼론뉴 역, 여기서부터 무솔리니의 파시즘이 시작되었다. [역주]

119) 독일 뮌헨에서 매년 열리는 주신제적 국가적 축제. 뮌헨이 본래 히

무관심에 의하여 취소된다. 바로 여기가 테러리즘이 체계 전체의 비의지적인 공모자가 되는 곳인데, 정치적으로가 아니라, 테러리즘이 강요하는 무관심의 가속화된 형태 속에서 말이다.) 죽음은 더 이상, 환상적이거나 정치적인, 재현되어질 무대가, 의식적이건 격렬하게건, 연출되어질 무대가 아니다. 이것은 다른 허무주의의, 다른 테러리즘의, 체계의 테러리즘의 승리이다.

더 이상 무대가, 사건들이 사실성의 힘을 취하도록 해주는 극소의 환상조차도 없다. 정신적 혹은 정치적인 연대감의 무대가 없다 : 칠레가, 비아프라가, 보트 피플이, 볼론뉴 혹은 폴란드가 우리에게 뭐가 중요한가? 이 모든 것은 텔레비전 화면 위에서 제거되기 위하여 온다. 우리는 결과 없는 사건들의 시대에 있다(그리고 결과 없는 이론들의 시대에).

의미에게 더 이상 희망이 없다. 그리고 이것은 다음을 말한다 : 의미는 죽음을 면할 수 없는 것이다. 그러나 그 위에서 의미가 자신의 일시적인 지배를 강요했던 것, 의미가 빛들의 지배를 강요하기 위하여 제거한다고 생각했던 것, 즉 외양들은 죽지 않는 것들이며, 의미 혹은 비-의미의 허무주의에 다치지 않는 것들이다.

바로 여기서 유혹이 시작된다.

틀러의 거점이었으므로, 히틀러는 이 축제를 이용해 전국 규모의 전 당대회를 열고, 성장의 틀을 마련하였다. [역주]

옮긴이 해제

철학에 있어서 형이상학의 퇴조는 이미 금세기 초 니체에 의해서 제기되었던 문제이다. 오늘날 철학의 조류는 니체적인 허무주의에서부터 찾아야 할 것이다. 〈신은 죽었다〉고 말할 때 동시에 그는 형이상학의 종말을 말하고 있다. 19세기 말까지 서구를 지배해 오던 형이상학이 자연과학의 합리주의에 자리를 물려주게 되었다는 말이다. 기술의 진보가 모든 추상적 관념과 절대적 이상을 대체함으로써, 전통적 철학은 더 이상 설 자리를 상실하게 되었다.

여기서 잠깐 모더니즘에 대한 고찰이 필요하다. 모더니즘의 기원은 데카르트의 합리주의에서부터 시작한다고 보는 것이 일반적이다. 정치적으로는 자유경제의 원리가 되었다. 그러나 이 모더니즘의 근저에는 기독교주의가 지탱하고 있음을 간과해서는 안 된다. 모더니즘의 절대적 이데올로기는 바로 진보에 대한 믿음이다. 그러면 무엇을 향한 진보인가? 기독교주의와 헬레니즘의 인간주의 기반 위에서 이상적 절대를 향한 끝없는 앞으로의 나아감, 이것이 바로 모더니즘의 실체이다. 바로 이 절대의 세계, 이것을 형이상학적 고찰은 나타내 보여주려 하는 것이다. 휴머니즘과 진보, 그에 따라 인간의 행복을 짓밟는 모든 사회적, 제도적, 물리적 질곡으로부터 인간을 해방하기, 이것이 바로 간단히 말하여 모더니즘의 지주이다. 모더니즘은 진보를 향한 앞으로의 나아감, 움직임, 변화를 가치 있는 것으로 여기게 되었으며, 모든 독창적인 것, 새로운 것을 높이 사게 되었다. 그러나 바로 여기에 모더니즘의 기본적인 논리적 모순이 도사리고 있다. 바로 이 모순의 드러남을 우리는 후기 모더니즘 현상이라고 부른다.

금세기로 들어오며 기술의 비약적인 발전과 함께 기계주의가 탄생하고 절대와 진보는 초기의 이상적 결합을 결별한다. 즉 새로움이 인간적 이상인 절대를 압도하게 된 것이다. 따라서 모든 의미와 가치의 판별기준이던 절대적인 것이 사라짐으로 하여, 오직 새로운 것만이 아직도 가치라고 말할 수 있다면 절대적인 가치가 된 것이다. 따라서 모든 새로운 것은 좋은 것이다.

진보는 전통에 대한 절대적인 긍정 위에 기반하고 있다. 즉 하나의 절대적 이상은 과거로부터의 이상이었으며 미래로의 지표이다. 과거 현재 미래를 초월하여 절대적인 진리로서 전해져 내려오는 것을 전통이라고 한다면, 모더니즘은 휴머니즘의 가치, 이상사회의 건설 등을 전통으로 후세에 전달하고 있으며, 이러한 과거로부터 쌓아 내려온 지식과 가치는 좋은 것으로 평가된다. 이것은 자연과학이 아직도 충실히 따르고 있는 것인데, 어떤 단절의 순간을 제외하면 모든 자연과학은 과거의 지식기반 위에서 새로운 지식을 더하는 작업이다. 그러나 이러한 앞으로의 지식의 축적에서 형이상학적인 등대가 사라지게 되면, 오직 남는 것은 지식의 끝없는 축적 자체만이 가치로 남게 될 것인가? 그러나 이상하게도 꼭 그렇지만은 않다. 마치 전통의 이념인 전달한다는 그것이 그 전달내용을 흡수하여 더욱 우위를 차지해 버리는 현상이 나타났다. 텔레비전 혹은 다른 대중 전달매체들이 전달하고자 하는 내용인 메시지를 극히 일회적으로 만들어버리고 의미 없는 것으로 사라지게 해버림과 같은 현상이다. 마찬가지로 문학에서도 이야기와 그 이야기의 전달행위인 이야기하기가 독자적으로 더 우월한 지위를 차지하는 것과 같다. 이러한 현상은 이미 형식주의 비평에서 명확히 드러나는 것이다. 의미가 빈 형식 그자체가 더욱 중요하게 되었다는 이야기이다. 전달의 내용물인 지식은 전달조작의 대상물이 되었다. 따라서 현대는 조작적인 사회로 전환된다. 지식의 양은 무한히 어디에고 있다. 그러나 그를 어떻게 조작해야 하는가. 그 조작의 방법과 속도에 의해서 각 현상은 모습을 달리하고 있다고 할 것이다.

　아무튼 이른바 포스트모던 사회는 기술의 형이상학에 대한 우위에 의해서 도래한 사회이다. 시간의 개념도 바뀌었다. 모더니즘 사회에서는 시간은 과거 현재 미래로 나누어진 선적인 개념 속에 있었다. 과거는 현재를 결정지으며 현재는 미래를 향해 방향지어진 것이다. 논리적 결정론과 시간의 연속성은 함께 가고 있다. 여기에는 물론 이상주의적인 진보의 철학이 항상 개재되어 있음을 간과해서는 안 된다. 헤겔의 변증법이 바로 이러한 역사적 시간의 개념에 충실한 철학임을 모르는 사람은 없으리라. 역사란 데카르트적인 합리주의가 유럽에서 자리를 잡은 17세기 말과 18세기 초에서부터 모습을 드러내고 있음을 주목하자. 그 이전의 시대는 역사의 시대가 아니었다. 신화와 전설의 시대였던 것이다. 이러한 모더니즘의 시간개념, 그와 함께 역사도 포스트모던 사회에서는 무자비하게 무너진다. 오직 현재, 쉬운 말로 하자면, 지금 여기만이 남는다. 즉자적인 시대라는 것이다. 절대적인 의미의 지표, 이상이 없으니, 전통이 있을 수 없으며, 미래를 향한 이상이 없다. 오늘의 시대는 원초적으로 희망이 사라진 시대이다. 신이 죽어버림으로 하여 인간은 희망마저도 함께 잃어버렸다.

따라서 전통적인 정치의 개념도 오늘에 와서는 전혀 통용될 수 없는 것이다. 정치란 목표로 내건 어떤 이상 주위에서 그 지배력을 갖는다. 쉽게 말하여 형이상학적 이상이 지배하던 시대에나 그 존재 이유를 찾을 수 있는 것이다. 따라서 지배하는 모든 것은 정치적이라고 말할 수가 있는 것이다. 그러나 어떤 절대적인 진실이 없다면, 정치적 이념을 무엇으로 삼을 것인가? 이것이 바로 오늘날 정치가 텅 빈 공허한 연극무대가 되게 한 것이다. 정치는, 모든 정치는 따라서 자신의 지배를 정당화하기 위하여 끝없이 가치와 이상을 주입하여야 하는 힘겨운 노력을 하고 있는 이유가 여기 있다. 그럼에도 우리의 오늘의 정치에서 보듯이 정치가 쇼로 변하고 쇼가 정치로 변하는 것을 보는 것은 어렵지 않다. 오직 즉각적인 이슈만이 난무해야 하는 이유도 여기에 있다. 과거로부터의 의미, 미래를 향한 의미가 있을 수 없다. 깊이 없는 담론만이 지배력을 확장한다. 새로운 것만이 좋은 것이다.

형이상학의 쇠퇴는 또다시 철학적 이원론의 붕괴를 수반한다. 이원적 대립, 천상의 것과 지상의 것, 보이는 것과 보이지 않는 것, 좋은 것과 나쁜 것 등, 모든 의미와 가치창출의 대립개념이 사라졌다. 이원론의 대표적인 근원인 플라톤적인 절대적인 실재와 지상의 허무인 그 그림자, 변하지 않는 절대형과 시간의 유위변전에 맡겨져 있는 허무한 것들, 이러한 분할이 바로 최근까지 우리를 지배하고 있던 인식론이었다. 비록 그 모습은 조금씩 달리하고 있었지만 모든 철학과 과학 예술 종교가 이러한 기반 위에 세워져 있었다. 그러나 두 개의 대립 축 중에서 하나가 하나로 흡수되거나 사라짐으로 하여

빚어지는 결과는 심각하다. 소위 말하는 거리의 사라짐이다. 긴장과 의미가 담겨지게 될 거리의 사라짐은 달리 말하여 의미가 사라짐을 말하는 것이다. 공간, 무엇인가를 담아야 할 공간의 사라짐이다. 의미적 실재를 향해 열려 있던 재현의 공간과 그 재현의 공간 속에 담기게 된 의미의 공간이 사라진다.

　지상의 세계란 절대 초월적 세계의 투영이라는 재현의 이론은 그 폭을 다른 모든 것에까지 확장하였었다. 예술작품은 어떤 신적 세계를 뮤즈의 영감을 받아 예술가에 의해서 대신 씌어진 것이라고 하거나, 종교적 성스러운 글은 신의 계시를 받아서 신이 말하고 있다고 하는 것은 어떤 변하지 않는 참조물 혹은 지시물이 있고 그 외 나머지는 그것의 유사한 대용물, 유사물, 모방물, 재현물이라는 것이다. 실체와 그림자의 관계이다. 이러한 이론은 예술과 과학적 분석의 기초가 된다. 과학의 분석, 묘사란 기호가 아닌 그 기호의 참조물, 즉 그 분석 대상을 예의 관찰하고 분석하여 그대로 묘사, 기술하는 것으로 이루어진다. 이원체계의 무너짐은 과학적인 진보의 개념도 함께 무너짐을 말하고 있는 것이다. 과학적 대상과 그 대상에 대한 모든 경험론적 연구란 이원론적인 실존과 그 재현에 의해서만 이루어질 수가 있다. 그러나 만약 이 실제대상과 그 대상의 재현인 과학적 기술 사이의 거리가 사라진다면? 즉 실제대상이라는 것이 존재하지 않는다면? 그렇다면 과학적 담론이란 빈 실체 주위를 감싸고 도는 공허한 담론밖에 되지 않을 것이다. 그 담론은 오직 그 담론 자체가 독자적으로 존재하는 것일 것이다. 이것이 바로 과학의 독립을 만들어낸 기본적인 논리이다. 과학은 스스로의 가정 속에서, 그 실제적 대상 없이 움직이는 것이다. 모든 학문은 공허한 것이다. 혹은 공허하지 않다고 말한다면, 자기 스스로를 대상으

로 삼고 있는 것이지, 자기 스스로가 아닌 다른 어떤 것도 대
상으로 삼고 있지 않다.

　이러한 독립성은 과학뿐만 아니라 예술의 분야에서는 더욱
뚜렷이 나타난다. 예술작품이 외계세계를 묘사한다는 모방
론, 혹은 예술작품이란 천재적 작가의 내면을 표현한다는 표
현론은 공히 이원적인 대립의 체계에 기반하고 있다. 단지 주
체를 외부로 두었으냐 작가의 내부로 두었느냐의 차이일 따름
이다. 그러나 가장 단순화시켜 이러한 이원론을 더 이상 지탱
할 수 없다면? 이미지를 지탱하고 있던 실체라고 하는 것이
사실은 공허한 것이라면? 물론 이러한 무너짐은 순차적으로
이루어진 것이지만, 아무튼 하나의 실체를 받치고 있던 상위
적인 실체가 무너지고, 상위적인 이념과 이상이 무너짐으로
하여 하위적인 개념들이 모두 함께 무너져 내리고야 만다. 예
술품은 어떤 참조물로 되돌아가는 것이 아니다. 즉 예술작품
이외의 것을 재현하는 것이 아니다. 작품은 스스로 독립적인
것이다. 여기서는 모든 사회학적인 반영도, 신적인 이상도,
천재적인 재능의 표현도, 무의식 세계의 반영도 아니다. 모
든 논리적 이원적 대립을 포기한 것이다. 따라서 예술품에서
의미를 찾는다는 것은 무의미한 일이다. 오히려 오늘의 작품
에서는 아류가 아니라면, 모든 의미를 제거하기 위한 노력이
부각되고 있는 것도 여기에 있다. 이념과 실제, 주체, 의미
로부터 독립한 작품에서 남는 것은 무엇일까? 여기서는 마치
과학이 스스로를 대상으로 하듯이 스스로만을 대상으로 하는
분석과 묘사의 노력이 남는다.

　이원론을 부활하고자 하는 노력은 구조주의와 마르크시즘
에 있어서 가장 처절히 나타났다. 구조주의에서는 과학적 방
법론의 도입에 의하여 형이상학적인 원리를 구하려고 하는 시
도이다. 추상적, 주관적 이상은 사라지지만 그에 대신하여

과학적 합리주의의 이름을 빈 새로운 독단이 자리를 차지한다. 여기서 버릴 수 없었던 것은 바로 구조라는 불변의 틀을 가정하고 싶은 것이다. 구조는 예전의 신, 절대를 대신하여 자리를 차지한다. 상위적 생산의 모태로서 구조는 시대를 따라 영구히 변하지 않는 것으로 가정되며, 모더니즘적인 시간 개념과는 불변하는 틀 주위에서 시간과 장소에 따라 다양성을 나타내는 요소의 도입에 의해 타협을 시도한다. 지극히 헤겔적인 역사주의적인 형이상학과 조금도 다를 바가 없다. 그리하여 마치 헤겔이 절대적인 이상을 상정하고 역사란 이러한 이상을 향해 변증법적으로 나아가는 것이라고 하였듯이, 구조주의자들은 만유보편의 구조가 있다고 믿으며, 각 시대마다 표정되는 구조란 바로 이 보편율적인 구조로부터 파생된 것이거나 이 구조를 모방한 일시적 그림자와도 같다는 것이다. 모든 관찰은 가정된 구조라는 틀 안에서 행해지고 그 구조를 빠져나가면 가차없이 제거, 매장되는 운명을 겪어야 한다. 그리고 소구조들은 원구조를 향해 나아가고 있다는 이상론을 견지하고 있는 것이다. 그렇기 때문에 레비-스트로스의 구조인류학은 원시인이나 현대인이나 동일한 구조 속에 있는 것이라 하고, 원시사회의 연구는 예나 지금이나 보편타당한 구조를 밝히기 위하여 행해진다. 보편적 구조, 불변의 어떤 진리를 구제하기 위한 최후의 몸부림 같은 것이 바로 구조주의라고 할 수 있다. 구조주의자들에게서 시대와 장소에 따른 변화란 어디까지나 지엽적인 문제일 따름이다. 그러나 이러한 구조의 제국주의가 서구적 이상론의 제국주의라는 것은 의심의 여지가 없다. 과학은 언제나 자신의 가정을 만들고 대상으로 하여금 그 가정을 증명하도록 요구하는 모순적 관계에 있다.

다시 구조주의적인 기호학으로 오면 이러한 고정불변요소

에 대한 집착은 더욱 강하게 표출된다. 기호는 우선 기호가 지시하는 대상과는 이원적인 관계에 있다. 기호와 지시물의 관계는 실체와 그 그림자와의 관계, 절대와 그 재현의 관계를 반복한다. 지시물과 기호 사이에는 좁힐 수 없는 최소한의 거리가 있으며, 바로 이 거리는 의미의 거리가 되고, 깊이가 되는 것이다. 그러나 이러한 논리를 한걸음만 더 깊이 들어가 보자. 기호는 언제나 지금 그 기호의 자리에 없는 그 지시물을 가리키는 것이다. 즉 기호 속에는 언제나 대상의 소멸, 결핍이라는 이상한 모순이 내재하고 있는 것이다. 따라서 기호가 정작 지시하고 있는 것은 지시물이 아니라 그 지시물의 부재, 사라짐, 죽음을 지시하고 있다는 말이다. 기호에 깃든 이 모순, 존재의 지시와 동시에 존재의 부재라는 모순을 포스트모던은 지적한다. 그리하여 기호의 지시적인 대체적인 재현적인 기능을 말하기 전에 바로 이러한 기능에 내재하고 있는, 지시물의 권한의 갈취, 완전하게 대체하여, 스스로가 그 지시물적인 위치에 오름을 주목한다. 즉 지시물이 없는 그 자리에 오직 기호만이 남아서 그 지시물의 죽음에 뒤이어 되돌아 오는 회귀적인 권리에 주목하지 않을 수 없는 것이다. 이렇게 기호가 기호 그 자신의 존재만을 지적하게 되면 즉시 사라지는 것은 기호와 그 지시 대상과의 거리이며, 그와 아울러 기호의 의미가 사라지게 되는 것이다. 기호는 깊이 없는 피상적인 존재, 의미 없는 기호로서 독립적이 된다. 그리하여 세상의 모든 것은 하나의 실체가 없는 기호와 같은 것이라고 서슴지 않고 주장하기에 이른른다.

구조주의 기호학은 기호가 환기하는 추상적 의미인 기의 signifié와 구체적이고 물리적인 기표 signifiant로 기호를 다시 이원적으로 분할한다. 기의는 불변의 것이며 기표는 그 기의를 감싸기 위하여 오는 껍질과 같은 것으로 시대와 장소에 따라, 그리고 사람마다 다를 수 있는 것이다. 기표에 대한 기의의 우위는 논리중심주의에 그 원인이 있는 것으로, 기의는 항상 신적인 면을 향해 있는 것으로 간주된다. 그러나 기호 자체의 의미하는 기능은 여러 분야에서 배제되기 시작한다. 의미작용이 기표에 기인한 공간화 작용이건(데리다), 담론에 내재한 총체적 이해이건(벤베니스트), 혹은 몽타주에 의한 새로운 의미생산의 요소로서만의 기호이건(아이젠슈타인), 기호 그 자체로서의 선적으로 첨가적이거나 재현적인 의미기능은 지탱되지 못하게 되었다.

　진실 가치 의미를 가진 형이상학의 체계에서는 도덕의 표준이 가능하다. 사회가 지적하는 이상적 모델인 가치에 가장 근사하게 접근하는 경우에는 좋은 것이라는 평을 받을 것이고, 거기서 멀어지면 멀어질수록 나쁜 평을 받을 것이다. 여기서도 물론 다름, 혹은 차이에 기본하고 있다. 좋은 것과 나쁜 것과의 차이, 가치수행에 효율적인 것과 비효율적인 것의 차이에 따라서 가치의 서열이 매겨진다. 형이상학의 종말과 함께 도덕도 종말을 고한다. 선악, 참과 거짓의 판별기준이 없기 때문이다. 구조주의는 의미의 다름을 지탱해 주는 체계이다. 기호의 변별력이 없다면 체계는 무너진다. 다름과 가치에 기본한 대립의 체계는 모든 기능적인 사회, 형이상학적인 사회의 기본적인 이데올로기라고 할 수 있다. 그러나 이상적인 가치가 무너지면 전통적으로 다르게 구별되었던 것들이 비구분의 영역으로 들어가게 된다. 현대는 평등의 사회이다. 평등의 이념 속에는 차별의 제거라는 모순을 담고 있다. 민주적 평등의 이념 속에는 현대 자신의 사회 시스템 파괴의 이념을 담고 있다는 것이다. 현대의 모호성, 혹은 모순적인 가치들의 공존현상은 차이의 제거에 의해서 나타남을 간과해서는 안 된다. 거기에 전통적인 이상적 가치의 붕괴도 일조를 하고 있다. 변별의 기준이 없기에 비교를 할 수가 없으며, 대립을 할 수가 없어진다.

또한 가치와 의미의 사회는 비평의 사회이다. 즉 절대적인 가치의 기준에 비추어 좋은 것을 선양하고, 나쁜 것을 지적하고 배제하며 단죄할 수가 있었다. 이러한 비평의 기준이 사라짐은 모든 법적 제도적 붕괴를 가져올 것이다.

모더니즘은 사회관계의 체계이다. 사회관계 혹은 사회성은 서로가 구별되는 요소들 사이의 관계에 의해서 이루어진다. 그러나 각각의 개인들 사이에 구별이 없어지면 관계는 성립되지 못한다. 사회적 전체 모랄이 지향하는 동질성은 전체를 대중화시킴으로 하여 차이를 제거하고 그러므로 인하여 긴장과 거리가 사라지게 되며, 거리의 사라짐은 의미의 상실을 가져오게 될 것이다. 그에 따라 모두가 같아진다면 사회관계는 무의미해지며, 무의미한 사회 속에서 사회성이란 지탱되지 못한다. 현대사회는 이러한 사회성 종말의 시대이다. 존재하지 않는 사회성을 주입하기 위하여 사회 시스템은 끊임없이 노력하고 있다. 각종 선전구호를 통해서, 사회적 위기를 생산하면서, 교육을 통한 전통적 가치의 주입을 통해서. 그러나 이러한 구호란 이미 근본에서부터 의미와 효력을 상실하였기에 대답되어지는 것은 철저한 무감각일 따름이다.

상실된 인간주의의 회복은 마르크스주의에 의해서 끝없이 고쳐되었던 이념이다. 기독교주의와 그리스 헬레니즘에 기인한 인간주의는 더 많은 잉여가치를 생산하기 위한 자본의 효율성에 자리를 넘겨주어야 하였다. 그러나 인간주의 자체가 본래 오직 체계의 효율성을 위한 착취수단이라는 것은 명확하다. 본시 인간주의라는 것이 자연을 착취하기 위한 도구였으며, 그와 함께 인간주의의 고쳐는 항상 권력을 공고히 하기 위한 수단이었음을 생각해 보면 별로 이러한 가치가 지상유일한 가치도 아니다. 불교나 불교의 영향을 받은 도교적인 인간은 결코 인간을 다른 대자연의 우위에 놓는 어리석음을 범하진 않는다. 인간과 다른 것과의 차이 아래에 사회는 형성되고, 그 차이는 다시 기독교적인 선민사상과 결합하여 선택받은 민족은 우월한 족속이고 그렇지 못한 족속은 열등 혹은 야만인이기에 자연과 똑같이 취급하여 노예 혹은 전멸의 운명으로 처넣었던 지극히 야만적인 이념임을 잊어서는 안 된다. 흑인과 인디언은 바로 이러한 인간주의와 선민사상의 희생물들이었으며, 오늘날의 환경의 훼손도 모두 여기에서 오고 있다는 것은 명백하다. 선민사상은 언제나 민족국가의 성립과 그 맥을 같이 한다.

그렇다고 자본의 승리를 외칠 수도 없다. 자본은 원래 실재와 기호와의 교환의 가능성 위에 설정되었던 체계이다. 즉 기호의 재현체계에 속하는 것이 자본이라는 말이다. 그러나 재현의 시스템 자체가 유지되지 못하게 되면 자본의 교환 기능은 정지함이 옳다. 오늘날은 따라서 자본의 시대도 아니다. 자본은 실물과 독립한 독자적 체계를 구사하고 있을 따름이다. 자본에 상응하는 실물이 없는 자본은 인간이 정처없이 떠돌듯이 아무 이유 없이 배회하고 있는 유령과 같은 것이다. 자본주의의 몰락도 이제 시간을 다투고 있다고 할 수 있다. 혹은 도처에서 이것의 몰락은 예고되거나 급속히 진행되고 있음을 관찰하기에 어렵지 않다. 자본의 인플레이션과 디플레이션은 그 좋은 징후 중의 하나이다.

포스트모던 사회의 징후로는 교통의 발달, 정보의 발달, 원자력의 개발을 꼽는다. 또한, 그것은 기술의 극도의 발달을 이르는 것으로, 기술이 더 이상 진보할 수 없는 극에 이른 상태를 말하기도 한다. 인간의 해방을 부르짖던 모더니즘은 그 원칙상 인간이 가지고 있는 모든 에너지, 억눌린 에너지의 해방까지를 목표하는 것이다. 그러나 이 해방된 에너지가 그 궁극에 이르면 그 에너지는 더 이상 해방되지 못하는 극점에까지 이르게 된다는 것이다. 그 예가 바로 원자폭탄으로 극대의 에너지는 폭발의 가능성으로만 남게 되고 그 폭발을 저지하는 반대 에너지에 의하여 균형을 이루게 된다. 이처럼 반대 에너지의 작용을 보드리야르는 저지전략이라고 부르고 있다. 그리고 에너지가 그 극에 이르러 더 이상 변하지 못하는 상태를 함열적이라고 부르고 감속되었다고 한다. 속도, 진보, 폭발의 0°에 이름이다. 이것은 마치 쏘아 올린 탄도가 그 극점 즉 전환점에 이르렀을 때는 상승힘과 낙하힘이 완전한 균형을 이루는 것과 동일한 것이다.

속도 역시 모더니즘이 고양하던 가치 즉 움직임의 하나이었다. 그러나 극도의 속도는 0의 속도에 이르게 한다. 아이러니컬하게도 자동차의 발달은 더욱더 인간을 움직이지 않도록 하고 있으며, 속도가 빠르면 빠를수록 거리는 더욱더 좁혀 들어가서 움직일 거리가 없어진다. 움직임이 없는 사회, 거리가 없는 사회는 지극히 표면적인 사회가 된다. 그리고 전체는 더욱더 동시적으로 변하게 되어 시간적 차이가 없어지므로 시간의 연속성보다는 항상 시간은 표피적인 현재적으로 변하게 되는 것이다. 표피적이고 일회적 현재적으로 변한다는 것은 추상적 의미보다는 지극히 말초적이고 감각적으로 변하도록 한다. 감각 중에서도 촉각적인 것이 된다. 시선이 통과할 거리가 있는 곳은 시각적인 공간이다. 르네상스에서 만들어진 원근법적인 공간은 시각적인 공간이다. 이러한 공간은 깊이가 있으며 전후좌우 그리고 논리적으로 배열되는 공간이다. 이 공간은 시선이 주파할 시간이 소요되고 전체를 하나에 감싸는 전체적인, 피라미드식인 공간이다. 그러나 표면적으로 변한 공간에서는 시선은 항상 튕겨지거나 너무나 투명해져서 시선은 의미 생산의 지주에 부딪힘이 없이 그냥 되돌아오거나 통과되어 버린다. 사실 모더니즘의 공간은 의미의 투명성, 명확성을 추구하는 공간이었다. 그러나 극도의 의미의 명확성은 오히려 의미 제거의 의미의 투명함을 가져온다.

마지막으로 정보와 통신의 발달은 동시성을 가져옴과 동시에 대중성을 유발한다. 동시에 제공되는 정보는 전체를 하나로 만들어 차이를 제거하고 거리를 제거함으로 하여 역설적으로 의미를 제거한다. 정보가 제공되면 될수록 의미는 사라진다. 모든 것이 미분화의 덩어리 속으로 함몰되기 때문이다. 더군다나 정보의 발달은 생화학적인 발달의 도움으로 생식정보적인 코드화에 이르게 하여 모든 실제와 모델을 제거하기에 이른다.

이렇게 볼 때 포스트모던은 다시 의미가 분화되기 이전의 상태로, 속도가, 진보가, 인간주의가, 형이상학이 탄생하기 이전의 상태로 회귀하는 듯한 인상을 준다. 시간은 옛날의 상징적인 원적인 시간으로 돌아가서 순환의 질서에 맡겨지고, 하나의 의미와 그 반대 의미는 동시에 뫼비우스의 띠 위에서 공존하고 있으며, 인간주의는 퇴보하여 동물적이고 즉자적이며 감각적인 상태가 우세를 점하고, 진보의 이념은 철늦은 개발도상국의 이념이 되고 있다. 형이상학이 사라졌기 때문에 교육과 종교의 부재, 도덕과 법의 부재를 가져온다.

사회는 어떤 지주를 중심으로 움직이는 것이 아니라 단순히 주어진 의미 없는 요소들을 조작하는 것으로 그친다. 오늘날은 조작의 사회다. 정치는 대중을 하나의 전자적인 분자들로 취급하여 어떤 하나의 극에 자장을 형성하여 군중을 집합시키고, 다른 경우에는 다른 곳에 자장을 형성하여 제멋대로 조작을 한다. 대중사회는 조작의 사회이다. 경제 역시 조작을 위하여만이 거기에 있다. 수요와 공급의 법칙이란 옛날의 이야기일 따름이다. 대중은 조작될 따름이다. 상품과 광고는 조작의 메커니즘일 따름이고, 대중들은 중력과 자력에 이끌리는 쇳가루와도 같은 것들이다. 이제 더 이상 기능의 사회가 아니다. 기능적인 모든 것들은 사라지고 시스템이라는 기능의 총체도 생물학적인 유기체라는 말과 함께 사라지는 용어에 해당한다. 덩어리에게 있어서 기능의 분화란 있을 수 없기에 그 옛날 각각 독립적인 기능을 담당하였던 유기적 기관들은 하나의 덩어리 속에서 다기능적으로 변하거나 본래의 기능이 상실되었다. 오늘의 모든 제도적 기관들도 기관의 독립성은 서서히 상실되고 다기능 혹은 무기능적으로 변해 가고 있음도 이러한 연유일 것이다.

실제가 없는 사회는 그 아노미 현상을 극복하기 위하여 끝없이 실제를 주입하기에 힘을 쓴다. 그래서 혹은 거짓 위기를 생산하고 전파하며, 위기를 극복하여 일하는 척하거나 실제가 있는 척한다. 문제를 만들어서 극, 다름, 차이를 생산하기에 바쁘다. 이러한 정치 쇼는 어디까지나 정치 자체의 존립 이유를 발견하기 위한 것이지 과거의 대의적인 재현적인 의미에서 다른 무엇인가를 대변하는 위기나 문제는 결코 아니다. 정치 스스로 투입한 문제의 장난일 따름이다. 조작의 일종이다. 모든 경제위기, 환경위기 등도 따지고 보면 아무런 실제 없이 만들어진 실제에 불과하다. 우리는 실제가 없는 허구 속에 살고 있을 따름이다. 이것이 바로 보드리야르가 주장하는 부분이다. 도덕적 위기라는 것도 알고 보면 없는 형이상학적인 가치를 끝없이 주창하고 거기서 이익을 얻는 자들의 조작품이라는 것을 알 수 있다. 이제는 가치가 없는데 자꾸만 과거의 가치를 교육하고 전면에 내세워서, 현재와 과거 사이의, 혹은 이상과 현실 사이의 정신적인 이격감을 느끼게 한다. 실제 사회는 그들이 주장하는 이념과 가치가 없고 적용이 되지 않는데 피조작자들은 바로 이 존재치 않고 통용되지 않은 것을 지고의 가치로 배웠기 때문에 절망에 빠지지 않을 수 없다. 바로 철저한 니힐리즘을 가르치고 인간들로 하여금 인식하게 하도록 하여야 하는데, 실제로 만약 가치가 무너졌음을 보여주면 시스템이 붕괴되기를 시스템이 무서워하기 때문에 끝없이 시스템은 죽은 가치를 부활한다. 그러므로 변화된 사회 사이의 단절의 틈을 이용해 이익을 취하는 종교적, 교육적, 도덕적, 애국적, 인류애적 허구가 오늘날은 판을 치고 있다고 할 수 있다. 그러나 물론 이러한 가치의 주입은 역설적으로 절대적으로 필요하다. 왜냐하면 사는 가치를 주기 위해서는. 가치 없는 세상의 허무함을 가리기 위해서는 이것들이 없으면 안 되기 때문이다. 오늘날은 니힐니즘의 시대이기에 이 니힐리즘을 가리기 위한 시뮬라크르적인 실재가 절실히 필요하다.

이 책의 전반부에서는 독자의 이해를 돕기 위하여 역자가 지극히 주관적이고 주변적인 해설을 곁들였다. 때로 본문의 범위를 벗어나기도 하여 지루할지도 모르겠으니 주는 읽지 않아도 무방하다. 더군다나 역자의 짧은 식견으로 독서의 흐름을 방해할까 염려스럽다.

미숙한 역자에게 조언과 세심한 배려를 베푸신 곽광수 선생님께 경배를 올린다.

1992년 12월

하태환

서울대 불문과 대학원을 졸업하고 파리 8대학에서 프루스트 연구로 박사 학위를 받았다. 서울대, 건국대 등
의 강사를 역임했다. 옮긴 책으로 들뢰즈의 『감각의 논리』, 보드리야르의 『사라짐에 대하여』, 부르디외의 『예
술의 규칙』 등이 있다.

현대사상의 모험 5

시뮬라시옹

1판 1쇄 펴냄 2001년 1월 22일
1판 36쇄 펴냄 2024년 7월 11일

지은이   장 보드리야르
옮긴이   하태환
발행인   박근섭·박상준
펴낸곳   ㈜민음사

출판등록   1966. 5. 19. 제16-490호
주소   서울특별시 강남구 도산대로 1길 62 (신사동)
            강남출판문화센터 5층 (06027)
대표전화   02-515-2000/팩시밀리 02-515-2007
홈페이지   www.minumsa.com

한국어 판 ⓒ ㈜민음사, 2001. Printed in Seoul, Korea

ISBN   978-89-374-1605-7 (94300)
            978-89-374-1600-2 (세트)

* 잘못 만들어진 책은 구입처에서 교환해 드립니다.